안녕하세요,
소설상담소입니다

안녕하세요,
소설상담소입니다

초판 1쇄 인쇄 2025년 3월 10일
초판 1쇄 발행 2025년 3월 21일

지은이 | 박민근

펴낸이 | 성미옥
펴낸곳 | 생각속의집

출판등록 2010년 5월 18일 제300-2010-66호
주소 | 서울시 종로구 혜화동 53-9, 1층
전화 | (02)318-6818 팩스 | (02)318-6613

전자우편 | houseinmind@gmail.com
블로그 | naver.com/houseinmind
페이스북 | facebook.com/healingcafe
인스타그램 | instagram.com/houseinmind

ISBN 979-11-86118-83-2 03180

안녕하세요, 소설상담소입니다

당신의 마음을 다정히 읽어주는 소설의 카운슬링

| 박민근 지음 |

Literary Therapy

문학, 특히 소설은
우리가 겪는 고통을 위로하며,
혼자인 순간에도
혼자가 아니라는 것을 알려줍니다.

당신 곁에 소설이 있는 한, 무너지지 않습니다

어느 날, 절망의 끝에서 한 권의 소설을 펼쳤습니다. 삶의 의욕을 잃고 모든 것이 무너져 내린 순간이었습니다. 아무도 내 손을 잡아 주지 않았지만, 소설 속 문장들이 나를 붙잡아 주었습니다. 소설이 없었다면, 저도 없었을 겁니다. 문학을 사랑해서 문학을 공부했고, 그 길을 따라가다 어느 순간 벼랑 끝에 서 있었습니다. 하지만 그 어둠 속에서 저를 다시 살게 한 것은 단 한 줄의 소설 속 문장이었습니다.

문학치료Literary Therapy, 특히 소설치료는 우리가 내면의 갈등과 스트레스를 해소하는 데 효과적인 도구가 됩니다. 이러한 치료 방식은 문학 작품을 통해 감정을 탐색하고, 개인적인 경험을 재구성하며, 결국에는 자기 치유를 도모할 수 있게 합니다. 저는 이러한 문학의 힘을 실제로 경험했습니다.

《나무를 심은 사람》은 생의 가치를 가르쳐 주었고, 《데미안》은 혼돈 속에서도 나를 찾을 수 있다는 깨달음을 주었습니다. 《노인과 바다》를 통해 운명을 원망하지 않는 법을 배웠고, 《자기 앞의 생》은 여전히 사랑해야 할 것들이 남아 있음을 일깨워 주었습니다. 그리고 《그리스인 조르바》는 내 안에 숨겨진 생의 의지를 다시금 일으켜 세웠습니다. 소설은 단순한 이야기가 아니라, 삶을 지탱하는 힘이었고, 상처를 감싸 준 위로였습니다. 저는 소설을 통해 치유되었고, 그래서 문학치료사가 되었습니다.

문학은 내 마음이 어디로 가야 하는지 알려줍니다. 우리는 살아가면서 길을 잃을 때가 많습니다. 방향을 찾지 못하고 주저앉고 싶을 때, 문학은 나에게 작은 빛을 건네줍니다. 미하엘 엔데의《모모》는 "길은 이미 내 안에 있다"고 말합니다. 우리는 이미 답을 알고 있지만, 너무 빨리 달리느라 보지 못할 때가 많습니다. 모모가 알려준 것처럼 때로는 천천히 걸어야만 보이는 것들이 있습니다. 상처받은 영혼도 그렇습니다. 누구나 부서진 마음을 안고 살아가지만, 그 마음을 다시 꿰매어 붙일 힘 역시 우리 안에 존재합니다.

하지만 어떻게 치유될 수 있을까요? 해럴드 블룸은 "우리가 문학을 읽는 이유는 우정이 취약하고, 사랑이 사라지기 쉬우며, 삶이 불완전하기 때문"이라고 했습니다. 소설은 부족한 치유를 채워 주는 존재입니다. 문학은 상처를 덮어두는 것이 아니라, 그 상처를 직면하게 합니다. 우리는 소설 속 주인공이 겪는 고통을 따라가며 그들의 치유와 성장을 통해 다시 살아갈 용기를 얻습니다. 《노인과 바다》가 가르쳐 준 것처럼 인간은 파멸할지언정 패배하지 않습니다. 그렇기에 우리는 다시 살아야 합니다.

이 책은 단순한 소설 해설서가 아닙니다. '소설상담소'는 당신이 자신의 상처를 마주하고, 다시 일어설 수 있도록 돕는 따뜻한 동반자가 되고 싶습니다. 삶은 아름답지만 때로는 무너질 때도 있습니다. 하지만 좋은 소설을 읽으면서 당신은 더욱 단단해지고, 더욱 깊어질 수 있습니다.

이제, '소설상담소'를 통해 당신만의 치유 소설을 만나보기를 바랍니다. 이 책을 펼치는 순간, 16편의 소설이 당신의 마음을 두드리고, 그 문장이 당신을 치유하는 여정으로 이끌어 주기를 바랍니다. 당신 곁에 소설이 있는 한, 당신은 무너지지 않습니다.

2025년 3월
박민근

차 | 례

자신이 쓸모없다고 느껴질 때

프란츠 카프카의 《변신》, 자기충만감에 대하여

"음악이 그를 이토록 사로잡는데,
그가 그저 한 마리 동물이란 말인가?"

"평소에는 연락을 잘하지 않다가
필요한 일이 생겼을 때만 나를 찾는 지인들이 있습니다.
제가 도움을 주고 나면 간단히 감사 인사를 하고는
다시 연락이 뜸해집니다. 이런 상황이 반복될 때마다
제가 그들에게 과연 어떤 의미인지,
단지 필요할 때만 찾는 건 아닌지 고민하게 됩니다.
이런 관계를 계속 유지하는 것이 옳은지 확신이 서지 않습니다."

갑자기 내가 벌레 같은 존재가 된다면

'벌레'라는 말을 들으면 어떤 생각부터 드나요? 대부분 부정적인 것을 떠올리지 않을까 싶습니다. 우리는 벌레에 혐오를 느낍니다. 이는 벌레가 지닌 독이나 병균 때문에, 유전자에 새겨진 본능적 혐오에 가깝습니다. 그래서 사람을 벌레로 칭하는 비유, 가령 '밥버러지' 같은 말에 큰 모욕을 느끼지요. 그런데 어느 날 아침, 자고 일어났더니 내가 진짜 벌레로 변해 있다면, 어떤 기분이 들까요? 이런 당혹스러운 순간을 태연하게 보여주는 소설《변신》에서 그레고르는 하루아침에 벌레 같은 존재로, 아니 진짜 벌레로 추락한 자신과 마주하게 됩니다.

"그레고르 잠자는 어느 날 아침 불안한 꿈에서 깨어났을 때, 자신이 잠자리 속에서 한 마리 흉측한 해충으로 변한 것을 발견했다."

사람이 벌레로 변하다니요? 잠깐, 작가가 왜 이런 말도 안 되는 상상을 했는지 따지기보다는 그레고르의 내면과 사건들에 주목하면 어떨까요? 이성적 관찰자가 아니라 주인공에게 빙의해 보는 겁니다. 그러면 곧 의문도 풀릴 겁니다. 그레고르는 몹시 놀라고 당황하며 어쩔 줄 모릅니다. 그래도 침착하게 이 상황을 벗어나려고 하지만, 소용없는 일입니다. 벌레로 변한 자신의 현실만은 감당하기 쉽지 않습니다. 그는 공포와 불안, 괴로움에 몸부림치다가 이내 절망하고, 하루하루 주어진 상황을 모면하기에 급급합니다. 그렇게 방에 갇혀 하루하루 지냅니다.

시간이 갈수록 그는 인간성을 잃어갑니다(벌레가 됐으니 당연하겠네요). 그리고 벌레 습성을 닮아갑니다. 신선한 우유나 채소 대신 썩은 과일을 더 좋아하고, 벽을 기어다니며 어두운 소파 밑에서 대부분의 시간을 보냅니다. 그렇게 벌레의 삶에 익숙해지지만, 그의 의식만은 그대로였습니다. 오히려 자신을 더 명확하게 느끼게 되었고, 주변 상황을 섬세하게 읽어내기에 이릅니다. 그저 돈만 벌던 가장이자 직장인에서 점점 자신과 주변을 성찰하는 사람으로 변합니다. 그의 겉은 사람에서 벌레로 변했지만, 그의 내면만은 돈 버는 기계에서 사색가로 변해가고 있었습니다.

벌레로 변한 그레고르는 여전히 가족에게 사랑을 느낍니다. 비참해진 자신보다 그들을 먼저 생각합니다. 하지만 가족의 반응은 그와는 사뭇 달랐지요. 갈수록 그에게 냉담해졌고, 어느 순간부터 멸시와 무시를 반복합니다. 그리고 결국에는 그를 혐오하기에 이릅니다. 특히, 그의 아버지는 다른 사람에게 들킬까 전전긍긍하며 그가 잠시라도 방을 벗어나면 "될 수 있는 대로 빨리 그의 방으로 들어가야 한다"고 다그칩니다. 아버지는 변신한 그레고르가 몹시 꺼림칙하고 부끄러웠습니다.

어느새 그레고르는 방을 벗어나서는 안 되는 존재로 낙인찍힙니다. 심지어 방을 나온 그에게 세찬 발길질을 하여 그레고르가 피를 흘리며 자기 방으로 날아 들어가게 했습니다. 그레고르에 대한 아버지의 분노와 혐오는 이해할 수 없는 점이 많습니다. 단지 그가 벌레로 변했기 때문일까요? 어쩌면 오래전부터 아버지와 다른 가족으로부터 그는 대접받지 못하는 존재가 아니었을까 하는 합리적 의심이 듭니다. 이 가족의 진짜 모습, 그 정체가 의문의 꼬리를 뭅니다. 어쩌면 그의 모습이 변한 건 진짜 문제가 아니라는 생각이 듭니다. 늘 제 노릇을 못 하던 아버지의 사업이 망한 뒤, 그레고르는 외판원이 되어 5년 동안 가족을 위해 뼈 빠지게 일했습니다. 일찌감치 생업 전선에 뛰어든 그레고르는 열의를 다해 일한 덕분에 점원 보조원에서 어엿한 외판 사원으로 진급합니다. 이른바 성공한 청년이 되었던 거죠. 그러자 그의 가족은 소위 말하는 자본주의적 안정을 얻게 됩니다. 하지만 그의 수고는 가족에게 진심으로 환대받지 못했습니다.

"후일 그레고르가 돈을 많이 벌어, 온 식구의 낭비를 감당할 수 있었고, 실제로 감당하기도 했건만 말이다. 사람들이 익숙해졌던 것이다. 식구들이나 그레고르 역시도, 식구들은 돈을 감사하게 받았고, 그는 기꺼이 가져다주었으나, 특별한 따뜻함은 더 이상 우러나지 않았다."

그레고르의 헌신에 가족은 어느 순간부터 '특별한 따뜻함'을 보이지 않았습니다. 가족처럼 가까운 누군가에게만 느낄 수 있는 그 다정한 감정이 사라졌습니다. 어느 날 낙담해 있을 때, 누군가 살며시 손잡아주며 "괜찮아"라고 말해줄 때, 그 온기와 같은 감정이 바로 '특별한 따뜻함'이라고 할 수 있겠지요. 그런데, 잠시 생각해 봅니다. 따뜻함에도 조건부가 있을까요? 특히 가족 간에 조건부로 따뜻함을 나눌 수 있을까요? 그레고르가 더 이상 돈을 벌어오지 못하는 존재가 되자, 가족의 특별한 따뜻함은 이내 잔인한 냉대로 바뀌었습니다. 사실 가족도 처음부터 이러지는 않았습니다. 처음에 어머니는 그레고르를 함부로 대하는 가족에게 "누가 뭐라 해도 그 애는 불쌍한 내 아들"이라며 감싸고, 누이동생 그레테는 "아버지! 오빠가 좀 아프다고 바로 벌레 취급하는 건 너무하지 않아요? 오빠, 사실상 우리 집의 가장이라고요!"라며 옹호합니다. 어머니는 그렇다 치고(나중에는 결국 동조하지만), 그레테는 왜 그랬을까요? 여기에도 어쩔 수 없이 이해관계가 깔려 있습니다. 누이동생의 음악적 재능을 가상히 여긴 그레고르가 그녀를 경제적으로 지원했기 때문입니다. 부모는 그레테를 노동력이나 돈벌이 능력도 없는 아무짝에도 쓸모없는 딸아이라고 여겼지만, 오빠만은 그녀의 재능을 존중했습니다. 자신의 재능을 아끼고, 자신의 꿈을 응원하는 오빠에 대한 고마움을 모르지 않아서 처음에는 그를 감쌌던 것이죠. 하지만 시간이 지나고 오빠의 상태가 악화하자(오빠의 변신을 체감하면서), 그레테 역시 점점 지쳐가며, 나중에는 그에게 살의마저 품습니다. 어쩌면 그레테가 처음에 벌레(그레고르)를 인정하자고 했던 것도, 그가 가족 생계를 책임졌던 점을 의식한 관성 때문일 수 있습니다. 또 한 가지, 그녀 자신이 이 가족의 특별한 조건(돈벌이 능력)을 자각하면서 차츰 음악을 좋아하는 사람에서 자본주의적 존재로 변했기 때문입니다. 그레테는 점원으로 취직하며 돈벌이 능력이 생기자, 그레고르를 더욱 혐오합니다. 나중에는 자신이 앞장서 어머니 반대를 무릅쓰고 오빠가 아끼는 방 안 가구들을 강제로 빼내 처분하려 합니다.

진짜 문제는 변신이 아니라 변심

문제는 그레고르의 변신이 아니라 가족의 변심입니다. 이 소설은 변신變身을 통해서 변심變心을 이야기합니다. 한결같은 마음으로 서로를 대하지 못하는 것은 고통의 근원입니다. 죽어가는 그레고르가 느꼈을 절망은 자신이 어느 순간 냉대와 멸시를 받게 되고, 급기야 세상에서 사라져야 할 존재라고 느끼는 가족의 변심에서 기원합니다. '소중한'이라는 단어가 오염되지 않기를 바랍니다. 사람들은 '쓸모 있는' 사람을 '소중한' 사람으로 혼동합니다. 하지만 **소중하다는 것과 쓸모 있다는 것은 다릅니다.** 그 사람이 소중한 것은 그의 존재 자체가 나에게 소중해서이지, 그가 쓸모 있어서 소중한 것이 아닙니다. 쓸모 있는 사람은 그저 유용하게 도움이 되는 사람 정도입니다. 주변을 둘러보면 쓸모 있는 사람을 우선한다는 생각이 듭니다. 안타깝게도 그레고르 가족 역시 그를 소중한 존재가 아니라 쓸모 있는 존재 정도밖에 여기지 않았습니다.

그레고르는 가족의 변심으로 힘들었습니다. 상대의 변한 마음만큼 괴로운 일도 없습니다. 특히, 그것이 멸시와 혐오, 심지어 살의라면 말 다 했지요. 어제까지 웃던 그 사람이 오늘은 싸늘한 표정을 지을 때, 사는 것이 쓸쓸해집니다. 사람의 마음이 영원할 수 없고, 때로 변하기 일쑤라는 것을 모르지 않습니다. 다만, 그레고르의 생이 가엾고 불쌍한 것은 '변심'이 '변신'보다 그를 더 아프게 했을 거라는 짐작 때문입니다. 마음이 변한 가족은 이제 그레고르에게 그동안 감추어왔던 격한 감정을 토해냅니다.

"저런 괴물 앞에서 오빠의 이름을 입 밖에 내고 싶지 않아요. 그러니까 제가 말씀드리고 싶은 건 오직 한 가지, 우리가 저것에서 벗어나야 한다는 거예요. 우리는 그동안 저것을 돌보고 참아내기 위해 인간으로서 할 수 있는 일은 다 해봤어요. 우리를 조금이라도 비난할 수 있는 사람은 아무도 없을 거예요."

가족의 변심은 정말 노골적입니다. 그레테가 털어놓은 말에 담긴 모순은 차치하더라도, 그녀의 말에는 그가 가족에게 더 이상 참아내기 힘든 존재로 전락했음이 여실히 드러납니다. 이제 가족은 그를 일원으로 생각하기는커녕 자신들을 괴롭히는 '괴물'로 치부하기에 이릅니다. 사실 그레고르가 멸시받는 것은 어제오늘 일이 아니었습니다. 그가 돈을 벌기 위해 세상으로 뛰어든 순간부터 그는 종종 사람들에게 멸시의 대상이었습니다. 때로는 멸시를 넘어 인간 아닌 존재로 취급받기까지 했습니다. 그의 회사는 인정머리라곤 없었습니다. 동료들은 그에게 작은 따뜻함조차 베풀지 않았죠. 그들과는 그저 일과 돈으로만 맺어진 관계입니다. 벌레로 변신 후, 결근한 그를 찾아온 지배인 역시 그의 안위나 건강 따위에는 아무 관심이 없습니다. 그레고르의 무단 결근으로 문제가 생기는 것만 걱정할 뿐입니다. 이 사회에서 변신 전의 그레고르 역시 조직이 굴러가는 데 필요한 작은 부품에 불과했던 것이지요. 앞으로 가족과 직장에서 그레고르의 운명은 어떻게 될까요? 그의 운명에도 과연 희망이 찾아들까요?

가족과 그레고르의 갈등과 긴장이 이어지던 어느 날, 아버지는 그레고르가 가족을 공격한 것으로 착각하고, 그에게 온 힘을 다해 사과를 던집니다. 사실 우연이라기보다 '의도'가 담긴 짓이었습니다. 이전에도 아버지는 자신을 찾아온 지배인을 쫓아 나가던 그레고르를 지팡이와 신문으로 마구 흔들어 방으로 몰아넣으려 한 전력이 있습니다. 돈벌이 능력을 상실한 그레고르는 어느새 죽어 마땅한 존재로 변했습니다. 게다가 돈벌이 능력을 되찾은 아버지에게 자신이 벌어온 돈을 축내는 그레고르는 밥버러지에 지나지 않았을 것입니다. 마치 끔찍한 해충이라도 발견한 것처럼 구둣발로 짓이겨 죽이고 싶었을지도 모릅니다.

아버지에게 그런 일을 당한 그레고르는 온전할 수 있을까요? 결국, 아버지가 던진 사과 하나가 그의 등껍질 틈에 박혀 썩으면서 그는 쓸쓸히 죽음을 맞습니다. 죽은 그의 사체를 확인한 뒤, 가족은 비로소 안도의 한숨을 내쉽니다. 그레고르가 떠나자, 남은 가족은 그동안 하지 못한 여행을 위해 기차에 오르고, 비로소 해방감을 느낍니다.

'나'라는 존재의 가치와 존엄성은 어디까지일까요? 노동력이나 재능, 건강한 신체, 직장생활의 적응력 같은 것들, 고작 이런 것들이 존엄성의 전부일까요? 그레고르의 죽음 앞에서 이런 질문을 떠올립니다. 갑자기 내가 신체 일부를 잃거나 큰 병에 걸렸을 때, 늙거나 흉한 모습이 되었을 때, 혹은 큰 빚을 졌을 때, 내 가족이나 주변 사람은 나를 전과 같이 대할까? 여전히 나를 아끼고 보살펴줄까? 왠지 불편하고 꺼림칙하지만, 이런 질문은 현실을 냉정히 바라보는 현미경이 될 수 있습니다. 반대 질문도 가능합니다. 나는 가까운 사람이 끔찍하게 변했을 때, 그를 변함없이 대할 수 있을까? 어쩌면 순진하게 낙관적인 대답을 떠올릴 수도 있겠지만, 실제 그런 일이 생겼을 때 결과는 훨씬 참혹할 수 있습니다. 그렇습니다. 누구라도 자신이 벌레처럼 취급당한 기억은 쉽게 지워지지 않습니다. 나에게 힘든 일이 생겼을 때 그토록 '소중하게' 여겼던 나의 인맥이 아무 쓸모 없는 것임을 깨닫고 망연자실해질 때가 있습니다. 그럴 때마다 쇼펜하우어가 말한 "인간이라는 고슴도치들이 피치 못해 모이게 되지만, 그들은 서로의 가시투성이 본성으로 서로를 상처 입힐 뿐"이라고 한 말을 떠올리게 됩니다. 그러니 누군가를 만났을 때 큰 기대를 걸지 않는 것이 어쩌면 현명한 태도입니다. 그러다 조금이나마 인격적인 사람이었다면 참 다행스러운 일이라고 여길 수 있으니까요.

벌레로 '변신'한 그레고르를 좀 더 고찰하다 보면, 카프카의 의도를 눈치챌 수 있습니다. 이 비극적 상상이야말로 나 자신을 자각하게 하는 프레임을 제공합니다. 프레임은 문제를 보는 관점, 사고 방식이지요. '내가 벌레가 된다면?' 혹은 '내가 누군가에게 벌레 취급을 당한다면?' 이런 불길한 상상은 내 삶을 고찰하여 재구성하게 이끕니다. 만약 그레고르가 벌레로 변신하지 않았다면, 우리는 그가 오래전부터 벌레 취급당하며 살았다는 것을 깨닫지 못했을 겁니다.

나의 쓸모가 진정 나의 가치인가?

그레고르의 변신은 한 사람이 가족에게 소외당하는 과정도 함께 보여줍니다. 가장 안전한 관계, 가장 믿었던 가족에게 당하는 소외는 어떤 감정을 부를까요? 이는 자신이 살아온 삶 전체를 부정당하는 것과 다름없을 겁니다. 잔인하고 잔혹합니다. 무엇보다 지독한 모멸감이 온몸을 휘감습니다. 이런 격정은 "왜 그래야만 하는가?"라는 의문과 함께 새로운 각성에 이르도록 합니다. 그레고르의 변신은 지켜보는 이로 하여금 의식의 틀을 깨고, 내가 처한 현실을 명료하게 바라보는 새로운 프레임을 제공합니다. "내게 만약 벌레로 변할 만큼 결정적 변화가 생겼을 때, 나에게는 어떤 일이 벌어질까?" 이런 질문은 괜한 망상이 아니라, 현재의 자신을 조망하는 중요한 성찰 도구입니다. 자신에게 이런 질문을 던졌을 때, 어쩌면 당신은 경악할지 모릅니다. 내게 무슨 나쁜 일이, 가령 내가 제구실하기 힘든 사정이 생겼을 때 내 가족은 계속 나를 지킬 것인가? 어쩌면 이 지점에서 깊은 고뇌와 혼란에 빠질 수도 있습니다. 과연 나란 존재의 가치는 어디에 있는가? 나의 쓸모가 나의 가치가 아니라면, 나의 가치는 도대체 어디서 기원하는 것일까? 인간의 가치를 이루는 최소한의 조건은 어떤 것들일까? 이런 질문들이 폭포수처럼 쇄도할 겁니다. 우리는 이런 질문들에 쉽게 답하지 못합니다.

일찍이 철학자 마르크스는 어떤 교육도 받지 못한 채 목숨을 걸고 탄광굴로 석탄을 캐러 들어가야 했던 열 살 소년들에 관한 친구 엥겔스의 증언을 듣고 고뇌에 빠집니다. 그리고 그는 현대인이 처한 네 가지 소외를 발견합니다. 첫째는 인간이 자연으로부터 소외되는 것, 둘째는 자신이 일을 통해 해내는 생산 활동으로부터 소외되는 것, 셋째는 인간이라면 가져야 할 인간성으로부터 소외되는 것, 마지막은 다른 인간으로부터 소외되는 것을 들었습니다. 카프카는 그레고르를 통해 이 네 가지 소외를 한 번에 보여줍니다. 그는 벌레가 되면서 일순간 혐오스러운 자연으로 변합니다. 또, 일을 하지 못하면서 노동력 말고는 가진 것 없는 존재임을 드러냅니다. 그리고 벌레로 사는 기간이 길어지면서 차츰 인간성마저 잃습니다. 마지막으로 주변 사람들, 특히 가족에게 버림받습니다. 이런 상황은 어떤 불편한 진실을 건드립니다. 그에게 일어난 일이 그와 그 가족만의 현실일까요? 아닙니다. 우리 주변에서 빈번히 일어나는 일이라는 느낌을 지울 수가 없습니다. 그의 가족을 무작정 탓할 수 없는 이유가 있습니다. 태생적으로 선한 사람조차도 돈이 인간의 영혼을 조율하는 세상에 시달리다 보면 자신도 모르게 돈을 갈망하는 마음에 빠져들고, 사람보다 돈을 우선하는 심성에 지배받기에 이릅니다. 심약한 보통 사람이라면 더 쉽게 돈이라는 사물신事物神에 종속될 수 있습니다. 그레고르의 가족도 그런 과정을 거쳤고, 그런 가족 안에서 그레고르 역시 인간답게 살기 어려웠던 겁니다.

그레고르를 보면 관계 속에서 소외되는 우리의 민낯을 마주하게 됩니다. 자신의 노동을 팔고 돈을 벌어야 인간 대접을 받는 세상에서 사람은 가장 빨리 가치를 잃는 대상입니다. 여기에 '존엄'은 들어설 여지가 없습니다. 이른바 '쓸모'가 없으면 한 줌의 가치도 지니지 못한 존재로 떨어질 수 있습니다. 그를 보면서 더 안타까운 것이 있습니다. 그는 자신이 누리던 "이 모든 고요와 부와 만족이 자신에게 닥친 끔찍한 일로 인해 끝나야만 하는가?"라는 탄식을 내뱉습니다. 이는 가족이 드러내는 멸시와 냉대를 이제껏 맺어온 실체적 관계 측면에서 보지 못하고, 벌레로 변신한 탓에 발생한 우연한 문제로 오인하고 있음을 나타냅니다. 그는 끝까지 자신과 가족의 관계를 오해했던 겁니다. 그레고르처럼 내가 능력이 부족해 사람들로부터 무시당한다는 생각에서 벗어나지 못하는 사람이 있습니다. 이런 태도는 마지막 보루인 자기 존엄성을 훼손하여 스스로 나 자신마저 소외시키는 결과를 낳습니다.

삶에서 나 자신을 소외시킨다면

삶은 소외의 울타리로 단단하게 결박되어 있습니다. 우리는 사물과 돈에 소외될 뿐 아니라, 자연, 타인, 공동체, 심지어 가족에게도 소외되기도 합니다. 어쩌면 많은 사람이 그레고르처럼 살아갑니다. 즉, 자신이 쓸모 있는 존재라는 자기 효용성을 끊임없이 증명할 수밖에 없는 상황에 놓여 있습니다. 이런 상황에서 가장 끔찍한 것은 자신이 자신을 소외시키는 것입니다. 우리는 자신을 어떻게 대접해야 할지 모르고, 또 자신을 너무나 쉽게 무가치한 존재로 단정하기도 합니다. 어쩌면 자기에 대한 무지와 무관심이 스스로 나를 벌레처럼 취급한 것은 아닐까요? 벌레가 되어 돈을 벌수 없게 되었을 때도 그레고르는 다시 가족에게 돈을 벌어다 주는 존재로 돌아가기 위해 발버둥 칩니다. 가족에게서 무용한 존재로 남는 것이 그에게는 큰 두려움이었습니다. 그것이 다시 인간으로 돌아가고 싶은 이유입니다. 그런데, 그레고르가 생각한 인간이 고작 그런 존재라면 굳이 다시 인간이 되어야 할 이유가 있을까요? 늙고 병들어 능력을 잃으면 곧 버려질 텐데 말이죠. 그에게 날개가 생겨서 창문 너머로 멀리 자유로이 날아갈 수도 있었지만, 그는 끝까지 가족 곁에 있기를 원했습니다. 이런 그레고르의 초상은 우리를 비추는 거울 효과를 발휘합니다. 만약 내가 단지 그레고르와 같은 마음 탓에 괴롭다면, 그것 역시 실체적 진실을 아직 깨닫지 못한 것일지 모릅니다. 진실은 다른 곳에 존재합니다. 문제는 이 모든 비극이 사람이 사람을 사람으로 대하지 않는 것에서 빚어졌다는 사실입니다.

그레고르는 가족에게 그저 쓸모의 유무로 감별되는 비인간적인 존재였습니다. 상대가 나를 진심으로 대하지 않고 있다고 느낄 때, 나를 그저 쓸모의 유무로만 대하고 있다고 느낄 때, 과연 나는 어떻게 해야 할까요? 나를 소모적으로 대하는 관계에서 상처받고 고통스러우면서도 그 상대를 떠날 용기를 내지 못할 때가 많습니다. 날개를 가졌음에도 날 엄두를 내지 못하는 그레고르, 인간으로 돌아가고자 발버둥 치는 그레고르가 우리 자신을 닮았습니다. 어쩌면 우리는 이미 날개를 가졌지만, 자유를 찾아 날아갈 엄두를 내지 못하는 그레고르일지 모릅니다.

삶의 가능성은 언제나 다음 발걸음에 놓여 있지만, 우리는 살아왔던 관성에서 쉽게 벗어나지 못할 때가 많습니다. 그레고르는 이미 벌어진 일 앞에서 자신이 할 수 있는 새로운 가능성에 집중하지 못했고, 오히려 과거의 소외된 존재로 돌아가기만을 갈망합니다. 로마 시인 오비디우스는 《변신 이야기Metamorphoses》에서 "세상에는 한 번 모습을 바꾸면 그대로인 존재도 있으나, 여러 모습으로 변신하는 능력을 지닌 존재도" 있다고 말하며, 오히려 변신이 지닌 가능성과 힘을 역설한 바 있습니다. 그레고르 역시 얼마든지 이카로스Icarus가 날개를 얻어 미궁을 벗어난 것처럼, 답답한 다락방을 벗어나 저 멀리 자유로이 날아갈 수 있었습니다. 하지만 그는 자신에게 생긴 새로운 가능성을 조금도 인정하지 않고, 그저 주어진 상황에 굴복하고 과거를 반추하기에 급급합니다. 자기 가능성을 포기한 사람에게 과연 무엇이 남을까요? 그런 사람이라면 미래는 사라지고, 성장과 회복도 바랄 수 없습니다. 이런 그레고르의 모습은 우리의 슬픈 자화상 같습니다.

벌레 같은 삶을 살지 않기 위해서

그레고르의 상황은 남 일 같지 않습니다. 오랫동안 해온 일을 느닷없이 잃거나 퇴직할 때, 혹은 병이나 장애로 일을 할 수 없게 될 때, 그레고르처럼 멸시받는 존재로 '변신'할지 모르기 때문입니다. 그때 평생 내가 가졌던 것이라곤 돈을 조금 벌 능력 말고 아무것도 없다는 사실을 깨닫고 놀랄지도 모릅니다. 그레고르의 죽음이 갖는 중요한 의미가 있습니다. 이른바 '벌레 같은 삶을 살지 않기 위해 나는 어떻게 살아야 하는가?'라는 질문입니다. 이 질문에 대한 단서를 그레고르에게서 엿볼 수 있습니다.

초반에 그가 벌레로 변신했을 때, 가구가 필요 없어진 그는 가족에게 가구를 치워도 괜찮다고 말합니다(실은 가족이 그의 가구를 팔거나 나눠 가지겠다고 요구했기에 어쩔 수 없이 따른 것이지만). 다만 자신의 책상만은 그대로 두기를 원합니다. "장롱은 없어도 괜찮지만, 책상만은 반드시 있어야 한다"며 "상경대 대학생, 고등학생, 심지어 초등학생 때에도 숙제하던 책상이었다"라고 그 이유를 말합니다. 비록 벌레의 몸이지만 책을 읽을 책상만은 마지막까지 포기하고 싶지 않았던 것입니다. 그리고 그레고르가 인간다움을 잃지 않은 존재라는 사실을 알 수 있는 중요한 문장이 있습니다. 어느 날 밤, 벌레 그레고르는 거실로 나와 여동생의 바이올린 소리를 듣고 크게 감동합니다.

> "음악이 그를 이토록 사로잡는데, 그가 그저 한 마리 동물이란 말인가?"

그레고르의 질문은 소외된 세상에서 인간성이란 무엇인가, 하는 의문을 떠올리게 합니다. 동물도 음악에 반응하지만, 음악에 감동할 수는 없습니다. 오직 인간만이 음악에 감동할 수 있습니다. 가족은 그를 벌레로 여겼지만, 그가 벌레일 수 없음을 알려주는 명백한 증거가 바로 이것입니다. 아이러니하게도 벌레가 된 그레고르에게 여동생의 바이올린 소리가 아름답고 즐거운 것으로 들렸지만, 나머지 가족에게는 그저 지겹기만 소음일 뿐이었습니다. 연신 담배만 피워댈 뿐 아니라 지겨운 나머지 신경질이 나 있을 정도로 말이지요. 타고난 그레테의 음악성을 하찮게 여기고, 그녀를 아무 쓸모 없는 딸아이로 여긴 나머지 가족이야말로 인간다움을 처음부터 상실한 (동물과 다를 바 없는) 사람들이었습니다.

음악은 기쁨과 위로를 서로 나누고, 영성과 사랑을 서로에게 전하는 인간의 가치를 이루는 활동입니다. 그레고르는 비록 생명이 꺼져가고 있었지만, 마지막 여동생의 연주를 들으며 그토록 그리워하던 미지未知의 양식(교양, 지혜)에 이르는 길이 자신에게 나타난 것만 같아서 감동합니다. 가족의 반대를 무릅쓰고 여동생의 음악 수업을 지원해 왔기에(이것이 그레고르의 가장 인간적이고 의미 있는 활동이었을 것이기에) 비로소 그는 그레테의 아름다운 연주를 음미할 수 있었습니다. 이에 그레고르는 큰 기쁨과 만족을 느낍니다. 그가 느낀 이 긍정적 정서야말로 너무도 순수한 자기 충만감이라고 할 수 있겠지요.

아름다움을 느끼고 감동할 수 있는 능력은 우리가 인간임을 보여줍니다. 스스로 충만할 수 있는 사람은 벌레 같은 존재가 아닙니다. 당신이 남의 필요나 쓸모가 아닌 자기 충만감으로 하루하루 빛나기를 바랍니다. 책을 읽고 음악을 듣고 미술을 감상하며 아름다움에 감탄하는 존재는 이미 스스로 충만한 존재라는 사실을 항상 기억하면 좋겠습니다.

주변 사람들과 점점 멀어질 때

로맹 가리의 《자기 앞의 생》, 의미 있는 타인에 대하여

"할아버지, 사람이 사랑 없이 살 수 있어요?"
"그렇단다."
할아버지는 부끄러운 듯 고개를 숙였다.
갑자기 울음이 터져 나왔다.

"과거에 만났던 한 분의 배려와 따뜻함이
얼마나 중요했는지를 그때는 몰랐습니다. 그 소중함을 알았다면,
그분에게 감사함을 솔직하게 표현했을 텐데,
이제는 그 기회를 놓쳐버렸습니다.
요즘은 모두가 점점 더 계산적으로 되어가는 것 같고,
서로를 아끼고 챙기는 관계를 만들기가 더 어려워집니다.
그래서인지 요즘은 그분이 더 그립습니다."

삶의 의미를 주는 것들

·····················

살아갈 의미가 보이지 않을 때가 있습니다. 모모가 그랬지요. 모모는 지금 자신을 증명할 만한 것이 아무것도 없는 막막함을 견디고 있습니다. 그래서 자기가 살아야 하는 이유, 어떤 삶이 의미 있는 것인지 알고 싶었습니다.

우리 삶은 의미 있는 것과 의미 없는 것으로 채워져 있습니다. 나의 모든 것이 의미 있으면 좋으련만, 의미 있는 것보다는 의미 없는 것이 훨씬 많습니다. 의미 없이 시간을 보내고, 의미 없이 일하며, 의미 없는 만남을 이어가는 보통의 일상이기 때문입니다. 그럴 때는 '너의 모든 것이 의미 있다'라는 위로도 공허해 보입니다. 그렇지만 초점 잃은 눈동자로 사는 것이 싫습니다. 그래서 모모는 의미를 찾고 싶었습니다.

모모에게는 그럴 사정이 있었습니다. 고아였으니까요. 생모도, 생부도 만난 적이 없습니다. 그런 모모에게 불현듯 생부가 나타납니다. 14년 만에 아버지를 만나지만 원망 대신 그 재회에서 한 조각 의미라도 품고자 했습니다. 아버지 카디르는 짧은 만남을 뒤로

하고, 자신이 이슬람교도임에도 모모가 유대교도로 자란 것에 충격을 받고 그 자리에서 심장마비로 죽습니다. 이런 아버지였지만 모모는 그를 '어떤 의미'로 받아들입니다. 생부의 시신 앞에서 보인 행동이 이를 말해줍니다. 모모는 죽은 카디르의 주머니를 뒤져 담뱃갑을 찾은 뒤, 마지막 남은 한 개비를 피워 물었습니다. 그리고 "그 담뱃갑 속에 있었을 다른 담배들은 모두 그가 피웠을 테니, 마지막 한 개를 내가 피운다는 것이 뭔가 의미 있는 일"처럼 느껴진다고 생각합니다. 이 '의미 있는 일'이라도 붙잡으며, 모모는 끊어졌던 둘의 관계를 이어보려 애씁니다.

> "나는 조금 울기까지 했다. 그러고 나니 기분이 좋아졌다. 내게
> 도 누군가가 있었다는 것이, 그리고 이제 그를 잃어버렸다는 생
> 각이 나를 기쁘게 했다."

생부와 모모는 서로 다가갈 수도, 물러설 수도 없는 관계였지요. 이어져 있지만, 이어져 본 적이 없는 관계랄까요. 관계를 망친 것은 모모가 아니라 카디르입니다. 그런 생부가 죽자 슬프면서도 기뻤습니다. 아버지란 존재가 죽었기에 슬펐고, 자신에게도 아버지라는 존재가 있었다는 게 기뻤습니다.

의미는 관계 맺음으로 생깁니다. 그리고 관계에 의미를 부여하는 것이 사랑입니다. 언제나 사랑만이 삶의 의미를 주고, 살아갈 힘을 만듭니다. 사랑은 관계의 한가운데를 채워 공허하지 않은 삶을 만듭니다. 대단한 생은 없습니다. 모모처럼 각자 특별한 생을

사는 것이고, 그 생은 언제나 사랑과 관계의 이중주로 의미를 창조합니다.

보살핌 없이 자란 삶

모모는 왜 부스러기 같은 의미라도 찾으려 마지막까지 집착했을까요? 그의 내면을 알려줄 단서가 있습니다. 모모에게도 좋은 사람이 있습니다. 롤라 아줌마도 그중 한 명이었죠. 롤라는 늘 임신하기를 바랐지만 그럴 수 없습니다. 생물학적으로 여성이 되고 싶은 남성이기 때문입니다. 그녀는 전직 헤비급 챔피언이었으나 여장남자로 살고 있습니다. 자기답게 살기로 한 결정에 따른 겁니다. 그녀는 매춘으로 번 돈을 모모에게 건네며, 이 어린 영혼이 무사히 자라기만을 기도합니다. 모모가 "정말로 롤라 아줌마만큼 좋은 엄마가 될 것 같은 세네갈 사람을 본 적이" 없다고 여길 정도로 모모에게 그녀는 소중합니다. 그런 롤라가 어느 날 모모에게 자신의 아기가 되어주길 부탁하며, 고향 세네갈어로 자장가를 불러주려 합니다. 하지만 모모는 자신은 벌써 열네 살이라며 이를 거절합니다.

"프랑스에도 자장가는 있겠지만, 나는 들어본 적이 없다. 자장
가를 들을 만큼 어렸던 적이 내겐 없었고, 언제나 머릿속에 다른
걱정들이 가득 차 있었기 때문이다."

이 말이 사실이라면 모모는 사랑과 보살핌은 고사하고, 최소한의 안전도 보장받지 못한 유년을 보냈을 것이 분명합니다. 그런데 자장가를 들을 만큼 어렸던 적이 없다는 말은 무슨 의미일까요? 모모는 어째서 자신의 과거를 이토록 참혹하게 표현할까요? 누구나 아기였다가 아이로, 또 어른으로 자랍니다. 아기인 적이 없던 사람은 없습니다. 그러니 애초 이 말은 모순을 품고 있습니다. 다만 아기로 살 만큼 안전했던 적이, 응석이나 부릴 만큼 여유롭던 적이 없다는 뜻은 아닐까요? 아기가 무시무시한 밤을 견디려면 자장가가 필요합니다. 애초 자장가는 아기의 밤(어둠, 소멸) 공포증을 누그러뜨리려 탄생했습니다. 그러니 자장가 없이 자란 모모는 밤마다 두려웠을 겁니다. 그래서일까요. 모모 머릿속에는 온통 걱정이 가득합니다. 흥미로운 건, 모든 걱정이 사랑에 관한 것입니다. 어떻게 그의 걱정은 사랑으로 변했을까요? 혹여 사랑만이 걱정을 치료했기 때문은 아닐까요? 사랑받지 못한 사람은 사랑이 낯설지만, 모모만은 사랑을 간절히 애원합니다. 그 마음이 커져 사랑과 관심을 향한 갈망과 처절한 투쟁으로까지 이어집니다. 모모가 겪었을 애착 결핍은 사랑에 가까이 가지도, 또 멀어지지도 못하는 고통을 주지만, 모모는 이를 혼자서 치료합니다. 바로 '사랑'이라는 치료제로 말이죠.

어머니는 내가 만나는 첫 사람이며, 가장 의미 있는 타인으로 꼽는 존재입니다. 대개 어머니는 처음 나를 돌보고, 그의 보살핌으로 나는 온전히 자랍니다. 어린 사람의 권리와 온당한 생은 어머니에게 달려 있습니다. 처음 나를 보살피는 어머니를 통해 사랑과 세상을 배웁니다. 그런데 이런 사랑이 모모에게는 허락되지 않았습니다. 생모는 죽었고, 그 모든 책임이 다른 사람에게 넘겨집니다. 모모에게 '자장가를 들어본 적 없음'이란, 보살핌의 상실을 떠올리게 합니다. 그래서일까요? 사랑의 빈자리를 품은 채 살아가는 모모에게 삶의 숙제가 남았습니다. 사랑으로 삶의 의미를 채워야 할 숙제 말이죠.

의미 있는 타인

사랑을 주는 사람을 어떻게 표현할까요? 연인이나 애인은 한정적이고, 선한 사람은 포괄적입니다. 사랑을 주는 사람들 덕분에 비루한 삶은 의미로 빛날 수 있습니다. 그러기에 생의 의미를 선사하는 사람이라 부르면 어떨까요? 자기 생을 앞으로 나아가게 하는 타인을 '의미 있는 타인Significant others'이라고 합니다. 의미 있는 타인이 있어 나는 생존하고, 또 성장할 수 있습니다. 14년 만에 나타난 생부 카디르도 모모의 노력으로 의미 있는 존재가 됩니다. 자장가를 불러주고 싶어 하는 롤라 아줌마 역시 의미 있는 타인입니다.

의미 있는 삶에는 의미 있는 타인이 필요합니다. 의미 있는 타인은 부정적 존재와 긍정적 존재 모두를 포함하지만(상처나 나쁜 기억을 심어준 타인도 있습니다), 아무래도 의미 있는 삶의 뼈대를 세우는 것은 긍정적인 의미 있는 타인입니다. 그래서 의미 있는 타인이라고 하면 으레 좋은 사람들부터 떠올립니다. 의미 있는 타인은 내게 삶의 의미를 주고, 내가 의미 있게 살도록 이끕니다. 상처와 고통에서 벗어날 수 있는 것도 이런 의미를 주는 사람들이 있기 때문입니다. 그 치유의 힘은 강하고 오래갑니다. 의미 있는 타인은 삶이 의미 있고, 살만하다는 것을 깨닫게 합니다. 살다 보면 상처를 주는 부정적인 타인이나, 의미 없는 타인도 만나겠지요. 그래서 고통 또한 끊이지 않겠지만, 내 곁에는 그것을 치유해줄 존재도 있습니다. 흐릿한 기억 속에도 치유의 존재들이 남긴 말과 행동이 나를 온기로 감싸줍니다.

모모 곁에는 로자 아줌마, 롤라 아줌마, 나딘 아줌마, 의사 카츠 선생님 같은 '의미 있는 타인'들이 있습니다. 이들이 보내는 작지만, 견실한 사랑과 온정, 따뜻한 돌봄이 연약한 모모를 지켜냅니다. 그래서 의미 있는 타인은 치유하는 존재입니다. 이들은 모모 안에 "붙박이장처럼 내포된 눈물"을 흐르게 합니다. 눈물은 흘려야 할 숙제입니다. 많이 울어야 어른이 되고, 인간다워질 수 있기 때문입니다. 카츠 선생님은 모모 안에 갇힌 눈물을 처음으로 흐르게 했습니다. 그는 밤늦게 찾아오는 사람까지 다 치료해주는 보기 드문 의사였습니다. 어느 날, 로자는 모모가 자기가 세상에서 가장 소중하게 여기던 강아지 쉬페르를 귀부인에게 팔고서 "그 대가로 받은 오백 프랑이나 되는 돈을 하수구에 처넣었다"는 사실을 알고 분노합니다(모모는 돈 따위로 쉬페르의 가치를 매기고 싶지 않았던 겁니다). 그리고 이런 일을 저지른 모모에게 병이 생긴 거라 확신합니다. 모모의 생부 카디르 역시 정신병이 있었기 때문입니다. 카츠 선생님은 모든 이야기를 듣고 "안심하세요. 로자 부인, 아무 일도 일어나지 않을 겁니다. 절대로요"라며 다독입니다.

이 말에 모모의 얼어붙었던 마음은 스르륵 녹습니다. 그리고 모모는 울기 시작합니다. 카츠 선생님은 모모에게 "마음이 편해질 것 같으면 맘껏 울어도" 좋다고 말합니다. 그리고 불안에 떠는 로자에게 모모가 "벌써 좋아지고" 있다고, 지금 울었으니 "정상적인 아이가 되어가고" 있다고 전합니다. 이때 모모의 눈물은 치유의 증거입니다. 사람이라면 울어야 할 때 울어야 합니다. 모모는 난생처음 "괜찮다고, 아무 일 없다"고, "불안에 떨 필요가 없다"는 말을 들었습니다. 처음으로 이런 말이 세상에 존재하는 것을 알았습니다. 그것은 모모에게 지워지지 않는 치유의 기억으로 남습니다. 다른 사람이 자신에게 건넨 진심 어린 말을 듣고, 스스로 소중한 존재임을 깨닫습니다. 그 후 모모는 그의 진료소를 찾아 한참씩 대기실에 앉아 있곤 했습니다. 어디가 아파서가 아니라 그저 대기실에 앉아 있고 싶어서였습니다. 그렇게 모모에게 생긴 애착 결핍을 의미 있는 타인들이 채워주었습니다. 모모는 자신을 둘러싼 의미 있는 타인들 덕분에 상처 입은 영혼을 조금씩 수선할 수 있었습니다. 인생은 상처로 가득하지만, 상처를 이긴 영혼만이 성장할 수 있습니다. 상처를 거부하지 않는 사람만이 사랑할 수 있습니다. 모모에게 사랑은 자신이 살아갈 유일한 의미였습니다. 사랑으로 치유되었고, 사랑 덕분에 살아갈 힘이 생겼으니까요.

선택권 없는 자의 마지막 선택

작가 로맹 가리는 삶의 비극을 '선택권 없음'이라 했습니다. 그에 따르면, 자기이고 싶지만, 자기일 수 없는 것이 저마다 주어진 생입니다. 그가 남긴 유언, "난 내가 삶을 산 거라는 확신이 그다지 서지 않는다. 오히려 삶이 우리를 갖고 소유하는 게 아닌가 싶다"라는 말로 더 분명해집니다. 모모는 그런 그가 애착한 주인공입니다. 자장가를 들을 새도 없이 걱정으로 세월을 보낸 자기를 꼭 빼닮은 아이였기 때문입니다.

모모는 줄곧 삶은 선택하는 것이 아니라, 선택당하는 것이라고 느낍니다. 모모가 생각하기에 인생이란 모든 사람에게 공평한 것이 아니고, 살아 있다는 것은 어쩔 수 없는 운명 같았습니다. 그러니 사람들도 그렇게 선택당한 삶을 살아야 한다고 생각합니다. 모모는 "세상은 관심을 끌지 못하는 그 많은 사람들 중에서 가장 마음에 드는 사람을 선택한다"고 믿습니다. 여기서 세상이 "선택한다"는 말은 힘겨운 운명에 찜 당하는 것을 뜻합니다. 헤쳐 나갈 힘보다 더 거센 운명이 생을 압도한다는 것이죠. 아이샤, 로자, 그리고 모모 주변의 많은 사람이 세상의 관심을 끌지 못하고, 그런 아픈 운명에 당첨되어 살아갑니다. 힘든 삶을 사는 것은 스스로 택한 게 아니라, 선택당한 것이라는 의미입니다. 그럼에도 모모는 아무 도움이 되지 않는 생, 오히려 자신을 괴롭히려고 드는 생이지만, 아부나 떨며 행복해지려고 애쓸 마음이 없습니다.

[두 번째 세션]

"나는 행복해지기 위해 생의 엉덩이를 핥아대는 짓을 할 생각은 없다. 생을 미화할 생각, 생을 상대할 생각도 없다. 생과 나는 피차 상관이 없는 사이다."

모모는 "행복이란 놈은 요물이며 고약한 것이기 때문에, 그놈에게 살아가는 법을 가르쳐주어야 한다"고 생각합니다. 삶은 늘 그런 식이므로 굳이 스스로 비굴해질 필요가 없다는 의미입니다. 운명에 굴복해 행복을 구걸할 필요가 없습니다. 어쩌면 생과 내가 남남인 것처럼 대하는 것이 속 편할지 모릅니다. 생의 기본값은 고통이므로 그저 생이 고통이라는 것을 받아들이고, 나는 나대로 살면 됩니다. 모모는 알량한 행복 따위를 가진 사람들과 자신을 구별하고, 불행으로 짓눌린 이들 곁에서 살아가려 합니다. 먼 훗날, "세상의 모든 것을 다 겪어본 후에야 그놈의 행복이란 걸 겪어볼 생각"도 있지만, 자신을 유혹하는 행복 따위를 좇기보다 자기식대로 살겠다고 약속합니다. 처음부터 행복이나 좋는 삶이란 가장 불행한 일이란 걸 이미 알고 있었기 때문입니다. 그 약속은 "사랑해야 한다"라는 말에 집약됩니다. 그래서 고난과 아픔에도 모모는 미움 대신 사랑을 택합니다. 선택당한 삶에서 자신이 할 수 있는 유일한 선택은 사랑이라는 믿음 덕분이겠지요.
하지만 사랑은 쉽지 않습니다. 모모에게 사랑은 애초 주어진 것이 아니라 배워야 할 새로운 기술이기 때문입니다. 사랑을 감정이 아니라 기술이라고 하지요. 사랑은 받는 것이 아니라, 아낌없이 주는 것이어야 하기에 기술입니다. 진정 사랑하기 위해서는 그 사람이 바라는 대로 아낌없이 주는 법을 배워야만 합니다. 그래서 사랑이 어렵습니다. 특히, 모모는 생애 처음 자신에게 사랑을 주어야 할 어머니가 없었기에 혼자 고민하며 사랑을 창조할 수밖에 없었습니다. 마치 처음으로 사랑하는 사람처럼, 그리고 한 번도 사랑에 상처 입은 적 없는 것처럼 모모는 사랑을 위해 모든 것을 바칩니다. 이런 모모에게 사랑이란 한 번도 들어보지 못한 자장가를 찾는 일과 같습니다. 어쩌면 그것은 인생을 걸고서 풀어야 할 숙제였습니다.

겨우 열네 살, 이런 결심을 한 모모가 대견하면서도 안쓰럽습니다. 일찍 커버린 이 아이는 보는 사람의 마음을 아리게 합니다. 언젠가 모모는 로자 아줌마에게 다른 고아들처럼 생모를 만나게 해달라며 떼를 쓴 적이 있습니다. 집 안 여기저기 똥을 싸면서 난동까지 부리면서 말이죠. 하지만 소용없는 일이었습니다. 그래봤자 어머니가 자신을 찾지 않는다는 것을, 그녀가 자신을 다시 사랑할 수 없다는 것을 알았을 때, 이 아이의 마음은 어땠을까요? 자신에게는 선택권이 없음을, 그런 삶이 자기 삶인 것을 알았을 때 얼마나 막막했을까요? 모모도 무심결에 "더 이상 내게 사랑은 없어"라고 말했듯이 포기하고 싶은 마음이 들 수밖에 없었겠지요. 사랑을 믿지 않는 사람이 되기는 쉽습니다. 사랑하고 책임을 지기보다는 사랑을 단념하는 편이 훨씬 편하니까요. 하지만 이 어린 소년은 끝내 사랑을 포기하지 않습니다. 오히려 사랑을 지키고자 애써 싸웁니다. 모두가 사랑을 저버려도 최후까지 사랑으로 버텨냅니다.

왜 모모는 끝까지 사랑을 포기하지 않으려고 했을까요? 사실 모모에게는 사랑의 기억 하나가 뿌리 깊게 자리합니다. 오래전, 모모는 여러 상점을 돌며 물건을 훔친 적이 있습니다. 여기에도 비밀이 있습니다. 그 도둑질을 통해 '엄마'를 경험해보고 싶었기 때문입니다. 그래서 중년 여자가 주인인 상점만 골라 도둑질합니다. 만약 그 여주인들이 도둑질한 자신을 발견하고 따귀라도 때려준다면, 여느 엄마들의 나무람을 경험해보는 것이니 오히려 반길 일이라 생각한 거죠. 그러던 어느 날, 모모는 삶을 송두리째 뒤흔드는 경험을 합니다. 여섯 살 무렵(모모는 그렇게 들은 탓에 실제 나이보다 4살 적게 말하는데, 그러니 10살이었을 겁니다), 달걀을 훔치다가 그만 여주인에게 들키고 맙니다. 물론 이것도 의도된 일이지만, 그의 예상은 180도 빗나갑니다. 모모는 그 여주인의 세찬 따귀 한 대를 원했지만, 상점 여주인은 혼내는 대신에 "너 참 귀엽게 생겼구나!"라며 모모의 머리를 쓰다듬었습니다. 따귀 대신 사랑이라니요! 사실 모모가 진심으로 원한 것은 분명 엄마의 따귀가 아니라 부드러운 어루만짐이었을 겁니다. 게다가 그녀는 달걀 하나를 더 건네며 볼에 다정하게 뽀뽀까지 해주었습니다. 그 순간, 모모는 영원히 지워질 수 없는 어떤 감정에 휩싸이고 맙니다.

"이따금 그 맘씨 좋은 주인 여자는 나를 보고 미소를 지어주었다. 나는 손에 (주인 여자가 건넨) 달걀을 쥔 채 거기에 서 있었다. 그때 내 나이 여섯 살쯤이었고, 나는 내 생이 모두 거기(달걀) 달려 있다고 생각했다. 겨우 달걀 하나뿐이었는데……."

모모는 작은 달걀 하나에 큰 의미를 새깁니다. 사랑, 온정, 이타심, 배려 등 셀 수 없이 많은 마음이 이 달걀 하나에 빨려들었습니다. 그리고 이 달걀 하나는 모모의 핵심 기억이 됩니다. 사람의 기억은 쉽게 망각하도록 프로그래밍 되어 있지만, 그렇지 않은 기억도 있습니다. 어떤 기억은 측두엽 해마Hippocampus에 문신처럼 각인됩니다. 그것을 핵심 기억이라고 하지요. 트라우마가 아픈 핵심 기억이라면 사랑의 경험은 기쁜 핵심 기억입니다. 핵심 기억은 마음에 긴 다리를 놓는데, 특히 섬광처럼 새겨진 사랑의 기억은 삶을 지켜주는 기둥이 됩니다. 아마도 모모는 힘든 날마다 그날의 달걀 한 알을 떠올리며 버텨낼 용기를 얻게 되겠죠. 사랑의 기억은 나를 지탱하는 기둥이니까요. 그 후 모모는 별을 품은 아이처럼 사랑의 기억들에 의지해 살아가려 분투합니다. 선택당한 삶에서 끝까지 사랑을 택한 이유가 여기에 있었습니다.

소중한 기억은 함부로 버리지 말아야 합니다. 소중한 사람과 함께 만들었기 때문입니다. 그 소중한 기억은 나를 절망이 아닌 삶으로 향하게 합니다. 의미 있는 타인이 생의 나침반이자 원동력이 되는 것은, 이들이 선사해준 소중한 기억이 내 기억 창고에 차곡차곡 쌓이기 때문입니다. 그 소중한 기억들은 고통과 상처를 버티는 자양분이 됩니다. 사랑의 기억들로 매번 무너지는 나를 되살릴 수 있습니다. 산산조각 난 영혼이 다시 살아날 수 있는 것은, 내면 깊은 곳에서 이 사랑의 핵심 기억이 내내 빛을 발하기 때문입니다. 그렇게 모모는 이 작고 연약한 달걀 하나로 험난한 생을 건널 굳건한 다리를 세웠습니다. 덕분에 좌절하고 무너지는 순간마다 두려움 없이, 의심 없이 사랑하는 자신으로 살아갈 수 있었습니다.

시간을 거꾸로 돌리는 방법

사랑하는 사람을 잃고 싶은 사람은 없습니다. 사랑하는 사람과 영원히 함께하기를 바라지 않을 사람도 없습니다. 하지만 시간은 가는 것이지 되돌려지는 것이 아닙니다. 그 소중한 이들을 내게서 떠나보내야 하는 것은 시간이 흐르기 때문입니다. 처음부터 모모는 상실이 무엇인지 잘 알고 있었습니다. 오지 않는 생모에게서, 떠나보낸 강아지 쉬페르에게서 사랑하는 존재를 잃는 연습을 해왔습니다. 하지만 지금껏 그가 겪지 못한 커다란 상실이 남아 있었습니다. 자신을 키운 로자 아줌마가 중병에 걸려 쇠약해지고 있었고, 빛나던 지혜와 깨달음을 주던 하밀 할아버지마저도 치매로 총기를 잃어가고 있었기 때문입니다. 그것은 모모에게 사랑과 기억을 동시에 잃는 일이었습니다. 이 두 사람은 가장 빛나는 의미 있는 타인들이었으며, 모모의 빈 가슴을 한없이 채우는 이들이었습니다.

지금껏 돌봄을 받아왔던 모모가 이제 돌봄을 주어야 할 시간입니다. 죽어가는 로자를 보며 모모는 시간을 되돌릴 수만 있다면 좋겠다고 생각합니다. 조금이라도 그녀의 마지막 시간을 지켜주고 싶었습니다. 늘 그랬듯 지혜로운 하밀 할아버지는 마지막으로 모모에게 시간의 비밀을 들려줍니다. 모모는 하밀 할아버지에게서 "시간은 낙타 대상들과 함께 사막에서부터 느리게 오는 것이며, 영혼을 운반하고 있기에 바쁜 일이" 없음을 배웁니다. 이는 느리지만 모두의 영혼은 어김없이 저 멀리 사라진다는 뜻입니다.

그즈음 양육비 송금이 끊기며 모모는 새 입양 가정을 알아보고 있었습니다. 마침 영화 녹음일을 하는 나딘 아줌마를 만나고, 그녀는 모모에게 시간을 거꾸로 돌릴 방법을 가르쳐줍니다. 나딘 아줌마를 따라간 녹음실에서 영화 필름을 뒤로 돌리자, 모모 앞에 놀라운 광경이 펼쳐졌습니다. 영화 속 한 남자가 죽었다가 살아났던 거죠. 모모에게 그 남자는 바로 로자 아줌마로 느껴졌습니다. "이미 살아날 가망이 없어졌는데 모든 것은 다시 거꾸로 돌아가기 시작했고, (이미 죽었던) 그 남자(배우)는 다시 살아"났습니다. 그것은 "마치 하느님이 더 쓸 데가 있어서 죽은 (그의) 손을 잡아 일으켜" 세워 준 것 같은 기적이었습니다. 덕분에 모모는 오래전 행복했던 로자 아줌마를 상상할 수 있었습니다.

"거꾸로 된 세상, 이건 정말 나의 빌어먹을 인생 중에서 내가 본 가장 멋진 일이었다. 나는 튼튼한 다리로 서 있는 생기 있는 로자 아줌마를 떠올렸다. 나는 좀 더 시간을 거슬러 올라 아줌마를 아름다운 처녀로 만들었다. 그러자 눈물이 났다."

모모는 풍성했던 아줌마의 머리카락, 몸을 팔아 먹고살지 않아도 되던 때의 행복한 로자 아줌마를 생생하게 그려볼 수 있었습니다. 시간은 낙타처럼 꾸역꾸역 사막을 건너지만, 내 상상만은 사랑의 세계 안에서 떠나지 않고 영원히 머물 수 있습니다. **우리가 견딜 수 있는 것은 현실을 살기 때문이 아니라, 기억 속에서 꿈꿀 수 있기 때문입니다.** 모모는 그녀가 가장 아름답던 시간으로 그녀를 다시 데려다주고 싶었습니다. 모모는 로자를 호스피스 병동이 아닌, 그녀가 사랑하는 지하실로 데려갑니다. 로자가 병원에서 개죽음당하는 일을 바라지 않았기 때문입니다. 슬프게도 죽음을 떠올리며 로자는 "죽는다는 것이 만족스럽다"고 말합니다. 죽는 것이 사는 것보다 덜 고통스러울 거라는 의미입니다.

꺼져가던 의식이 잠시 돌아왔을 때 로자는 "모모야, 넌 참 착한 아이야. 우린 늘 함께였지"라고 말합니다. 그것은 너를 진심으로 사랑했다는 뜻입니다. 모모는 아무것도 없는 것보다 훨씬 나았다고 대답합니다. 아무도 없는 삶보다 "누군가가 있었다"는 것이야말로 사랑이자 삶의 의미이며 자기 앞의 생입니다. 로자는 마지막으로 "블루멘타그(꽃의 날)"라는 신음을 되뇌다 숨을 거둡니다. 자신이 가장 아름다웠던 날들(핵심 기억)을 떠올린 겁니다. 모모는 그녀의 신음에 답하기라도 하듯 죽은 로자의 얼굴에 화장하고, 시체에서 나는 악취를 향수로 덮으며 마지막을 같이합니다. 그것은 모모가 그녀에게 할 수 있는 마지막 일이었습니다. 불쌍한 생을 선택당할 수밖에 없었던 로자의 삶을 위해 모모가 할 수 있는 유일한 일이었습니다. 모모는 "나는 로자 아줌마를 사랑했고, 계속 그녀가 그리울 것"이라고 말합니다. 지금껏 모모에게 놓인 자기 앞의 생은 의미 있는 타인들이 건넨 사랑의 큰 징검다리로 걸기 편해졌습니다.

자기 앞의 생을 사랑해야 한다

  큰사랑이 떠난 자리, 모모는 남은 생을 무엇으로 살아야 할까
요? 하밀 할아버지는 모모가 로자 아줌마 다음으로 아끼는 의미
있는 타인입니다. 그는 알제리에서 온 여든다섯 노인으로 평생 양
탄자 행상으로 세계를 떠돌았지만, 지금은 모모가 사는 동네에 정
착해 살고 있습니다. 그는 뛰어난 교양의 소유자로 지혜가 담긴
빅토르 위고의 소설과 코란을 손에서 놓지 않습니다. 하밀 할아버
지는 모모를 종종 "빅토르"라고 부르는데, 모모가 위고처럼 뛰어
난 작가로 성장하길 바라는 마음을 담은 애칭입니다.
  하밀 할아버지는 치매가 생기기 전, 여러 번 모모에게 "사람은
사랑할 사람 없이는 살 수 없다"는 말을 입버릇처럼 했습니다. 그
랬던 하밀 할아버지에게 어느 날 모모가 묻습니다. 그런데 치매가
생기며 할아버지는 전과 다른 말을 합니다.

  "하밀 할아버지, 왜 대답을 안 해주세요?"
  "넌 아직 어려. 어릴 때는 차라리 모르고 지내는 게 더 나은 일
  들이 많이 있는 법이란다."
  "할아버지, 사람이 사랑 없이 살 수 있어요?"
  "그렇단다."

사랑 없이 살 수 없다고 했던 할아버지가 이제 사랑 없이도 살수 있다고 하자, 모모는 그만 울음을 터트립니다. 자신의 믿음과는 다른 말을 하는 하밀 할아버지 때문에 흘린 눈물입니다. 모모의 눈물에는 많은 진실이 담겨 있습니다. 사랑 없이 살 수 없다는 것을 이제는 분명히 느끼기 때문입니다. 세상에는 사랑 없이 사는 사람이 많다는 것을 모모도 잘 알고 있습니다. 행복 따위나 좇는 사람이 그런 사람들이지요. 세상 사람 모두가 사랑으로 살았다면 이런 비참함은 존재하지 않았을 겁니다. 모모는 아직 아무 힘이 없습니다. 하지만, 자신만은 사랑 없이 살기가 싫었습니다. 모모만은 사랑해야 합니다. 사랑 없이 살아갈 자신은 생각할 수 없습니다. 그래서 모모의 울음은 사랑 없이 살 수 있다는 (거짓)말에 대한 거부의 몸짓입니다.

그렇게 자신을 아껴주던 사람들이 하나둘 떠나가고 모모는 혼자가 되지만, 마냥 외롭지만은 않습니다. **"사람은 사랑할 사람 없이는 살 수 없다"**는 진실을 믿기 때문입니다. 로자 아줌마, 하밀 할아버지와 같은 의미 있는 타인이 없었다면, 지금의 자신은 없었을 것을 알기에 그것은 분명한 자기 진실입니다. 소설의 마지막 문장은 그의 결연한 의지를 담습니다.

"사랑해야 한다."

사랑 없이 나는 살아갈 수 있을까요? 세상에서 사랑의 다리들이 하나씩 무너져도 사랑만이 외로운 사람들을 한데 묶을 수 있습니다. 모모의 슬픈 삶이 가까운 사람에게 의미 있는 타인이 되라고, 의미 있는 기억을 남기는 존재가 되라고 말합니다. 어떻게든 사랑을 포기하지 않는 모모의 마음을 잊지 않았으면 좋겠습니다.

정신없이 바쁘게 살 때

미하엘 엔데의 《모모》, 마음챙김에 대하여

"슬프게도 이 세상에는 쿵쿵 뛰고 있는데도
아무것도 느끼지 못하는, 눈멀고 귀먹은 가슴들이 수두룩하단다."

"오늘도 정신없이 하루가 흘러갔어요.
아침부터 저녁까지 숨 가쁘게 일에 매달려야 했습니다.
짧은 휴식조차 허락되지 않는 바쁜 일상에서
피로는 쌓이고, 마음은 점점 지쳐갑니다.
가족이나 친구들과 편하게 식사를 함께할 시간조차
갖기 어려워졌습니다. 내가 혹시 중요한 것을
놓치고 사는 건 아닌지 걱정이 됩니다."

시간이 없다는 말을 자주 되뇔 때

　오늘 하루를 돌아봅니다. 가만히 호흡에 집중하며, 나 자신을 느낍니다. 이렇듯 온전히 나만의 시간을 얼마나 가지며 살고 있을까요? 아니, 자기만의 시간이라고 할 수 있는 시간이 있긴 했을까요? 당신은 지금 자기 심장 소리를 들으며 살아가고 있나요? 심장 소리를 듣는 것은 자신을 느끼는 가장 쉬운 방법입니다. 하지만 주위를 둘러보면 자신을 느끼지 못하는 사람들이 많습니다. 심장이 뛰는 것도 느끼지 못하고, 자기가 누구인지도 고민하지 못한 채 그저 바쁘게만 살아갑니다. 어쩌면 '살아 있다'라는 표현보다 '숨만 쉬고 있다'라고 해야 할지 모릅니다.

　바쁘게 사는 사람은 가만히 있지 않습니다. 대체로 열심히 무언가를 하며 지냅니다. 그런데 나는 왜 이리 바쁠까? 무엇을 이루려고 이리도 바삐 지내는 걸까? 이런 생각들을 계속해 봐도, 결론 없는 의문만 남을 뿐입니다. 바쁘게 사는 사람은 흔히 "시간이 없다"라고 말합니다. 그런데 이 말은 참 무서운 말입니다. 자신을 잃어버렸다는 뜻이니까요. 바쁠 망(忙)은 망(亡) 자와 심(心) 자가 합쳐진 한 자입니다. 망은 없다, 혹은 망했다는 뜻이고, 심은 마음이나 생각을 뜻하니, 이는 곧 자기 생각, 자기 마음을 잃어버렸다는 뜻입니다. 지금 "시간이 없다"는 말을 자주 쓰고 있다면, 어쩌면 나 자신을 잃고 사는 건 아닌지 고민해 보아야 합니다.

> "슬프게도 이 세상에는 쿵쿵 뛰고 있는데도 아무것도 느끼지
> 못하는, 눈멀고 귀먹은 가슴들이 수두룩하단다."

미하엘 엔데의 《모모》는 시간을 잃어버린 사람들이 다시 시간을 찾아가는 이야기입니다. 사람들이 다시 시간을 찾을 수 있게 돕는 주인공이 바로 모모입니다. 모모와 함께 평화로운 나날을 보내던 마을 사람들에게 어느 날, '시간 저축은행' 사원인 '회색 신사'들이 나타납니다. 그들은 사람을 홀리는 막강한 힘을 갖고 있었습니다. 마을 사람들은 순진했고, 그들의 꾐에 쉽게 넘어가고 맙니다. 회색 신사들은 마을에 도착하자마자 '시간은 귀중한 것. 잃어버리지 말라!' '시간은 돈과 같다. 그러니 절약하라!' 같은 팻말을 여기저기 붙이기 시작했습니다.

또 마을 사람들에게 당신들이 지금 "시간을 흥청망청 낭비하고" 있다며, 시간을 아껴 일에 더 많은 시간을 써야 한다며 떠들고 다녔습니다. 사실 이들은 마을 사람들의 시간을 뺏고자 처음부터 음모를 꾸미고 접근한 '시간 도둑들'이었습니다. 이들의 꾐에 넘어간 마을 사람들은 자신의 시간을 지켜주려는 모모의 이야기도 들으려고 하지 않았습니다.

시간 도둑에게 시간을 뺏긴 사람들이 늘면서 마을은 점점 휴식과 우정, 사랑이 사라진 삭막한 곳으로 변했습니다. 예전의 정겹던 집들이 하나둘 허물어지고, 새로운 집들이 들어서기 시작했습니다. "다른 점이라고는 손톱만큼도 없는 성냥갑 같은 고층 임대 아파트들이 끝없이 우뚝우뚝" 솟아났고, 사람들은 그 집에 들어가 살기 시작했습니다. 마을 사람 중 푸지 씨는 "유명한 이발사는 아니었지만, 그가 살고 있는 거리에서는 어쨌든 존경을" 받는 사람이었습니다. 이제껏 자기 일을 성실히 해온 덕분이었습니다. 하지만 시간 도둑들은 피를 빨아먹는 거머리처럼 푸지 씨의 생각을 점점 말라비틀어지게 했습니다.

"친애하는 푸지 씨, 당신은 인생을 철컥거리는 가위질 소리와 쓸데없는 잡담과 비누 거품으로 허비하고 있어요. 당신이 죽고 나면, 당신이라는 사람은 이 세상에서 아예 없었던 거나 마찬가지일 겁니다. (……) 우리는 시간을 아껴야 합니다! 푸지 씨, 당신은 정말 무책임하게 시간을 낭비하고 계십니다."

이런 말에 푸지 씨는 슬픔과 좌절감을 느꼈고, 결국 자기 비하에 빠집니다. 끝내는 "내 인생은 실패작"이라고 생각하고, 시간 도둑들이 운영하는 시간 저축은행에 자신의 시간을 저당 잡히기로 합니다. 이제 푸지 씨는 그들의 지시대로 시간을 아껴야 했고, "일을 더 빨리하고 불필요한 부분은 모두 생략"하라는 시간 도둑들의 충고를 따랐습니다. 매일 하던 15분의 명상도 관두었고, 노래

부르기, 책 읽기, 친구 만나기도 포기했습니다. 심지어 연인 다리아 양에게 매일 꽃을 선물하기 위해 쓰던 30분마저도 아끼게 되었습니다. 이제 푸지 씨는 그저 "무뚝뚝하게 손님의 시중을 들며 불필요한 모든 것을" 생략한 채 일했습니다. 그러자 조금도 기쁨을 느낄 수 없었습니다. 신경은 더 날카로워지고 급기야 안정을 잃어갔습니다.

작은 자투리 시간마저 아끼려고 노력할수록 시간은 그를 더 조여왔습니다. "하루하루가 정말 빠르고 점점 더 빨리 흘러간다는 사실을 새삼 깨닫기라도 하면, 기겁해서 이를 악물고 더욱더 시간을" 아끼려고 안달했습니다. 그럴수록 그의 시간은 더 빨리 사라졌고, 결국 자기 시간을 전혀 가질 수 없었습니다. 회색 신사들에게 넘어간 다른 마을 사람들도 사정은 마찬가지였습니다. 하나둘 시간을 아끼겠다고 일만 하면서 점점 자기 시간을 잃어갔습니다. 그런 마을 사람 중에서 "시간을 아끼는 사이에 실제로는 전혀 다른 것을 아끼고 있다는 사실을 눈치챈 사람은 아무도" 없었습니다. 친구와 만날 시간, 연인과 사랑할 시간, 자기 것을 다른 이들과 나누는 시간을 포기하고 있다는 진실 말이지요.

모모는 이런 마을 사람들에게 다시 시간을 돌려주기 위해 시간 도둑들과 한판 전쟁을 벌입니다. 그들과의 전쟁 중 시간 관리자 호라 박사는 모모에게 시간을 잃고 사는 사람들이 점차 어떻게 변해가는지 조목조목 알려줍니다.

"처음에는 거의 눈치를 채지 못해. 하지만 어느 날 갑자기 아무엇도 하고 싶은 의욕이 없어지지. 어떤 것에도 흥미를 느낄 수 없지. 한마디로 지루한 게야. (······) 그러면 그 사람은 차츰 기분이 언짢아지고, 가슴속이 텅 빈 것 같고, 스스로와 이 세상에 대한 불만을 느끼게 된단다. 그다음에는 그런 감정마저 서서히 사라져 결국 아무런 감정도 느끼지 못하게 되지. 무관심해지고, 잿빛이 되는 게야. 온 세상이 낯설게 느껴지고, 자기와는 아무 상관도 없는 것 같아지는 게지. 이제 그 사람은 화도 내지 않고, 뜨겁게 열광하는 법도 없어. 기뻐하지도 않고, 슬퍼하지도 않아. 웃음과 눈물을 잊는 게야. 그러면 그 사람은 차디차게 변해서, 그 어떤 것도, 그 어떤 사람도 사랑할 수 없게 된단다."

의욕과 흥미를 잃고 텅 빈 가슴에 아무 감정도 느끼지 못하고, 더 이상 아무도 사랑할 수 없게 되는 것, 그것은 우울증을 겪는 사람의 이야기와 같습니다. 또, 일상에서 행복을 전혀 느끼지 못하는 사람을 떠올리게 합니다. 회색 신사의 꾐에 넘어간 마을 사람들은 안타깝게도 "자기 삶이 점점 빈곤해지고, 획일화되고, 차가워지고 있다는 것을 알아차리지" 못했습니다. 특히 고립과 무감각, 무감정 탓에 더 이상 사랑할 수 없는 존재로 변해갔습니다. 이대로 두어서는 안 되겠지요. 더군다나 사랑할 수 없는 사람이 되는 것만은 꼭 막아야겠습니다. 어떻게 해야 할까요?

사람들이 시간을 잃어버린 까닭

바쁘게 사는 것도 가지가지입니다. 영화 〈모던타임즈〉의 주인 공처럼 타의에 의해 바쁘게 살 때도 있고, 스스로 안달이 나서 경주마처럼 자신을 다그칠 때도 있습니다. 전자보다는 후자가 더 끔찍한 일입니다. 스스로 자신을 채찍질하기에, 멈추기가 더 어렵기 때문입니다. 마음에 세뇌된 논리에 따라 노예의 사고에서 쉬이 벗어나기 힘듭니다. 누가 시키지 않았음에도 스스로 착취하고 있다면, 그것은 자기를 잃기 딱 좋은 상태입니다. 현대인 대부분은 푸지 씨나 마을 사람들처럼 자기 착취자로 살기 쉽습니다. 그것은 곧 자기를 파괴하여 자기 상실로 이어질 수밖에 없습니다.

회색 신사들은 다른 이들의 시간을 뺏지 않으면 잿빛 연기로 사라지고 맙니다. 그래서 끊임없이 사람들의 시간을 도둑질하려 했고, 다른 회색 신사들까지 계속 늘려갔습니다. 어쩌다 이 지경이 되었을까요? 회색 신사들이 사람을 만날 때마다 유혹하는 말에서 그 단서를 찾을 수 있습니다.

"인생에서 중요한 건 딱 한 가지야. 뭔가를 이루고, 뭔가 중요한 인물이 되고, 뭔가를 손에 쥐는 거지. 남보다 더 많은 걸 이룬 사람, 더 중요한 인물이 된 사람, 더 많은 걸 가진 사람한테 다른 모든 것은 저절로 주어지는 거야. 이를테면 우정, 사랑, 명예 따위가 다 그렇지."

이 말은 백 퍼센트 거짓입니다. 중요한 인물이 되고 더 많은 걸 이룬 사람이 된다고 우정, 사랑, 명예를 얻을 수는 없습니다. 오히려 그 반대 일이 일어날 뿐입니다. 하지만 사람들이 너무도 속기 쉬운 말입니다. 더 많은 능력을 기르고, 더 큰 성과를 낼수록 행복해질 거라는 그들의 말이 틀렸음을 아는 사람은 많지 않습니다. 행복에 관한 연구에서 물질적 행복은 언제나 찰나에 불과했지만(휘발성 쾌락), 사랑하는 사람과 함께 매일 식사하는 기쁨(지속 가능한 행복)은 측량할 수 없을 정도로 컸습니다. 그 때문에 회색 신사가 말한 것처럼 시간을 아껴서 일하고 그 시간을 저축하면, 나중에 시간을 마음껏 쓸 수 있을 거라는 말 역시 사기입니다. '이 시간'과 '그 시간'은 완전히 다르기 때문입니다. 오늘 이 시간에 하는 명상이 나중에 할 명상과 완벽히 다르고, 지금 부르는 노래가 먼 훗날 부를 노래와 전혀 다릅니다. 또 지금 하는 사랑은 나중에 겪을 사랑과 완전히 다릅니다. 어쩌면 시간을 아끼며 일한 사람은 더 이상 명상도, 노래도, 사랑도 하지 못할 수 있습니다.

파랑새가 멀리에 있다는 생각은 큰 착각입니다. 행복은 하루하루 즐겁게 사는 데 필요한 수선 도구지, 먼 훗날 이루어야 할 목표가 아닙니다. 시간 절약과 일중독의 끝은 우정이 떠나고, 사랑을 느낄 수 없으며, 그래서 후회만이 남을 불행 그 자체이기 때문입니다. 그런데도 왜 사람들은 계속 이런 어리석은 선택을 할까요?

회색 신사들로 상징되는 이념은 사람들이 노예로 살아가도록 끊임없이 세뇌합니다. 시간 절약이라는 불온한 관념이 점점 사람들을 물들입니다. 이 강고한 이념이 흘러나오는 발원지가 어딘가에는 있을 테지요. 많은 것을 가진 자들은 자신이 가진 것을 지키기 위해 이런 관념을 계속 세상에 퍼뜨립니다. 작가 엔데는 일본 사람과 결혼한 계기로 NHK와 대담을 가진 적이 있습니다. 이 대담을 정리한 《엔데의 유언》에서 그는 돈이 지배하는 현대사회의 비극을 이야기했습니다. 인터뷰에서 엔데는 "우리는 외적으로는 풍요를 누리지만, 내적으로는 가련한 악마들과" 같은 삶을 살고 있다고 했습니다. 소유와 욕망, 물질적 감각에 취약한 본성 탓에 사람들은 돈이라는 사물신의 노예가 되기 쉽습니다. 보이는 것에 속기 쉽고, 욕망에 쉬 굴복하는 것이 인간 본성이기 때문입니다. 철학자 에리히 프롬은 이런 선택을 하는 사람을 가리켜 '소유적 인간'이라고 했습니다. 소유To have에 집중하다 보면 존재To be의 가치를 망각하기 쉽습니다. '소유적 인간'과는 정반대로 자기 존재를 오롯이 느끼며 사는 사람이 '존재적 인간'입니다. 존재적 인간은 소유의 갈망에서 벗어나 하루하루 자기 존재를 느끼며 자기답게 살아갑니다. 우리 주변을 둘러보면 이런 존재적 인간은 매우 드뭅니다. 소설에도 아이들을 제외하면, 어른 중에서는 베포 할아버지, 청년 기기, 호라 박사 정도만이 해당할 뿐입니다.

반면에 회색 신사들의 꾐에 빠진 푸지 씨처럼 소유적 실존 양식으로 살아가는 '소유적 인간'은 너무나 흔합니다. 이들은 소유하지 않고서는 자신을 증명할 도리가 없어서 끊임없이 가지려고, 이루려고, 이기려고 안달합니다. 심지어 '시간'마저도 소유할 수 있는 것으로 착각합니다. 하지만 죽을 수밖에 없는 인간은 절대 시간을 소유할 수 없습니다. 이 순간을 느끼며 사는 것이 삶의 진실이며, 순간의 삶을 놓친다면 남는 것은 죽음뿐입니다. 시간이 부족하다고 느낄 때, 다시 나의 호흡을 가다듬고 이 순간을 느껴보아야 합니다. 고삐를 잡고서 잠시 멈출 수 있게, 잠시 휴식할 수 있게 스스로 다독여야 합니다. 바쁜 일이 쉴 새 없이 쏟아질 때 오히려 나를 느끼고, 나의 심장 소리를 들으며 나를 챙기고, 하루를 음미하는 시간을 보내야 합니다. 시간을 절약한다고 시간이 생기지 않습니다. 온전히 보내지 못한 시간은 아무 가치 없는 잿빛 연기로 변할 따름입니다. 하지만 모모의 마을 사람들은 그 진실을 전혀 모르고 있었습니다.

> "시간은 삶이며, 삶은 가슴 속에 깃들어 있는 것이다. 사람들은 시간을 아끼면 아낄수록 가진 것이 점점 줄어들었다."

시간의 구출자, 모모

모모는 어떻게 시간 구출자가 되었을까요? 그런데 모모가 어떤 아이인지 알 만한 단서는 많지 않습니다. 처음에 모모는 어느 도시의 원형 극장에서 발견됩니다. 자기 나이조차 몰랐지만, 이 아이가 고아원에서 지냈고, 모진 고생을 겪다가 그곳을 도망쳤다는 사실만은 알 수 있었습니다. 모모가 "창문에는 창살이 있고, 매일 매를" 맞던 고아원에서 어느 날 담을 넘어 도망쳤다고 고백했으니까요. 게다가 행색이 "한 번도 빗질이나 가위질을 한 적이 없는 듯 마구 뒤엉켜" 있는 머리카락에다, 작은 키에 "대단한 말라깽이"인 것으로 보아 그곳에서 심한 학대를 받았을 것으로 추측됩니다.

그런데 모모는 이런 모진 고통을 겪은 아이 같지 않았습니다. 대개 겁에 질려 있거나, 다른 사람을 쉬이 믿지 못할 텐데, 모모만은 달랐습니다. 처음에는 사람들을 경계했지만, 얼마 지나지 않아 모모는 사랑과 여유가 넘치는 본모습을 드러냈습니다. 큰 상처를 받았지만, 한 번도 상처를 받아본 적 없는 것처럼 유쾌하고 사랑이 넘쳤습니다. 게다가 무척 독립적인 성격이었습니다. 스스로 자기 이름을 모모라고 지었고, 마을 노인이 건넨 "넌 어린아이잖니. 널 돌봐 주는 사람이 있어야 해"라는 제안에도 "(저는) 제가 돌보죠"라며 당차게 거절했으니까요.

스스로 돌보겠다는 아이, 놀랍지 않나요? 어디에서 이런 내면의 힘이 생긴 걸까요? 그토록 험한 꼴을 당하고서도 말이죠. 아마도 자기 안에 아무 결핍이 없었던 것이 하나의 이유가 될 것 같습니다. 결핍이 없었기에 무언가를 가지려고, 더 많은 것을 이루려고 애쓸 필요가 없었던 거죠. 모모는 소유적 인간이 아니라 처음부터 존재적 인간이었으니까요. 소유하려는 집착을 놓아버리면 두려운 마음도 사라집니다. 소유적 인간은 늘 불안에 시달립니다. 가지고 싶은 것을 가질 수 없을 것 같아서, 이루고 싶은 것을 이룰 수 없을 것만 같아서 항상 불안해합니다. 하지만 가지려는 마음, 이루려는 마음을 내려놓으면 불안도 사라집니다. 오직 이 순간을 살 뿐인 모모는 불안도 없고, 두려운 일도 없습니다. 덕분에 바쁘게 살 필요도 없었죠. 소유하려는 욕망 탓에 시간을 잃어버린 사람들과 달리 모모가 얼마든지 가지고 있는 유일한 재산이 바로 시간이었습니다.

덕분에 모모는 다른 사람의 말을 진심으로 경청합니다. 모모가 훌륭한 상담가로서 자질을 지닐 수 있었던 것은 사람에 대한 관심과 배려가 있었기 때문입니다. **관심과 배려는 오직 시간을 가진 사람만이 누릴 수 있는 덕성입니다.** 넘치는 것이 시간이니, 굳이 애쓰지 않아도 모모는 상대의 말을 잘 들었습니다. "내 인생은 실패했고 아무 의미도 없다"라고 말하는 사람들, 자신은 "수백만의 평범한 사람 가운데 한 사람에 불과한" 가치 없는 존재라고 말하는 사람들에게 모모는 "지금 있는 그대로 나와 같은 사람은 이 세상에 단 한 사람도" 없다고 말했습니다. 그래서 "나는 나만의 독특한 방식으로, 이 세상에서 소중한 존재"라는 사실을 깨닫게 했습니다.

하지만 모모의 노력에도 시간 도둑들에게 시간을 뺏기는 마을 사람들이 늘어만 갔습니다. 그들의 마음에는 어떤 근원적 문제가 있을까요? 심리학자들은 비교 심리를 그 원인으로 꼽기도 합니다. 눈치 보고, 시기하고, 질투하며, 부러움에 몸서리치는 마음 때문이라는 거죠. 비교하는 마음은 자신을 나락에 빠뜨립니다. 이런 비교 본능은 상당 부분 선천적이지만, 자신을 성찰하거나 성장하는 쪽으로 쓰지 못하는 비교는 그저 독이 될 뿐입니다. 그래서일까요? 마을 사람들은 시간 도둑들이 건네는 당신은 '결핍된 존재'라는 말에 쉽게 속았습니다. 회색 신사들의 다그침에도 무너져 하나둘 자기 착취자로 변했습니다.

마음챙김, 시간의 주인으로 사는 삶

　시간의 진실을 안다면, 이런 어리석음을 벗어날 수 있습니다. 시간은 무엇일까요? 모모도 시간의 비밀을 혼자 깨달은 것은 아닙니다. 고마운 조력자들이 나타나 모모의 의문을 하나씩 풀어주었습니다. 첫 번째 사부가 도로 청소부 베포 할아버지였습니다. 그는 모모에게 시간을 온전히 보내는 법을 알려주었죠. 어떤 질문을 받아도 서두르는 법 없이 천천히 답하고, 때로는 질문을 받은 지 두 시간이 지나고서야 답을 들려주고, 서둘러 일하는 법도 없었습니다. 그저 자기 리듬과 속도로 일할 뿐입니다. 모모는 그에게서 일에 휘둘리지 않으면서도 일을 사랑하는 법을 배웠습니다.

　'시간이 없다'라고 투덜대며 시간을 아끼려고 안달 난 사람들은 결국 기쁨도, 일도, 시간도, 그리고 사랑도 잃고 맙니다. 아무 기쁨 없이 우울하게 일하는 사람으로 변하기 때문입니다. 마음의 부재와 자기 상실을 '마음놓침mindlessness'이라고 합니다. 마음을 놓치면 중요한 일 대신 중요하지 않은 일에 매달립니다. 그리고 불안과 우울, 쓸데없는 걱정이 마음을 채워서 더 근심하고 더 무기력해지고 더 고통스럽습니다. 자신이 어떤 일을 하고, 어떤 마음으로 일하는지 느끼지 못한 채, 주어진 일을 그저 기계처럼 자동적으로 따르게 됩니다. "쿵쿵 뛰고 있는데도 아무것도 느끼지 못하는, 눈멀고 귀먹은 가슴"으로 말이지요. 이처럼 자신을 느끼지 못한 채, 자기가 아닌 채로 하루하루를 사는 것이 마음놓침입니다.

마음놓침의 반대는 '마음챙김mindfulness'입니다. 마음챙김은 지금 벌어지는 일에 자동적으로 반응하는 대신에 매 순간 주의를 기울이며, 새로운 것에 열린 마음으로 다가서는 마음입니다. 한 가지 관점에 매이지 않고 사물을 있는 그대로 알아차리는 의식이지요. 고요한 알아차림을 통해 내 안에 평온과 행복이 이미 존재함을 깨닫게 됩니다. 마음을 가라앉히고, 마음에 집중하고, 마음을 관찰하는 마음챙김으로 내 마음의 본질을 좀 더 세심하게 돌볼 수 있습니다. 청소부 베포 할아버지가 알려주는 '비질'은 마을 사람들의 시간 절약을 위한 노동과는 달랐습니다. 마음을 놓치며 하는 일이 아니라 마음을 알아차리며 일했습니다. 할아버지는 호흡을 느끼며 자기만의 속도로 비질하는 것이 중요하다고 했습니다. 비질할 때, "천천히 하지만, 쉬지 않고 (비를)" 쓸어야 한다고 했죠. "한 걸음을 떼어 놓을 때마다 숨 한 번을 쉬고, 숨 한 번 쉴 때마다 비질을 한 번" 하라면서요.

"우리 앞에 아주 긴 도로가 있어. 너무 길어. 도저히 (비질을) 해낼 수 없을 것 같아. 이런 생각이 들지. …… 그러면 서두르게 되지. 그리고 점점 더 빨리 서두르는 거야. 허리를 펴고 앞을 보면 조금도 줄어들지 않은 것 같지. 그러면 더욱 긴장되고 불안한 거야. 나중에는 숨이 탁탁 막혀서 더 이상 비질을 할 수가 없어. 앞에는 여전히 길이 아득하고 말이야. 하지만 그렇게 해서는 안 되는 거야. …… 한꺼번에 도로 전체를 생각해서는 안 돼, 알 겠니? 다음에 딛게 될 걸음, 다음에 쉬게 될 호흡, 다음에 하게 될 비질만 생각해야 하는 거야. …… 그러면 일을 하는 게 즐겁지. 그게 중요한 거야. …… 한 걸음 한 걸음 나가다 보면 어느새 그 긴 길을 다 쓸었다는 것을 깨닫게 되지. 어떻게 그렇게 했는지도 모르겠고, 숨이 차지도 않아."

숨이 차지 않는 삶을 살아야 합니다. 그리고 제 숨을 온전히 느낄 줄 알아야 합니다. 그것이 마음을 챙기며 사는 것입니다. 마음을 알아차리면 두려움과 분노가 줄고, 스트레스도 유연하게 대처할 수 있으며, 어려운 문제 앞에서 창의적인 해결법을 찾을 수 있습니다. 그 상황이 쉽게 이해되고, 통찰력이 생기기 때문입니다.

일을 할 때도 큰 부담을 느끼지 않으면서 해낼 수 있습니다. 일에 몰입하고, 일이 주는 좋은 감정을 충분히 느낄 수 있습니다. 또, 과거의 후회나 미래에 관한 걱정을 내려놓을 수 있습니다. 베포 할아버지가 "다음에 쉬게 될 호흡, 다음에 하게 될 비질만" 생각하라고 한 것도 그 때문입니다. 모모는 할아버지가 알려준 대로 했더니 비질이 즐거워지는 걸 느낍니다. 심지어 자신을 둘러싼 세상이 투명해지는 것까지 느낄 수 있었습니다.

과거에 얽매이거나 미래를 위해 현재를 희생하는 삶이 마음을 놓치게 합니다. 과거는 지나갔으며, 미래는 아직 오지 않았습니다. 과거나 미래 어디에도 나는 없습니다. 나는 오직 이 순간에 존재합니다. 베포 할아버지의 말처럼 한 걸음 한 걸음 지금 이 순간,

바로 여기를 내딛는 것이 중요합니다. 모모는 베포 할아버지를 통해 호흡을 느끼고 현재를 알아차리며, 지금 자기 앞에 벌어진 일과 사람들에게 집중할 수 있었습니다.

사랑할 시간을 되찾기 위하여

시간 도둑인 회색 신사들은 처음에는 어른들부터 꾀기 시작했고, 그 계략은 순조롭게 진행되었습니다. 그런데 서투른 회색 신사였던 BLW 553 c호(그들은 이름도 없어서 이렇게 불릴 뿐입니다)는 "비비 걸 인형" 같은 장난감으로 아이들까지 꾀어보려 했습니다. 하지만 이는 큰 실수였습니다. 아이들이 자신들의 천적이라는 사실을 잠시 잊었기 때문입니다. 그러다 모모와도 마주칩니다. 모모야말로 가장 어린이다운 어린이였죠. BLW 553 c호는 모모에게도 시간 절약을 세일즈하지만, 먹힐 리 없습니다. 회색 신사와 설전을 벌이던 모모는 그를 단 한 마디로 무력화시키고, 마을 사람들에게 시간을 뺏으려던 음모까지 캐냅니다.

"아무도 아저씨를 사랑하지 않죠?"

지금 당신은 누군가에게 진심으로 사랑받고 있나요? 사랑받는 일은 사랑하는 것보다 몇 배 힘듭니다. 내가 사랑해도, 그 사람이 나를 사랑하지 않으면, 사랑받을 길이 없기 때문입니다. 그러니 사랑하는 것이 나의 소임이라면, 사랑받는 것은 주고받음의 승리입니다. **제대로 사랑해야 사랑받을 수 있습니다.** 내 마음과 그 사람의 마음을 온전히 알아차리며 사랑할 때, 사랑받을 수 있으니까요. 그래서 서로의 숨소리를 느낄 수 있는 시간이 필요합니다. 일하는 시간에 사랑을 나눌 수는 없기 때문입니다.

마을 사람들에게 시간을 돌려주기 위해서 모모는 회색 신사들과 큰 전쟁을 벌입니다. 그 전쟁은 온 우주를 걸고서 싸워야 할 만큼 중대합니다. 처음에는 모모가 밀리면서 쫓기는 신세였습니다. 때마침 거북이 카시오페이아가 나타나 모모를 호라 박사의 집으로 피신시켰습니다. 두 번째 사부 호라 박사는 사람들에게 시간을 나눠주고, 사람들의 시간을 지켜주는 존재입니다. 모모가 시간 도둑들이 마을 사람들의 시간을 훔쳐 가지 못하게 할 방법을 묻자, 호라 박사는 "자기 시간을 지키는 것도 (각자의) 사람들 몫"이라고 말합니다.

"모든 사람은 저마다 자신의 시간을 갖고 있거든. 시간은 진짜 주인의 시간일 때만 살아 있지."

자기 삶의 주인이 되지 못한 사람은 어떠한 시간도 가질 수 없습니다. 자기 시간을 가질 때 자기 생을 살아갈 수 있습니다. 시간을 쓰는 것은 항상 각자의 몫입니다. 자기 시간을 살게 하는 것은 오직 자신입니다. 우리는 시간을 소유할 수 없습니다. 시간은 모래처럼 흘러내리기 때문입니다. 자기에게 온 시간을 자기답게 보낼 권리만을 지닐 뿐입니다. 시간을 자기답게 보내는 것으로 나는 시간의 주인이 될 수 있습니다. 그래서 알맞게 일하고, 자주 쉬며, 진심으로 사랑하고, 친구를 만나야 합니다. 그것만이 시간의 주인이 되는 법입니다. 시간의 많고 적고는 중요하지 않습니다. 100년을 살아도 헛된 삶일 수 있고, 윤동주처럼 스물여덟 해만을 살아도 값진 삶일 수 있습니다. 마지막으로 모모는 호라 박사에게서 운명의 시간을 놓치지 않아야 한다는 사실도 배웁니다. 그것은 시간에 관한 가장 중요한 진실입니다.

"저 하늘 가장 먼 곳에 있는 별까지 이 세상 모든 사물과 존재들이 아주 독특한 방식으로 서로 영향을 미쳐서, 이제껏 일어나지 않았고, 앞으로도 일어날 수 없는 어떤 일이 일어날 수 있지. 애석하게도 인간들은 대개 그 순간을 이용할 줄 몰라. 그래서 운명의 시간을 아무도 깨닫지 못하고 지나가 버릴 때가 많단다. 하지만 그 시간을 알아보는 사람이 있으면 아주 위대한 일이 이 세상에 벌어지지."

1초씩 변하는 시곗바늘에서는 위대한 시간을 만날 수 없습니다. 시간을 자기 것으로 누리고, 자기답게 보낼 때 '운명의 시간'을 놓치지 않을 수 있습니다. 인생에서 특히 더 소중한 시간이 있습니다. 흔히 '운명의 시간'으로 부르는 그 시간은 '갈림길의 시간'이라는 특성을 띱니다. '운명의 시간'을 어떻게 보내느냐에 따라 삶이 완전히 달라지기 때문입니다.

꾐에 넘어가 바쁘게 사느라 마을 사람들은 자기 마음조차 놓치고 말았습니다. 마을은 어느새 마음놓침의 도가니가 되었습니다. 그들이 가진 시간은 자기 시간이 아니라 시간 도둑들을 위한 빼앗긴 시간들이었습니다. 시간을 빼앗긴 사람들은 곧 푸지 씨처럼 점점 신경이 날카로워지고 안정을 잃어갔습니다. 그들은 "시간을 알뜰하게 쪼개 썼지만, 손톱만큼의 자투리 시간도 남지"않았습니다. 시간 절약을 하면 여가의 삶을 선사해 주리라 믿었지만, 그런 일은 절대 생기지 않았습니다. "시간을 아끼면 아낄수록 가진 것이 점점" 줄어들 뿐이었습니다. "그들의 얼굴에는 무언가 못마땅한 기색이나 피곤함, 또는 불만이 진득하게" 배어 있었고, "눈빛에서는 상냥한 기미라고는 찾을 수" 없었습니다. 그들 자신도 어딘가 잘못되었음을 어렴풋이 느꼈습니다. 밀물처럼 불안이 밀려왔으니까요. 그러나 그런 마음이 들면 일부러 더 시간 절약에 집중했고, 그들의 마음은 더욱 구제 불능 상태로 변했습니다.

"자기 일을 기쁜 마음을 갖고 또는 애정을 갖고 하는 것은 중요하지 않았다. 오히려 그런 것은 방해가 되었다. 가능한 한 짧은 시간 안에 가능한 한 많은 일을 하는 것, 그것만이 중요했다."

사람들이 잃은 것은 마음챙김의 시간입니다. 그 시간이 있어야 자기 가슴을 느끼고, 친구를 만나고, 이웃을 돌아볼 수 있을 테니까요. 자기 마음을 챙기지 못하면 자신의 지친 그림자도 보지 못하게 됩니다. 감각이 무뎌지면서 감정을 느끼지 못하는 지경에 이르게 되죠. 퍼석해진 마음은 결국 아무도 사랑할 수 없게 됩니다. **시간에 대한 주도권은 곧 삶의 주도권입니다.** 시간을 창조하는 사람과 시간을 잃어버리는 사람은 다른 삶을 살 수밖에 없으니까요. 우리가 시간에 대해 자주 빠지는 착각이 있습니다. 시간을 아껴서 자신이 시간을 만들고 있다는 착각입니다. 하지만 우리가 죽을 때 하나같이 아쉬워하는 것은 돈이나 명예가 아니라 사랑할 시간을 놓친 일입니다. 죽음을 앞둔 스티브 잡스는 지난 삶을 후회했습니다. 그는 닥쳐올 죽음 앞에서 사람들이 부러워하는 자신의 사회적 인정과 부는 아무런 의미가 없었으며, 자신이 죽은 뒤 가져갈 수 있는 것은 오직 사랑이 넘치는 기억뿐이라고 했습니다.

호라 박사, 거북이 카시오페이아의 도움으로 모모는 시간 도둑들을 이기고, 시간의 꽃을 되찾습니다. 그리고 시간 도둑들이 비밀 창고에 쟁여둔 시간의 꽃을 세상에 뿌려줍니다. 이때 엄청난 마법이 펼쳐집니다. 마을 여기저기에 시간의 꽃이 다시 피어나면서 사람들은 잃어버린 시간을 되찾습니다. 시간 도둑들을 물리치기 전, 모모가 내뱉는 "아, 그 수많은 죽어간 시간들"이라는 탄식이 내내 귓전을 울립니다. 죽어간 시간들로 채워진 인생을 살지는 말아야겠습니다. 그렇다면 다시 시간이 풍부해진 세상의 모습은 어떻게 변했을까요?

"어디서나 사람들이 다정하게 말을 주고받으며 서로의 안부를 자세히 물었다. 일하러 가는 사람도 창가에 놓인 꽃의 아름다움에 감탄하거나 새에게 모이를 줄 시간이 있었다. 의사들은 환자 한 사람 한 사람을 정성껏 돌볼 시간이 있었다. 노동자들은 일에 대한 애정을 갖고 편안하게 일할 수 있었다. 이제 중요한 것은 가능한 한 짧은 시간 내에 가능한 한 많은 일을 하는 것이 아니었다. 저마다 무슨 일을 하든 자기가 필요한 만큼, 자기가 원하는 만큼의 시간을 낼 수 있었다. 시간이 다시 풍부해진 것이다."

이런 아름다운 세상과 정반대 세상을 사는 우리는 지금 행복할까요? 나의 뛰는 심장을 느끼고 싶습니다. 일과 삶의 조화를 누리고 싶습니다. 이 순간에 집중해, 이 순간을 알아차리고 싶습니다. 그리스말로 오티움Otium은 활력을 주는 여가 활동을 가리킵니다. 명상, 독서와 글쓰기, 생각 없이 걷기, 식물 키우기, 여행, 기도 같은 오티움이 삶의 군데군데 박혀 있을 때, 시간은 더욱 빛날 수 있습니다. 모모가 사람들 이야기에 귀 기울인 것처럼, 우리도 모모가 건네는 말에 귀 기울이면 좋겠습니다. 모모가 거북이 '카시오페이아'에게 건넨 이 말은 어쩌면 작가 엔데가 현실에 찌든 나에게 건네고 싶었던 마지막 한마디가 아닐지 싶습니다.

"느리게 갈수록 더 빠른 거야."

나 자신을 사랑하기 힘들 때

쥘 르나르의 《홍당무》, 애착에 대하여

"하지만 다른 사람들을 걱정하는 건
내일로 미룰래요.
지금은 오직 저 자신을 위한 정의를 요구하겠어요."

"어릴 때부터 부모님의 차가운 태도와 무관심 속에서
자랐어요. 항상 부족하다는 말만 듣고, 따뜻한 격려나 인정은
받지 못했죠. 그때는 당연한 것으로 받아들였지만,
이제는 그 기억이 저를 힘들게 합니다.
타인과의 관계에도 자신감이 부족하고,
누군가와 가까워지기를 원하면서도 주저하게 됩니다.
왜 저는 스스로를 믿고 사랑하는 것이 이렇게 어려울까요?"

사랑받지 못한 아이

사랑이 넘치는 유년기를 바라지 않는 아이는 없습니다. 하지만 그것이 모든 아이들에게 주어진 행운은 아니죠. 사랑을 잃은 유년기를 보내는 아이들도 너무 많기 때문입니다. 특히 가족이나 양육자에게서 벗어나고 싶을 정도로 그 시간이 고통스러운 아이도 있습니다.

사랑받고 싶지만, 사랑 없는 시간은 어떻게 견뎌야 할까요? 이 질문에 자기만의 답을 들려주는 한 아이가 있습니다. 소설《홍당무》는 사랑받지 못했으나, 사랑할 수 있는 사람으로 성장한 이야기입니다. 붉은 머리에 주근깨투성이 얼굴 덕분에 붙여진 별명 '홍당무'. 르픽 가의 막내로 태어난 그 아이에게 유년은 그야말로 잔인한 시간입니다. 친엄마에게 폭언과 매질에 시달리고, 형 펠릭스에게는 무시당하기 일쑤이니까요. 아빠는 대체로 무신경하고, 그나마 누나 에르네스틴만이 홍당무를 가끔 감싸줄 뿐입니다. 엄마는 "대체 내가 무슨 죄를 지었기에 이런 애를 낳았지?" 같은 말을 아무렇지 않게 던집니다. 홍당무의 존재 자체를 부정하는 엄마라니, 너무 끔찍합니다.

이 소설이 쓰인 19세기는 아동 인권은 눈 씻고 찾아볼 수 없었고, 아이를 키우기 매우 힘든 시대였습니다. 엄마로선 홍당무가 늘 말썽을 일으키고, 손이 많이 가는 아이였다는 점을 고려해도 그 선을 넘은 것만은 분명합니다. 그녀는 "왜 홍당무라고 부르죠? 불그스름한 머리카락 색 때문인가요?"라는 질문에 "저 아이의 마음속은 더 시뻘겋답니다"라고 한탄합니다. 자기 아이를 태연히 모욕하는 부모는 대체 어떤 인간일까요?

홍당무를 대하는 르픽 부인에게서 모성애의 조각조차 찾기 힘듭니다. 르픽 부인에게 홍당무는 밀어내야 할 성가신 존재였습니다. 하지만 엄마라면 그래서는 안 되겠죠. 아이에게 간절히 필요한 것은 밥이 아니라, 넘치는 사랑이기 때문입니다. 그러니 홍당무와 엄마의 불화가 누구 잘못인지 판단하는 일은 어렵지 않습니다. 말썽을 부린 홍당무가 먼저인지, 냉대와 폭언을 일삼는 르픽 부인이 잘못인지 따질 필요가 없습니다. 아이의 인생은 늘 양육자에게서, 양육자의 사랑에서 발원하기 때문입니다.

애착이 부족할 때, 누구나 흔들린다

부모에게 사랑받은 경험은 고통스러운 생을 지탱하는 기둥입니다. 부정할 수 없는 진실이죠. 하지만 르픽 부인은 홍당무에게 사랑을 좀처럼 허락하지 않습니다. 사랑을 잃은 홍당무는 점점 희망을 잃어갑니다. 밤이면 자기 엉덩이를 '악' 소리가 날 만큼 세게 꼬집는 엄마와 함께 잠자는 일마저 두렵습니다. 르픽 부인에게 홍당무는 성가심에서 점차 미움의 대상으로 고착됩니다. 홍당무는 애정 없는 현실에 짓눌려 "아무도 나 같은 건 사랑해 주지 않을 거야. 나 같은 못난이는 말이야"라고 비관하고, 충동적으로 자살을 시도하기까지 합니다.

> "홍당무는 진짜로 목숨을 끊으려고 해 본 적이 있었다. 물이 가득 담긴 양동이에 용감하게 코와 입을 집어넣었던 것이다. 그런데 그때 누군가 홍당무의 머리를 뒤에서 한 대 후려치는 바람에 양동이가 뒤집혀 홍당무의 신발 위로 물이 쏟아졌다. 덕분에 홍당무는 생명을 건졌다."

생기와 활력으로 가득해야 할 어린 시절이지만 자살을 생각할 정도로 홍당무의 내면은 우울합니다. 이후에도 홍당무는 목을 매달아 죽어보려 했습니다. 삶의 의욕까지 끊어버린 사랑의 상실 앞에서 누구라도 고통스럽지 않을 도리가 없겠죠.

사랑과 다른 말로 애착attachment이 있습니다. 홍당무를 이해하려면 애착의 실패, 즉 불안정 애착을 이해해야 합니다. 심리적으로 강력한 결속을 맺을 때, 우리는 애착을 느낍니다. 보통의 사랑보다 강하고 끈끈하며, 특히 어린 시절에 더 중요합니다. 부모 혹은 주 양육자와 맺는 애착은 평생을 걸쳐 내면의 안전 기지가 되어주기 때문입니다.

애착은 아이 혼자서 느낄 수가 없습니다. 양육자의 돌봄과 성공적으로 접속될 때, 비로소 만들어지는 경이로운 에너지이기 때문입니다. 생애 초기 필요한 것은 충분한 젖이 아니라 부드러운 어루만짐입니다. 부모에게 끊임없이 입맞춤을 원하는 것은 살아 있는 아이의 본능입니다. 실제로 부드러운 어루만짐을 받지 못한 아기는 면역력이 떨어져서 목숨까지 위태롭기도 합니다. 이렇듯 애착은 어루만지는 자와 어루만짐을 받는 아이 사이에 벌어지는 상호 작용으로 아이 혼자서는 절대 이룰 수 없습니다.

그래서일까요? 엄마의 외면 속에서 홍당무는 애착을 느끼지 못했습니다. 끊임없이 엄마에게 사랑받기를 갈구하지만, 르픽 부인은 바위처럼 옴짝달싹하지 않습니다. 이렇게 사랑을 거부하는 양육자는 아이의 시간과 정신을 해체합니다. 심리학에서는 그 결과를 '불안정 애착'이라고 부르죠. 애착의 실패는 한 사람의 정신을 지배합니다. 불안정 애착은 마음에 새겨지는 낙인과도 같습니다. 오랫동안 애착 대상을 갈망하는 심리적 협곡을 헤매게 하고, 그 영향으로 '사랑을 의심하는 자'가 되기도 합니다. 사랑을 바라면서도 사랑을 의심하는 일만큼 고통스러운 것은 없습니다. 문제는 사랑을 의심하면 결국 자기 자신도 사랑하기 어렵다는 사실입니다.

양육자에게 당한 심리적 폭력은 다른 희생자를 찾아 목을 조르기 마련입니다. 폭력은 폭력을 재생하고 대물림하는 성질을 지닙니다. 홍당무도 엄마와 형제에게 받은 폭력을 두더지나 자고새, 고양이 같은 다른 동물에게 잔인하게 화풀이하는 결과로 이어졌습니다. 한번은 고양이 고기가 가재 낚시의 미끼로 좋다는 말을 듣고, 떠돌이 고양이를 우유 한 접시로 꾀어 헛간으로 데려옵니다. 자신의 처지와 별반 차이 없는 천덕꾸러기 고양이에게 연민을 느끼지만, 마음을 다잡고 얼른 고양이에게 엽총을 겨눕니다. 그런데 고양이를 향해 총을 쏘지만, 총알이 빗나가며 1차 살해가 실패로 돌아가자, 홍당무는 황급히 고양이의 목을 조릅니다.

> "홍당무는 엽총을 내던지고 두 팔로 고양이를 끌어안았다. 고양이 발톱이 살을 파고들자 더욱 흥분해서 이를 악문 채 힘줄이 솟아날 정도로 고양이의 숨통을 졸랐다. 하지만 홍당무 자신도 숨이 막혀 왔다. 홍당무는 비틀거리다가 힘이 다 빠져 땅바닥에 털썩 주저앉았다. …… 그 잔인한 행동은 훗날 르픽 가의 모임 때마다 전설로 전해졌다."

도대체 홍당무의 잔인함은 누가 물려주었을까요? 홍당무의 몹쓸 행동들은 르픽 부인처럼 폭력적이고 끔찍합니다. 그녀가 일상적으로 휘둘렀던 폭력을 똑 닮았습니다. 폭력은 그저 폭력의 잔해일 뿐입니다. 약한 짐승들을 잔인하게 죽이고, 친구 마르소를 예뻐한 비올론 선생을 모함해 학교에서 쫓겨나게 한 행동은 하나 같이 이런 심리적 개연성을 지닙니다. 그런데 고양이 목을 온 힘을 다해 조를 때, 왜 홍당무 자신도 숨이 막혀 왔을까요? 어쩌면 그것은 자신의 자살 대신에 고양이를 죽이려고 한 것인지도 모르겠습니다. 고양이를 죽인 후 홍당무는 밤새 유령과 엄청난 수의 괴물

가재에 쫓기는 악몽에 시달립니다. 폭력을 옮긴 대가를 악몽 속에서 톡톡히 치른 셈입니다.

사랑받지 못한 아이의 구원

지금 홍당무는 고통의 늪에서 허우적대고 있습니다. 이 늪에서 꺼낼 줄 누군가를 찾아야 합니다. 늘 따뜻하게 홍당무를 대하는 대부 이웃집 아저씨와의 소통은 홍당무가 비관에 빠지지 않도록 인도합니다. "그는 아무도 사랑하지 않았지만, 홍당무만은 사랑했습니다." 그럼에도 홍당무가 가장 마음을 주었던 존재는 아빠였습니다. 사랑받고 싶은 상대에게 사랑받을 때 사랑은 완성될 수 있습니다. 아빠가 그 사람이었습니다. 하지만 냉담한 아빠를 향한 홍당무의 구애는 눈물겹습니다.

홍당무는 살아남기 위해 어쩔 수 없이 엄마보다 덜 불편한 아빠에게 기대지만, 르픽 씨는 홍당무의 상처를 알아차리지 못합니다. 그는 지독스레 무심한 가장으로 가족에게서 한 발짝 떨어져 있습니다. 이런 태도가 못마땅한 홍당무는 아빠를 향해 "왜 형과 누나는 사랑하면서 나는 사랑하지 않는지"를 따집니다. 그러자 르픽 씨는 당혹스러워하며 "그건 아빠의 실수였구나. 정말로 사랑하니까, 사랑한다면 사랑한다는 말을 아끼는 거란다"라며 변명합니다. 양육자가 자주 범하는 실수는 사랑을 표현하지 않는 것입니다. 사랑한다면 사랑을 표현해야 합니다. 표현하지 않는 사랑을 알아차릴 아이는 세상에 없으니까요.

많은 사람이 쉽게 단정하는 오해가 있습니다. 흔히 홍당무처럼 어릴 때 사랑받지 못한 아이는 자라서도 사랑하기 어렵다고 생각합니다. 하지만 이는 통계적 진실일 뿐 절대적 진실은 아닙니다. 홍당무가 그런 오해를 멋지게 불식시킵니다. 사랑 없는 시간에 함몰되지 않고, 자기만의 방식으로 생을 꾸려내기 때문입니다. 홍당무는 늘 구박당하지만, 가족의 나쁜 면보다 좋은 면을 보려고 노력하고, 자신도 하루하루 좋은 사람이 되고 있다고 믿습니다.

"게다가 우리 가족 가운데 고약한 사람은 아무도 없어요. ……
우리 가족 중에서 가장 까다롭다고 할 말한 사람은 나일 거예요.
하지만 알고 보면 나도 다른 사람들과 똑같아요. 그저 나를 대하
는 방법을 알면 돼요. 게다가 나도 생각할 줄 아는 사람이고, 잘
못된 점은 고치거든요. 솔직히 말해서 난 점점 나아지고 있어요."

홍당무는 가족의 모진 학대와 따돌림에도 가족을 무조건 나쁘게 생각하지 않습니다. 가족을 나쁘게 단정 짓는다면 자신의 절망이 너무나 크기 때문이죠. 오히려 그들의 비난과 핀잔을 떠올리며 가장 까다롭다고 할 만한 사람은 바로 자신이며, 자신이 바뀌면 상황도 나아질 거라 믿습니다. 그래서 가족 가운데 고약한 사람은 없으며, 누나는 상냥하고, 형은 착하고, 아빠는 생각이 바르고, 엄마조차 요리를 잘한다고 말합니다. 또, 자신도 "생각할 줄 아는 사람이고, 잘못된 점을 고치는 사람"이며, 점점 나아지고 있다고 믿

습니다. 생각할 줄 아는 힘은 이렇듯 홍당무가 끝까지 버틸 수 있
도록 도와줍니다. 비록 사랑받지 못하고 있지만, 생각하는 힘으로
상대를, 그리고 자기 자신을 긍정하고 사랑하려고 노력합니다. 또
한 비참 속에서도 자신은 존귀한 존재라는 사실을 깨닫습니다.

어둠보다 빛을 보려는 마음

　감정은 연약한 속성을 지닙니다. 작은 자극에도 휘둘리기 쉽죠.
우울함이나 불안은 감정의 우둔한 길을 타고 내면으로 파고듭니
다. 그래서 가짜 감정이 진짜 감정을 속이고, 생각의 눈마저 가려
버릴 때가 많습니다. 이때 정신을 바짝 차리고 홍당무처럼 생각할
줄 아는 사람이 되어야겠죠. 누군가는 이런 홍당무를 보고 '정신
승리'라고 하겠지만, 정말 궁금합니다. 애물단지 취급을 당하면서
도 어떻게 꿋꿋한 마음을 지닐 수 있는지 말이죠. 상대를 탓하지
않고, 해맑게 웃을 수 있는 힘은 또 어떻게 가능할까요?
　심리학에서는 홍당무의 마음을 '낙관성'으로 설명합니다. 즉, 어
둠보다 빛을 보려는 성향을 의미합니다. 내일은 기어이 좋은 일
이 생기리라 희망하는 감정입니다. 이런 낙관성은 꼭 타고나야 발
현되는 것은 아닙니다. 타고난 기질과 스스로 키운 낙관성이 상호
작용한다고 보아야 맞습니다. 적어도 홍당무를 보면 후천적 낙관
성이 얼마나 중요한지 알 수 있습니다.
　홍당무는 악조건에도 밝은 면을 찾으려고 부단히 노력합니다.

가령, 르픽 씨가 공부에 뒤처진 홍당무를 다그치자, 프랑스어 작문만은 일등을 하겠노라고 장담하면서 "노력했는데도 불구하고 일등을 못 한다면 적어도 실망하진 않을" 거라고 말합니다. 비록 나쁜 결과가 생기더라도 자신의 노력을 좀 더 가치 있게 생각하려는 마음이 엿보입니다. 이런 마음의 바탕에는 언제나 내일은 내일의 태양이 떠오를 거라는 낙관성이 깊게 자리하고 있습니다.

"이제 먹구름은 온몸을 활짝 펴고 태양을 가려버렸다. 그러나 먹구름은 움직인다. 홍당무는 그것을 잘 알고 있었다. 먹구름도 떠다니는 구름으로 되어 있어서 미끄러지듯 움직이다가 결국 사라질 것이다. 홍당무는 다시 해를 볼 수 있을 것이다."

지금은 내 마음을 먹구름이 "어둠의 붕대로 고통스럽게 칭칭 감아"버렸지만, 언젠가 그 마음에도 태양이 뜰 것입니다. 그 언젠가 홍당무는 다시 해를 바라보겠죠. 이런 희망을 품은 홍당무는 사랑을 향해서 끊임없이 노력합니다. 학교에서 비올론 선생님에게 뽀뽀를 받은 친구 마르소를 부러워하며 "제길! 왜 쟤한테는 뽀뽀해 주고, 나에게는 뽀뽀해 주지 않는 거야?"라며 화를 냅니다. 그 순간, 스스로 내리친 유리창에 베어 피가 흐르지만, 그 손을 볼에 비비면서 "나도, 내가 원한다면 뺨을 빨갛게 만들 수 있다고요!"라고 외칩니다. 엄마에게 받지 못한 사랑을 어디서라도 보상받고 싶었을까요? 그래서인지 아직 어린 나이지만 엄마가 주지 않는 사랑을 찾아 소꿉친구 마틸다와 서툰 연애를 벌이기도 합니다. 그런데 홍당무의 풋사랑은 여느 아이와는 다르게 진지해서 마틸다와의 결혼까지 진심으로 고민합니다.

"이건 장난이 아냐. 난 정말 너랑 결혼할 거야."

홍당무에게 사랑은 장난이 아니었습니다. 사랑의 결실이야말로 홍당무가 진심으로 바라는 것이었죠. 그렇게 홍당무는 사랑을 향해 자신이 가진 작은 힘이라도 모두 바칩니다. 하지만 성숙하지 못한 사랑은 더 큰 상처만 남길 뿐, 홍당무의 강렬한 애정은 갈피를 잃고 과녁을 빗나갑니다. 사랑에 실패한 홍당무는 이제 사랑을 그만 포기해야 할까요? 물론 아닙니다. 사랑은 단념한다고 단념할 수 있는 것이 아니죠. 사랑을 단념하는 순간, 살아갈 의욕도 사라질 테니까요.

미워할 수 있는 용기로 자기를 지켜낸다!

르픽 부인은 한참 모자란 엄마입니다. 인간으로서도 실격인 사람입니다. 그녀의 만행은 멈출 줄 모르고 홍당무를 끝까지 괴롭힙니다. 어느 날은 밤사이 이불에 지도를 그린 홍당무에게 오줌을 넣은 수프까지 먹입니다. 수프를 먹은 홍당무에게 "아이고, 이 더러운 녀석아! 그걸 처먹었어! 그것도 제 것을, 제가 어젯밤에 싼 것을"이라고 비아냥거립니다. 이런 수모를 수없이 겪으면서 이제 홍당무도 완전히 실망하기에 이릅니다. 급기야 켜켜이 쌓인 실망감이 폭발하고 맙니다.

억압된 에너지는 언젠가 폭발하고 맙니다. 그것이 긍정적이든, 부정적이든 상관없이 말이죠. 홍당무는 이제 그런 엄마를 "저를 때리는 일밖에 하지" 않는 사람이라고 확신하기에 이릅니다. 그리고 마침내 엄마의 사랑을 단념하기로 결심합니다. 자신을 낳은 엄마가 자신을 사랑할 수 없는 사람이라는 사실을 받아들이는 것만큼 힘든 일도 없습니다. 그럼에도 홍당무는 이제 르픽 부인이 자신을 함부로 대하는 것을 참지 않겠다며, 엄마의 심부름을 거부합니다. 그녀는 이 상황을 "혁명"이라고 호들갑을 떨며 분노합니다. 그렇습니다. 그것은 혁명과도 같은 일입니다. 홍당무는 냉정함을 되찾고, 자신의 용기를 칭찬합니다.

"홍당무는 마당 한가운데에서 조금 떨어진 곳에 서 있었다. 위험 앞에서도 이렇게 담담한 자신이 놀라웠다. 더군다나 르픽 부인이 자신을 때리는 걸 잊었다는 사실이 더 놀라웠다. …… 르픽 부인은 빨간 칼날처럼 불타는 홍당무의 날카로운 눈초리를 보고는 평소에 잘하던 위협적인 몸짓도 하지 않았다."

홍당무의 혁명은 천천히, 하지만 차근차근 준비된 것입니다. 불쑥 저지른 행동이 아니라 곱씹고 곱씹으며 계획해 온 일입니다. 그리고 엄마의 사랑을 포기하는 최초의 실행을 감행했습니다. 홍당무는 미워할 수 있는 용기로 자기를 지켜냅니다. 이제 자신의 괴로운 마음을 아빠에게 솔직히 털어놓습니다.

"사랑하는 아빠, 전 정말 오랫동안 망설였어요. 하지만 이제 끝을 내야겠어요. 솔직히 말하면 전 더 이상 엄마를 사랑하지 않아요. …… (엄마의) 전부 다 싫어요. 아주 오래전부터예요. …… 제가 엄마한테서 받은 모욕들도 절대 잊을 수가 없어요."

홍당무는 그 모욕들을 또렷이 기억하고 있었습니다. 자신을 아끼고 싶은 사람이라면 자신을 모욕하는 사람들을 단호히 거부해야만 합니다. 설혹 그것이 친부모일지라도. 홍당무는 그렇게 가장 힘든 일을 완수합니다. 엄마에 대한 사랑을 완전히 단념했다고 선언하면서 말이죠. 일방통행식 사랑은 끝날 수밖에 없습니다. 사랑과 존중은 언제나 서로 주고받을 때 빛날 수 있으니까요. 영원한 사랑이란 영원한 존중으로 가능할 뿐입니다. 구경꾼처럼 두 사람을 관망하던 아빠는 홍당무를 골방에 데려가 자신이 그럴 수밖에 없었던 비밀을 들려줍니다.

"넌 내가 엄마를 사랑한다고 믿고 있니?"

아빠의 놀라운 고백입니다. 르픽 씨 역시 말이 통하지 않는 르픽 부인을 애초에 포기했던 겁니다. 홍당무는 그동안 아빠가 수수방관했던 사정을 알게 되었습니다. 그렇구나. 아빠도 진절머리가 났구나. 아빠의 말에 홍당무도 죄의식을 벗고 안도합니다. 엄마를 포기한 자신이 꼭 나쁜 것은 아니며, 오히려 합당한 선택이었음을 느꼈습니다. 아빠의 고백으로 홍당무는 해방일지를 쓰는 계기를 맞습니다. 이참에 아빠에게 엄마에게서 영영 벗어날 수 있게 기숙학교에서 오지 않겠다고 말합니다.

홍당무는 사랑이 없는 집에 더 이상 머물고 싶지 않습니다. 가출까지 하겠다고 조르는 홍당무를 붙잡고 르픽 씨는 "(가망 없는 사랑 따위는) 체념하고 강인"해지라고, "모든 일을 극복하려고 노력하고 너무 예민하게 굴지 마라"고 당부합니다. 그동안 아빠가 보였던 무심함은 예민해지지 않고 부정적 감정을 피하려는 자기방어였을까요? 이혼하지 않은 아빠의 선택은 홍당무나 남매에게 다행스러운 일일지 모르지만, 홍당무는 받아들이기 힘들었습니다. 사랑하지 않는 사람, 아니 미워하는 사람을 떠나지 않는 것은 불행할 뿐이니까요. 아빠처럼 산다면 변할 게 하나도 없습니다. 때로는 자식이 부모보다 더 큰 용기를 보일 때가 있습니다. 이제 헛된 노력과 방황을 끝내고 홍당무는 새롭게 시작하려고 합니다.

"물론 다른 사람들도 자기만의 고통이 있겠죠. 하지만 다른 사람들을 걱정하는 건 내일로 미룰래요. 지금은 오직 저 자신을 위한 정의를 요구하겠어요. 어떤 운명도 제 운명보다는 나을 거예요. (그러니 내 운명을 더 나아지게 만들겠어요) 제게는 엄마가 있지만 엄마는 절 사랑하지 않고, 저도 엄마를 사랑하지 않아요."

홍당무는 고통 속에서도 지혜롭고 냉정하게 생각할 줄 아는 소년이었습니다. 사랑을 주고받는 것보다 상대가 나를 싫어하고 나 또한 그를 싫어한다고 인정하는 일이 훨씬 어렵습니다. 그렇지만 서로 미워한다면 헤어짐은 피할 수 없습니다. 선선히 이별을 받아들여야 하죠. 이로써 홍당무는 엄마와 완전히 심리적 절교에 이르고 마침내 새로운 세계를 열고자 합니다. 홍당무가 "차라리 고아였으면 좋겠어"라고 말하는 것은 진심입니다. 자신을 해치거나 상처 주는 관계에 머물지 않을 것이며, 스스로 자신을 돌보겠다는 단단한 결심이기 때문입니다.

누구도 자신을 돌보지 않는 상황에 굴복해서는 안 되겠죠. 물론 살다 보면 어느 순간 사랑이 진공 상태처럼 비워지는 때가 있습니다. 하지만 그 순간에도 나를 사랑해줄 한 사람이 있습니다. 바로 나 자신입니다. 나를 위한 사랑의 시간은 여전히 남아 있습니다. 비상하기 전, 자신의 날개를 가다듬는 새의 시간처럼 나를 아끼고 돌보는 시간이 필요합니다. 새로운 사랑의 둥지를 찾기까지 시간이 걸려도 자신을 사랑하는 것으로 그 시간을 채울 수 있습니다.

홍당무는 이제 과거와 헤어질 결심을 하고, 자기를 위한 정의로 나아갑니다. 열세 살 소년에게 그것은 용기가 필요한 일이었습니다. 어떤 사랑은 뜻대로 되지 않으며, 자신을 해치기도 한다는 사실을 깨달았을까요? 홍당무는 이제 새로운 사랑이 필요함을 깨닫고, 자신을 사랑하는 힘을 힘껏 끄집어냅니다. 누군가를 사랑하는 것이 불가능할 때, 가장 먼저 자기 사랑을 떠올려라! 그렇습니다. 나를 사랑하는 힘으로 다시 사랑을 시작할 수 있습니다.

철학자 프롬은 자기 사랑은 생존 의지will-to-live이자, 삶에 대한 생산적 긍정이라고 했습니다. '생존' '삶' '생산' '긍정' 모두 나 자신을 지키는 말입니다. 이미 세상에 존재하는 나에 대한 진실한 긍정과 힘차게 내일을 열어갈 열정을 모두 합친 것이 바로 자기 사랑입니다. 그것은 홍당무가 다짐하는 '자기를 위한 정의'에 고스란히 담겨 있습니다. 물론 자기를 사랑하는 일은 쉽지 않습니다. 자기 사랑이란 운명애(아모르 파티)에 가깝기 때문입니다. 내가 강력하게 저항한다고 해도 세상은 나를 향한 매질을 멈추지 않겠지만, 그 매를 맞고만 있어서는 안 되겠죠. 그 매를 든 손을 붙잡고 버텨야 합니다. 홍당무가 말한 '자신을 위한 정의'는 누구도 나의 자유와 권리, 존엄을 함부로 침해할 수 없도록 스스로 보호하겠다는 뜻입니다. 그래서 **자기를 사랑하는 일이란 세상의 매질로부터 자신을 지켜내는 것입니다.**

적어도 내가 나를 사랑할 수 있다

다시, 홍당무를 응시해 볼까요? 홍당무는 핍박과 서러움의 늪에서도 끝까지 사랑의 끈을 놓지 않습니다. 형과 누나에게는 자신이 사랑을 포기한 것이 아니라 굳게 지키고 있다며 항변합니다. "그 사랑은 평범하고 본능적이고 틀에 박힌 사랑"이 아니라, "의지와 이성이 있는 합리적인 사랑"임을 강조하면서 말이죠.

사랑은 외부가 아닌 내부에서 시작됩니다. 누군가가 주는 사랑을 느끼는 것만으로 부족합니다. 스스로 사랑할 줄 알아야 하며, 그래서 사랑에도 지혜가 필요합니다. 자기를 보존하는 마음, 자기 사랑을 지킬 수 있어야 비로소 남도 사랑할 수 있습니다. 나를 사

랑을 하지 않으면, 누군가의 사랑도 받을 수 없습니다. 이것이 사
랑의 진실입니다.

　"지금은 오직 저 자신을 위한 정의를 요구하겠어요."

　홍당무는 남이 주어야 가능한 사랑, 애착에는 실패했지만 자기
사랑은 이제 시작이라고 선언합니다. 힘겨운 시간을 보내며 스스
로 고민하고 새로운 사랑에 관해 정의를 내릴 수 있었던 것은 스
스로 자기 사랑을 북돋운 덕분입니다. 그것은 아빠가 강조한 다른
사람들의 의견이 아닌 자기만의 의견이기도 합니다. 그래서 홍당
무는 밤마다 자기만의 의견을 만들어보고자 절치부심합니다.

　"홍당무는 침대에 누워 습기 찬 벽에 생긴 틈새를 바라보면서
　자기만의 의견을 계속 펼쳐 나갔다. 그것은 자기만 갖고 있어야
　하기 때문에 '자기만의 의견'이라고 하는지도 모른다."

　홍당무는 자기만의 의견을 차곡차곡 쌓으며, 전과는 다르게 살
아가려고 결심합니다. 남에게 미움 받더라도 자신을 미워하지 않
을 용기를 가지려고 합니다. 덕분에 점점 자기다운 사람이 되어갑
니다. 자신을 짓누르는 굴레를 벗어나 세상과 맞서겠다는 결연한
의지가 이런 변화를 이끕니다. 자신을 지킬 것이라곤 작은 의지와
이성밖에 없지만, 그는 그 의지와 이성으로 자기만의 의견, 그리
고 자기 사랑을 지키고자 합니다. 지금 필요한 것은, 자기에게 한

발짝 다가서 용기 있게 자기 사랑을 지켜내는 일이니까요.

'자기만의 의견'대로 엄마와의 관계를 정리한 마지막 순간, 홍당무는 알 수 없는 기쁨을 느낍니다. 그 비밀스러운 기쁨에 취해 한동안 아무 말도 할 수 없었습니다. 그것은 자신을 아끼고 자신을 위한 정의를 세워나가겠다는 결심이 가져다준 기쁨이자, 동시에 깊은 상처를 끊어낼 때 느끼는 희열입니다. 그렇습니다. 지난날 나에게 애착이 부족했더라도, 미움의 상처들로 몹시 아팠더라도 나는 다시 사랑할 수 있습니다. 넘치도록 나 자신을 사랑할 수 있습니다. **자기 사랑을 지켜주는 것은 언제나 타인이 아닌 자기 자신입니다.** 사랑받지 못했더라도 더 열렬히 사랑을 지켜낼 수 있습니다.

사랑받지 못했다고 사랑을 포기할 수는 없습니다. 사랑 없는 삶은 살아갈 힘이 없기 때문입니다. 모든 사람이 자신이 원하는 만큼 충분히 사랑받으며 살아가지 못하지만, 그럼에도 살아갈 힘은 남아 있습니다. 그 힘은 내 안에 이미 존재합니다.

사랑받지 못했던 홍당무가 발휘했던 '나를 사랑하는 힘'을 기억하면 좋겠습니다. 고민할 필요도 없이, 자신을 사랑할 이유는 차고 넘칩니다. 나의 몸과 이성, 힘과 열정은 모두 나에게 속합니다. 그것이면 충분합니다. 지금까지 살아낸 것만으로도 값진 일입니다. 자기를 사랑한다면 무엇이든 두렵지 않습니다. 다시는 무너지지 않고 살아갈 수 있습니다.

힘든 현실에서 도망치고 싶을 때

제임스 베리의 《피터 팬》, 직면에 대하여

"나와 함께 가자. 그곳은 꿈이 태어나고
시간은 계획되지 않은 곳이야.
행복한 일만 생각하면 네버랜드에서
영원히 마음이 날개를 펴고 날아갈 수 있어!"

"제 앞에 놓인 문제를 해결해야 한다는 걸 알고 있지만,
어디서부터 시작해야 할지 막막합니다.
때로는 현실에서 벗어나기 위해 여행을 떠나보지만,
돌아올 때면 현실의 무게가 더욱 버거워지는 것을 느낍니다.
문제로부터 도망치고 싶은 마음과 현실을 견디며 사는 것 사이에서
어떻게 해야 할지 해결책을 찾고 싶습니다."

직면할까? 회피할까?

    상상력은 흔히 두 가지, 도피와 직면의 용도로 쓰입니다. 어떤 상상은 현실에서 도피하고자, 또 어떤 상상은 현실을 직면하고 돌파하고자 쓰입니다. 《피터 팬》은 이 두 상상 모두를 만날 수 있습니다. 주인공은 웬디와 피터입니다. 피터가 도피의 상상을 대변한다면, 웬디는 직면하는 상상을 담당합니다. 현실이 고통스럽다면 피터에게 마음이 갈 것이고, 무엇이든 현실과 마주하는 사람이라면 웬디에게 더 공감할 겁니다.

    런던의 달링 씨 집에는 세 남매가 삽니다. 웬디와 존, 마이클입니다. 달링 씨는 권위적이고, 책임감은 부족한 어른입니다. 이런 아버지 때문에 아이들의 하루하루는 편치 않습니다. 말하자면, 어른과 아이의 자리가 바뀐 집안입니다. 웬디와 동생들은 어른스럽지만, 달링 씨는 허세에 취한 꼰대입니다.

    어느 날 밤, 얼마 전 세 남매를 돌보는 개 나나에게 그림자를 뺏긴 피터가 이를 되찾고자 아이들 침실로 날아옵니다. 처음 피터를 만난 웬디는 그림자와 피터를 실과 바늘로 꿰매줍니다. 흥미로운 건, 이때 피터는 "이를 악물고 울음을 참아야" 할 정도로 큰 고통을 느낍니다. 자신의 그림자를 다시 맞이하는 일, 대면하는 게 얼마나 힘든지 보여주는 장면입니다. 심리학자 칼 융에 따르면, 그림자는 자아에 의해 파악될 수 없는 내면을 뜻합니다. 융은 진정한 자기를 찾으려면, 자아와 그림자를 통합해야 한다고 보았죠. 하지만 그 통합 과정은 죽을 만큼 힘들어서 대부분은 이를 회피합니다. 융의 이론을 빌리자면, 피터는 아직 그림자를 받아들이지 못한, 그림자와 계속 분리되려는 '내면 아이'에 해당합니다. 이런 피터에게 웬디는 엄마처럼 다가와 피터와 그의 그림자를 다시 하나로 합치도록 돌봐줍니다.

떠나자, 고통이 사라진 그곳으로

원래 피터는 네버랜드에서 요정들, 그리고 '잃어버린 아이들Lost Boys'과 함께 지내고 있었습니다. 여기서 '잃어버린 아이들'이란 부모를 잃어버린 아이가 아닌, 어떤 어른도 필요로 하지 않는 아이들을 의미합니다. 피터는 아버지에게 실망하고 일상에 염증을 느끼는 세 남매를 네버랜드로 데려옵니다. 현실의 고통이 사라진 곳, 오직 행복만 있는 곳이 네버랜드였기에 그들도 좋아할 거라고 여깁니다.

기실 네버랜드는 유달리 힘겨운 유년을 보내야 했던 작가 배리가 상상 속에서 그렸던 유토피아였습니다. 흔히 '도피'라고 하면

강한 쾌락이나 일탈을 떠올립니다. 하지만 다른 도피도 있습니다. 나를 즐겁게 한 기억으로 들어가거나 그런 공간을 찾는 것도 안전한 도피(처)가 될 수 있습니다. 가령 어릴 적 장난감을 꺼내 놀아보거나, 유년 시절 노닐던 골목을 찾아 돌아다니는 것이 이런 도피에 해당할 겁니다. 피터에게 네버랜드는 도피의 상상이 아름답게 녹아든 곳이었습니다. 피터가 웬디에게 네버랜드로 함께 떠나자며 던진 말에도 이것이 잘 담겨 있습니다.

> "나와 함께 가자. 그곳은 꿈이 태어나고 시간은 계획되지 않은
> 곳이야. 행복한 일만 생각하면 네버랜드에서 영원히 마음이 날
> 개를 펴고 날아갈 수 있어!"

네버랜드에서는 아무도 늙지 않고, 하기 싫은 일은 하지 않으며, 굳이 어른스러워질 필요도 없습니다. 현실의 법이나 의무처럼 지켜야 할 것도 없습니다. 돈을 벌 필요도, 무엇을 이루어야 할지 고민할 필요도 없습니다. 현실과 전혀 다른 작동 기제를 가집니다. 하늘을 날고, 지천에 열린 열매를 따 먹는 유유자적함과 함께 악당도 힘들이지 않고 물리칠 수 있는 곳이 네버랜드였습니다. 대개 도피라고 하면 무겁고 어두운 지하실의 칙칙한 분위기가 떠오르지만, 네버랜드로의 도피는 다릅니다. 유쾌하고 흥겨워서 이런 도피라면 마다할 이유가 없어 보입니다. 힘든 현실에서 도망쳐 꼬깃꼬깃 구겨진 마음을 다림질하듯 펴고, 상상을 마음껏 펼칠 수 있습니다. 그래서 피터는 웬디에게 "나는 어른이 되기 싫어. 언제

나 어린아이인 채로 재미있게 놀고 싶"다고 말합니다. 하지만 현실과 너무 동떨어진 네버랜드의 약점도 분명합니다. 세상은 기쁨과 슬픔, 안식과 고통이 버무려진 곳입니다. 사람들이 실제 겪는 시간에는 해야 할 일, 어려운 일, 슬프고 아픈 일이 더 많습니다. 고통스럽고 힘들어도 꼭 해내야만 하는 일들이 있습니다.

한편 네버랜드에서 즐겁게 지내던 웬디와 동생들은, 문득 부모님이 자신들을 잊을까 두려워져서 집으로 돌아가기로 합니다. 런던으로 돌아온 세 남매는 함께 온 아이들의 입양을 돕습니다. 그런데 피터는 끝까지 이를 거부하고 네버랜드로 돌아갑니다. 피터와 웬디는 한동안 부부 역할도 했던 사이였지만, 어느 순간 피터는 계속 도피하는 사람으로, 웬디는 도피에서 돌아와 현실을 살아가는 사람으로 갈라섭니다.

도피하고 싶은 마음은 현대인의 감수성입니다. 그렇다면 언제 가장 도피하고 싶을까요? 우리는 모든 순간에 운명을 직시하며 살아가지는 못합니다. 높은 파고 앞에 어떻게든 견뎌보려 하지만, 때로는 하릴없이 살려는 의지가 꺾일 때도 있습니다. 힘겹게 버텨왔던 일이 버겁거나 지금까지 했던 일이 부질없다고 여겨질 때, 도전했던 일에서 좌절할 때, 우리는 도피를 떠올립니다. 이 밖에도 도피를 떠올릴 순간은 수두룩합니다. 세상살이가 힘들수록 도피를 꿈꾸는 순간은 많아집니다. 그럴 때, 피터가 사는 네버랜드를 꿈꿀 때가 있습니다. 꼭 큰일이 벌어져야만 그런 도피 심리가 생기는 건 아닙니다. 그저 보기 싫은 사람을 내일 또 대면하기 싫어서, 몹시 싫은 일을 목전에 두고서, 가치를 느끼지 못하는 일이 자신을 짓누를 때, 우리는 잠시라도 도피하고 싶습니다. 어쩌면 월요일 아침 출근길, 회사에 가기 싫은 나머지 지하철 손잡이를 잡고 잠시 네버랜드로 날아가는 상상에 빠질 수도 있겠죠. 그렇게 우리 안에 '피터 팬'이 살고 있습니다.

하지만 현실도피는 종종 비난의 대상이 되기도 합니다. 후크 선장 같은 엄한 아버지가 내 안에서 도피하려는 마음을 가만두지 않고 매섭게 꾸짖기 때문입니다. 그게 아니라도 당장 밥벌이가 발목을 잡기도 하고, 느닷없이 누군가에게 어른스럽지 못하다는 핀잔을 들을 때도 있습니다. 하지만 그럴수록 내 안의 도피 심리는 커지고, 그 마음을 잘 돌보지 않으면 걷잡을 수 없는 충동으로 변할 수 있습니다. 피터는 그런 도피욕망에서 탄생한 영원히 사라지지 않는 내 안의 아이입니다.

어른이 되기 싫은 진짜 이유

피터가 어른이 되기 싫은 이유를 이해하지 못할 바는 아닙니다. 그는 과거 어른에게 여러 번 실망하면서 "항상 모든 걸 망치는 어른들에 대해 분노를 느꼈"습니다. 이런 경험이 쌓이면서 피터는 어른을 적으로 생각했습니다. 이런 반감은 작가 배리의 경험에서 기원합니다. 직접적으로는 자신을 제대로 돌보지 않은 어머니에게 비롯되었고, 몰상식하고 이기적인 어른들에 대한 실망도 이를 키웠습니다.

다만 피터는 자신이 실망한 것, 어른들이 망친 것을 일일이 열거하지 않습니다. 그런 와중에 어른을 향한 복수심에 차오른 피터는 미움을 넘어 혐오를 느끼는 지경에 이르고, 그 표적은 바로 욕심 많고, 부도덕한 악당 후크 선장이었습니다. 아버지 달링 씨나 후크 선장은 당시 나쁜 어른들의 집약체였습니다. 어른이 애만도 못하다고 느꼈을 때, 그 적개심은 자신이 애써 만든 네버랜드를 후크 선장이 해칠까 봐 느끼는 혐오와 맞닿았습니다. 피터 내면에는 어른답지 않은 어른을 향한 혐오와 그 반동으로 생긴 현실에서 도피하려는 심리가 복잡하게 뒤섞여 있었습니다. 그 마음은 '어른 살해'라는 극단적 감정으로 이어집니다.

"피터는 자신의 나무집으로 들어가자마자 짧고 빠른 숨을 1초에 다섯 번 들이마시고 내쉬었다. 이는 네버랜드에 내려오는 속담 때문이었다. 아이가 한 번 숨을 들이쉬고 내쉴 때마다 어른 한 명이 죽는다. 피터는 복수심에 어른들을 가능한 한 빨리 죽이기 위해 그렇게 한 것이었다."

피터는 왜 이토록 어른이 싫었을까요? 심지어 어른을 증오하고 기꺼이 모두 죽이려고까지 하는 걸까요? 작품의 이면에 숨은 작가 배리의 삶 속에 크고 작은 단서가 있습니다. 배리는 자신이 여덟 살 되던 해 스케이트를 타다가 열세 살에 죽은 형을 기억하기 위해 이 작품을 썼다고 밝힌 바 있습니다. 형의 죽음으로 어머니는 우울증을 앓았고, 배리는 어머니를 위로하고자 형의 옷을 입고서 재롱을 피웠습니다. 피터는 어떤 면에서 죽은 형을 연기하는 배리였습니다. 상심한 어머니를 달래기 위해 배리는 어른이 되지 말아야 했습니다. 하지만 자신을 죽은 형으로 착각하는 어머니에게 실망하면서도, 그 순간만큼은 어머니가 웃을 수 있어 기뻤습니다. 그즈음 배리는 몸과 마음의 성장이 멈추었고, 평생 150센티미터 작은 키로 살았습니다. 사실 배리는 어른의 삶을 싫어했다기보다 어른이 되는 것을 두려워했습니다. 자신이 어른으로 자란다면, 그래서 예전의 어렸던 형을 흉내 내지 못하면 어머니의 사랑을 잃을까 봐 두려웠던 것입니다. 배리의 비극은 자신이 연기하는 열세 살 형이 피터 팬이 되어 네버랜드에서 영원히 늙지 않고, 죽지 않는 존재로 굳어버린 것입니다.

심리학에서는 어른이 되고도 어른이 되기를 거부하고 아이의 삶을 살기 바라는 마음을 '피터 팬 증후군'으로 정의합니다. 이런 마음은 점점 살기 힘들어지는 세상에서 갈수록 지지와 인기를 얻고 있습니다. 현대인은 직장에서는 겨우 어른으로 살지만, 집에서 혹은 사생활에서는 아이가 되고 싶어 합니다. 살만한 세상이라면 이런 마음을 그저 특이한 심리로 치부하겠지만, 어른에게 주어진 억압과 짐이 큰 세상에서는 보편적인 심리로 그 지위가 오르고 있습니다. 어쩌면 도피란 자연스러운 감수성에 가깝기 때문입니다.

아이에게 어른의 책임을 요구해서는 안 되겠죠. 어린 배리가 부모를 돌볼 것이 아니라 부모에게 돌봄을 받았어야 했습니다. 그래서일까요.《피터 팬》연작 가운데 하나인《켄싱턴 공원의 피터 팬》에서 배리는 피터의 입을 빌려 "엄마는 나를 보살피지 않아. 언제나 형 때문에 슬퍼하기만 해. 형이 스케이트 사고로 죽은 뒤부터 죽 그랬어"라고 원망을 표현합니다. 그에게 그것은 트라우마였고, 지워지지 않는 아픔이었습니다. 그 때문에 현실에서 평생토록 만난 적 없는 웬디와 같은 따뜻하고 성숙한 어머니를 상상했고, 존재하지 않는 웬디를 죽는 날까지 그리워했습니다. 네버랜드가 엄마의 자궁 같은 안정과 보살핌의 공간으로 그려지는 이유도 이런 배경 때문입니다. 비록 배리 자신은 보살핌을 받지 못했지만, 주인공 피터만은 네버랜드에서 웬디와 같은 존재에게 따뜻한 보살핌을 받기를 간절히 바랐습니다.

누구나 엄마의 존재를 기다린다

도피와 보살핌(돌봄)은 양손에 쥔 두 개의 아이스크림과 같습니다. 어느 순간 둘 다 녹아서 하나도 가질 수 없는 순간에 이릅니다. 하지만 사람들은 무엇 하나 놓치고 싶지 않습니다. 그런데 그것이 가능할까요? 보살핌은 고통과 노력으로 가능한 일이지만, 도피는 그 고통과 노력을 피하려는 심리입니다. 누구도 영원히 피터로 살지는 못합니다. 잠시 도피와 퇴행으로 자신을 놓아주었다가 다시 현실로 돌아오는 것이 '자기 앞의 생'입니다. 삶을 위해 우리는 피터에서 웬디로 배역을 바꾸어야 합니다. 가끔 힘겨울 때 피터의 자아가 날개를 펴고 날아오르겠지만, 다시 웬디처럼 돌아가야 하는 것이 현실입니다.

웬디 역시 처음에는 투정 많은 소녀였고, 못난 아버지를 원망하기도 했지만, 네버랜드로 온 뒤 점점 성숙한 어른으로 변해갑니다. 사실 배리가 사랑한 존재는 억지로 형을 연기해야 했던 피터가 아닌, 성숙하고 한없이 돌봄을 베푸는 웬디였습니다. 웬디는 점점 책임감이 강하고 당당한 숙녀로 변하며, 네버랜드로 도망친 많은 아이를 돌보는 능력까지 키워갑니다. 네버랜드 생활은 '엄마 수업'과 같았습니다. 처음부터 씨앗이 있던 웬디의 능력은 네버랜드에서 빛을 발하고 더 단단해집니다. 이 훈련은 고되고 힘들었지만 묵묵하게, 도망치지 않고 해냅니다. 어느 순간, 웬디는 어머니가 될 자질을 갖추었고, 그것은 네버랜드에서 떠나야 할 시간이 왔음을 의미합니다.

어머니는 무겁고 진중한 지위입니다. 세상의 숱한 어머니는 아이를 돌보고 보살피는 소중한 숙제를 부여받기 때문입니다. 그래서 어떤 사람들은 어머니 되기를 두려워합니다. 누군가를 책임지고, 헌신하며, 먹여 살리는 일은 용기가 필요하니까요. 어머니가 되는 것이 두려운 더 깊은 이유는, 사회적으로 주어진 어머니의 지위가 지나치게 무겁기 때문이기도 합니다. 하지만 네버랜드에서 웬디는 그런 어머니 역할을 기꺼이 해냅니다.

네버랜드에서 피터와 웬디는 부부인 척 살지만, 실제는 양극단에 있었습니다. 피터는 끝까지 아버지 되기를 그리고 아버지처럼 늙는 것을 두려워하지만, 웬디는 어느 순간 기꺼이 어머니가 되겠다고, 그리고 순순히 늙어가겠다며 현실을 받아들입니다. 웬디는 인생을 책임지고, 사람들을 돌보며, 어른 되기를 두려워하지 않습니다. 이런 태도는 이 말에 단단히 담겨 있습니다.

> "어머니의 사랑이 얼마나 훌륭한 것인지 알면 두려워하지 않
> 을 것이다."

웬디는 네버랜드에서 엄마 없는 아이들을 위해 기꺼이 엄마가
되기로 합니다. 사실 네버랜드로 간 것도 그저 놀고 도망치기 위
한 목적이 아니었습니다. 웬디는 그곳에서 누군가를 돌보기 위해
갔습니다. 그곳에는 돌봐야 할 많은 아이가 있다는 피터의 말을
듣고 마음이 움직인 겁니다.

네버랜드에서 행복하게 지내는 피터나 다른 아이들과 달리 웬
디는 유일하게 힘겨운 일과를 보냅니다. 하루하루 힘들었지만, 자
신의 역할에 최선을 다합니다. 아이들을 재우고, 식사를 챙기며,
아이들이 꼭 알아야 할 것들 하나하나 자상하게 일러줍니다. 대가
없이 아이들을 보살피는 너그러운 존재이자, 네버랜드에서 유일
하게 어른스러운 사람이 웬디입니다. 아이들을 돌보느라 눈코 뜰
새 없이 바쁘지만, 그마저도 고통으로 느끼지 않았습니다. 피터는
웬디에게 사사건건 불평을 늘어놓지만, 그 불평마저도 지혜로운
충고로 다독입니다. 이는 배리가 현실에서 경험하지 못한, 늘 꿈
꾸던 어머니의 모습이었습니다.

모성의 힘으로 아이는 자랍니다. 네버랜드에서 잠시나마 어머
니가 되어본 경험은 웬디를 크게 성장시킵니다. 네버랜드에서 유
일하게 생산적인 존재는 웬디 하나였습니다.

상상하고 직면하면 현실이 된다

웬디가 어머니로서 어른으로서 자기 역할을 다하는 동안, 피터는 여전히 어른이 아닌 아이로 남기를 소망했습니다. 피터는 놀기에 정신이 팔릴 뿐, 아버지의 일은 조금도 하고 싶어 하지 않았습니다. 어느 토요일 저녁, 마주 앉은 피터와 웬디는 가족과 부모, 어른의 자격에 관해 긴 대화를 나눕니다.

"피터, 왜 그래?"
"생각 좀 하고 있었어." 피터는 약간 겁먹은 채 말했습니다.
"이건 다 가짜야. 그렇지? 내가 저 애들 아빠라는 것 말이야."
"오, 그래." 웬디가 새침하게 대답합니다.
"너도 알다시피 내가 진짜 재들의 아빠가 되면 너무 늙어 보일 거야." 피터가 미안해하며 말을 이었습니다.
"하지만 재들은 우리 아이들이야, 피터. 너와 나의 아이들."
"그렇지만 진짜는 아니잖아." 피터가 심란하게 물었습니다.
"네가 원하지 않는다면 그렇겠지." 웬디가 대답합니다. 웬디는 피터가 안도의 한숨을 내쉬는 걸 똑똑히 들었습니다.

어른이 되고 싶지 않은 피터를 보면서 웬디는 끝까지 그와 함께할 수 없다는 것을 직감했을 겁니다. 그에겐 책임감이라곤 눈 씻고 찾아볼 수 없었으니까요. 책임감은 어른스러움이 품은 진짜 얼굴입니다. 자기 삶의 책임을 질 때, 삶의 의미를 획득할 수 있습니다. 그러니 꼭 남편감이 아니라도 책임감 없는 사람과 계속 살아 간다는 건 끔찍한 종말을 초래할 뿐입니다. 웬디는 이제 피터와 정신적 이혼을 감행합니다. 성숙한 존재는 미숙한 존재와 오래 함께 할 수 없으니까요. 결국 웬디는 다른 아이들과 함께 런던으로 돌아가기로 결심합니다.

네버랜드에서 다시 런던으로 돌아간 피터와 웬디, 그리고 아이들. 이들은 서로 다른 선택을 합니다. 웬디와 아이들은 런던에 남아 현실을 살아가지만, 피터만은 다시 영원히 자라지 않는, 그리고 죽지도 않는 네버랜드를 택합니다. 웬디는 마지막까지 피터에게 런던에서 어른으로 살아볼 것을 권하지만, 소용이 없습니다. 피터는 그렇게 영원히 내면의 아이로 남습니다. 비록 웬디 덕에 진짜 그림자를 달 수 있었지만, 내면의 그림자만은 받아들이기를 거부한 겁니다.

이는 우리에게 적용할 수 있는 은유입니다. 내 안에는 피터와 웬디, 두 자아가 공존합니다. 도피하는 피터와 직면하는 웬디. 우리는 때론 지칠 때 피터를 따라 잠시 달콤한 일탈에 빠집니다. 하지만 다시 무거운 그림자를 달고 주어진 역할과 책임을 다하고자 현실을 살아냅니다. 그게 우리네 삶이죠. 이처럼 참된 인생이란 언제나 도피와 직면의 순간을 모두 경험합니다.

어떤 사람들은 도피자 피터를 더 사랑합니다. 심지어 피터처럼 사는 것이 멋지다고 생각합니다. 단지 무책임해서일까요? 그보다는 지독하고 힘든 현실을 살기 때문일 겁니다. 이런 우리에게 피터의 도피는 특별한 상상을 선사합니다. 만약 피터라는 존재가 없

[다섯 번째 세션]

었다면 이런 마법 같은 문장 대부분도 사라졌을지 모릅니다.

"사람들은 어른이 되면 나는 법을 잊어버려."

잠깐의 휴식과 충전, 기쁨을 제공하는 도피의 상상은 그 나름대로 쓸모가 있습니다. 찰나의 순간이라도 도피하지 않으면, 맞서 싸우다 장렬히 전사할 수밖에 없습니다. 인생은 때로 삼십육계 줄행랑보다 나은 방법을 찾기 힘든 순간도 닥칩니다. 무엇보다 도피는 일정한 가치를 지닙니다.

'도피'라는 말에서 떠올리는 부정적 의미를 제거한다면, 일상에서 우리도 아이들처럼 자유로운 상상이 늘 필요합니다. 상상은 일상을, 더 나아가 인생을 바꿀 힘이 있음을 기억하면 좋겠습니다. 무엇보다 우리가 한껏 누릴 수 있는 자유의 다른 이름이 상상입니다. 나이가 들수록 상상하지 않는 건, 그만큼 사회화되고 있다는 방증이죠. 오롯이 자신에게 주어진 자유를 내동댕이치는 것과 다르지 않습니다. 상상은 그 자체로 하나의 자유로운 세계입니다.

피터의 도피와 웬디의 책임감은 서로 밀어내는 성질이지만, 책임감이 초래하는 지나친 성실성이 때로 상상력을 말려 죽일 때가 있습니다. 책임감만으로 일하는 것은 피로한 삶을 만들 수 있습니다. 잠시 휴식을 취하며 백일몽에 빠질 때, 피터처럼 하늘을 날 때, 창조적인 해결책이 나오곤 합니다. '나는 법'을 영원히 기억하는 것은 즐거운 인생을 사는 숨은 비밀입니다. 이 덕분에 현실에서 더 잘 살 수도 있습니다. 잠깐의 도피는 나쁘지 않습니다. 도피와 현실이라는 두 감각이 번갈아 진동할 때 진짜 생명력을 지닙니다. 웬디의 책임감과 피터의 상상력은 그래서 모두 필요합니다.

누구나 피터처럼 나만의 네버랜드를 꿈꿀 수 있습니다. 자신이 상상하고 있는 것이 진짜가 아니라 가짜라는 사실을 모를 사람도 없습니다. **상상과 직면은 변증법적 관계에 있습니다. 상상하고, 직면하면서 그것이 현실이 되는 성장의 이야기를 빚어내기 때문입니다.** 상상은 지친 일상에서 다시 일어나 현실과 직면하고, 꿈꾼 것을 현실로 만드는 과정에 놓인 잠깐의 휴식이자 징검다리입니다.

둘 중 하나만 선택하려고 애쓰지 않아도 좋습니다. 탱고를 추듯 빠르게, 느리게 반복하며 리듬을 타도 괜찮습니다. 피터를 따라 하늘을 날면서도 웬디가 정성껏 어질러진 침대방을 청소하는 모습을 목격합니다. 꿈은 언제나 현실의 재료로 만들어지는 법이고, 현실은 꿈을 통해 조금씩 자랍니다. 더 나은 현실은 언제나 꿈꾸는 사람들이 만들어 내는 희망의 조각들입니다. 그러니 가끔 현실의 늪이 너무 깊어 보일 때, 잠시 춤추며 신나는 피터처럼, 세상 걱정 없는 아이처럼 지내다가, 다시 씩씩한 웬디가 되어 현실을 살아가는 것도 괜찮지 않을까요?

실패가 점점 두려워질 때

헤밍웨이의 《노인과 바다》, 회복탄력성에 대하여

"없는 것을 생각하지 말고,
있는 것으로 무엇을 할 수 있을지 생각해야 한다."

"오랜 시간 동안 한 목표에 모든 것을 쏟아부었습니다.
매번 새로운 도전에 임할 때마다 '이번에는 반드시 성공하겠다'라고
다짐하지만, 결과는 기대에 못 미치고 큰 실망을 하게 됩니다.
지금까지 투자한 시간과 노력을 생각하면 포기하기는 싫지만,
계속해서 도전하는 것도 점점 힘들어집니다. 계속 도전해야 할지,
아니면 새로운 방향을 모색해야 할지 고민이 많습니다."

바다가 없다면 어떤 희망도 만들 수 없다

자, 가정해 봅시다. 당신은 어부입니다. 육지보다 바다가 익숙합니다. 그런데 84일 동안 물고기 한 마리도 낚지 못했습니다. 내가 평생을 종사한 업에서 오랫동안 어떤 성과나 성취를 거두지 못할 때, 과연 어떤 기분일까요? 그저 불운이라고 말하기에도 너무 가혹합니다. 몸도 망망대해, 마음도 망망대해, 어떻게 해야 할까요?

《노인과 바다》의 어부 산티아고가 그랬습니다. 84일 동안 물고기 한 마리 잡지 못한 불운에 빠져 있습니다. 그는 자신을 '살라오 (Salao, 스페인어로 최악의 불운을 가진 사람)'라고 부릅니다. 하지만 이는 그저 비관적인 마음에서 한 말은 아닙니다. 있는 사실을 담담하게 설명한 것뿐입니다. 84일 동안 물고기 한 마리도 잡지 못한 사람을 '살라오'라는 말 대신 딱히 부를 말이 없기 때문입니다. 하지만 그는 담담함을 잃지 않고 언젠가 꼭 물고기를 잡을 거라고 믿습니다.

드디어 85일째 아침, 그는 "오늘만큼은 자신 있다"며 배에 오릅니다. 그런 산티아고 곁을 지키는 한 소년, 마놀린이 있습니다. 물고기를 낚지 못하는 날이 쌓이면서 마놀린 부모는 아들이 산티아고 배가 아닌 다른 배에서 일하게 했지만, 마놀린은 오늘도 어김없이 산티아고를 찾아와 먹을 것과 커피를 챙겨줍니다. 참 따뜻하고 순수한 소년입니다. 산티아고는 그런 마놀린을 어여삐 여기면서도 마음 한구석에서는 미안함이 가득합니다. 그래서 한 번 더 다짐합니다. 이 사랑스러운 소년을 위해서라도 오늘만큼은 반드시 물고기를 잡아야 한다! 산티아고는 힘차게 노를 저어 바다로 향했습니다.

우리 삶에는 상승과 절정이 있지만, 하강도 있습니다. 올라가는 때가 있다면, 떨어지는 때도 있는 것이 삶입니다. 언젠가는 우리도 산티아고처럼 나이가 들고, 세상에 맞설 힘도 약해지겠죠. 이 과정에서 삶은 점점 거친 파도가 일렁이는 바다처럼 느껴질 겁니다. 때로 자신에게 닥친 일이 내 삶의 배에 도저히 실을 수 없을 만큼 버거워질 수 있습니다. 마치 거대한 물고기를 싣는 것처럼요.

하지만 산티아고가 다시 바다로 고기잡이를 나갔듯이 죽는 순간까지 놓치지 말아야 할 것이 있습니다. 바로 삶에 대한 투지입니다. 산티아고의 "손에는 큰 고기를 잡을 때마다 밧줄을 잡아당기면서 생긴 상처가 훈장처럼 박혀" 있습니다. 바다가 산티아고에게 준 상처는 훈장과도 같은 흔적입니다. 상처를 받을수록 그의 투지는 높아집니다. 그러나 투지가 높다고 자랑할 필요는 없습니다. 그건 당연한 겁니다. 투지 없이 살아낼 인생은 없으니까요.

주인공 산티아고는 "바다는 종종 저다지도 잔인한 때가 있는데"라고 속삭이곤 했습니다. 인생의 바다는 고통을 넘어 잔인합니다. 때로는 슬프고 힘들게 만드는 것이 인생의 바다입니다. 물론 바다가 산티아고에게 고통만 안겨주는 건 아닙니다. 그가 위험해도 바다로 뛰어들 수 있었던 이유가 있습니다. 바다에서 물고기를 건져 올릴 수 있기에, 그것으로 삶을 연명할 수 있기에, 무엇보다 소중한 마놀린과 함께 일할 수 있기에 뛰어들 수 있었습니다. 바다는 고통 가운데서도 그의 삶을 지켜줍니다. 일용할 양식을 허락하기에 오늘도 살아갈 수 있습니다. 그러니 산티아고에게 바다는 고통의 바다이자, 생생한 삶의 현장이었습니다.

그가 바다를 대하는 태도는 다른 젊은 어부들과 사뭇 달랐습니다. 젊은 어부들은 "바다를 경쟁자나 경쟁 장소라고 생각하는 듯했고, 심지어는 적이라고까지" 말했지만, 산티아고는 그러지 않았습니다. 그에게 바다는 대지의 여신과 같은 존재였습니다. 물고기와 대결에서 자신도 모르게 성모송Ave Maria을 여러 번 읊조린 것도, 물고기를 낚은 뒤 코브레의 성모상 순례를 떠나고 싶다고 말했던 것도 이와 연결되어 있습니다. 바다는 그에게 뿌린 대로 거둘 수 있게 해주는 대지와 같은 존재입니다. 그래서 누구보다 자연을 아꼈고, 바다를 사랑했습니다. 바다를 사랑하지 않으면, 어떤 희망도 만들 수 없었으니까요.

바다로 나가는 일은 그에게 신의 은혜를 입는 일이었습니다. "설령 바다가 무섭게 굴거나 재앙을 끼치는 일이 있어도 그것은 바다로서도 어쩔 수 없는 일이려니" 생각했습니다. 산티아고에게 바다는 풍요, 생명, 사랑, 신, 신비, 재생을 뜻하면서도 동시에 고난과 역경, 죽음을 안겨주는 존재였습니다. 바다는 잔인한 만큼 그를 살리고, 그에게 베푸는 존재였습니다. 그것이 그가 한 번도 포기하지 않고 바다로 다시 나가는 이유였습니다.

그럼에도 세상으로 나아가려는 힘

산티아고는 84일간의 실패에도 85일째인 오늘을 기대하고 또 사랑합니다. 자신이 살아갈 현재는 어제가 아닌 오늘이기 때문입니다. 이런 그의 마음을 가리키는 가장 적절한 단어는 회복탄력성resilience입니다. 땅에 떨어졌다가 튀어 오르는 공처럼 역경을 딛고 일어나는 힘을 '회복탄력성'이라고 부릅니다. 84일 동안 물고기 한 마리를 잡지 못했어도 오늘만은 잡을 거라며 희망을 놓지 않는 마음이 회복탄력성입니다.

인생은 크고 작은 좌절과 역경의 연속이고, 때로는 탄성 없는 뻘밭을 걸어가야 하는 순간도 있습니다. 한 걸음도 떼어지지 않는 뻘밭 위를 걸을 때 필요한 것은 당연히 강한 의지와 근력입니다. 그러니, 자신의 생生을 지키려면 역경에서 다시 일어서는 힘을 길러야 합니다. 역경을 딛고 일어서는 힘 없이 고통의 바다에서 살아남을 도리가 없기 때문입니다.

역경은 삶의 도처에 있습니다. 그 역경과 힘은 하나의 쌍으로 반복되는 리듬에 가깝습니다. 그래서 역경이 있어서 일어설 힘도 생기는 겁니다. 산티아고처럼 강한 회복탄력성을 지닌 사람들은 고통스러운 상황에서 오히려 큰 힘을 발휘합니다. 마치 공들여 빚은 도자기 같은 속성을 지녔습니다. 이런 회복탄력성이 단지 타고나는 것만은 아니라는 걸 산티아고의 말에서도 느낄 수 있습니다.

"없는 것을 생각하지 말고, 있는 것으로 무엇을 할 수 있을지 생각해야 한다."

어떤 재능과 기질은 타고나지만, 그 재능과 기질이 없다고 해서 아무것도 할 수 없는 건 아닙니다. 삶의 기술과 무기는 무한하기 때문입니다. 자신이 가진 재능과 기질로 얼마든지 새로운 능력을 끌어낼 수 있습니다. 그 능력으로 역경을 이겨낼 수 있습니다. 이를 삶의 문제 해결력이라고 해야겠지요. 어려운 일을 풀어나가는 능력, 즉 역경 속에서도 내 안의 자질을 총동원해 이를 넘어설 수 있는 방법을 찾는다는 의미입니다. 산티아고는 거친 바다에서 다져진 '내면의 단단함'을 지니고 있었습니다. 이것은 회복탄력성을 지닌 사람의 가장 큰 특징입니다.

회복탄력성을 만드는 중요한 세 가지가 있습니다. 좋은 관계, 긍정적 세계관, 그리고 자기 신뢰입니다. 이 세 가지가 하나로 통합될 때 회복탄력성을 최고치로 끌어올립니다. 나를 아끼고 믿는 사람을 위해서, 빛나는 생명의 대지를 위해서, 그리고 소중한 나 자신을 위해서 다시 일어설 때, 내면의 탄성을 가장 높일 수 있습니다. 산티아고는 이 모두를 지켜냅니다. 마놀린과 나누는 좋은 관계는 풍랑을 헤쳐가는 힘이 되고, 절망스러운 오늘에도 빛나는 내일을 생각하는 긍정적 세계관은 자신을 믿는 의지를 더욱 키워줍니다. 즉, 사랑하고, 긍정하고, 자신을 믿습니다. 비록 배운 것 없고, 가진 것 없는 가난한 늙은 어부이지만, 그는 회복탄력성을 빚어내는 이 세 가지를 모두 갖춘 빛나는 존재였습니다.

그런 산티아고가 가엽게 여기는 존재가 있습니다. 바로 바다 위를 나는 새들입니다. 어디에도 이들이 발을 내리고 쉴 곳이 없기 때문입니다. 뭍으로 돌아가기 전까지 내내 날거나 잠시 수면 위에 앉을 뿐입니다. 그가 유독 마음을 쓰는 새는 작고 가냘픈 검정 제비갈매기입니다. 그들의 날개는 다른 새보다 유난히 연약해 보였습니다. 산티아고는 자유로이 날아다니는 새를 부러워하는 여느 사람과는 시선이 달랐습니다. 그는 신께 제비갈매기처럼 약하고 가냘픈 새를 바다에서 살게 한 뜻을 질문합니다. 하지만 그것은 질문이라기보다는 한탄에 가깝습니다. 제비갈매기들이 힘겹게 날갯짓하며 물 위를 떠돌며 먹이를 찾는 모습에서 어떤 연민과 동일시를 느꼈기 때문입니다. 자신이 삶이라는 바다를 힘겹게 노 저어가듯 말이죠.

"바다는 종종 저다지도 잔인한 때가 있는데, 어째서 신은 제비갈매기와 같은 저런 연약하고 섬세한 새를 만들었을까? 바다는 대부분 친절하고 대단히 아름답지만, 갑자기 잔인하게 변할 때도 있었다."

산티아고도, 제비갈매기도 잔인한 바다 위에서 살아갑니다. 둘다 물고기를 잡기 위해 거친 바다 위를 떠돕니다. 산티아고는 때로 잔인해지는 바다 위를 힘겹게 날아가야 하는 제비갈매기의 운명을 보면서 자신을 바라봅니다. 인생은 힘겨운 날갯짓 없이는 잠시도 머무를 수 없는 짧은 순간입니다. 그런데도 날갯짓과 같은 삶의 의지 없이는 단 1초도 살아낼 수 없습니다. 제비갈매기처럼 눈물 나도록 아름다운 자연은 우리 자신을 떠올리게 합니다. 자신에게 멀어지는 제비갈매기를 향해 산티아고는 "날아가 다른 사람이나 새나 물고기처럼 네 운명을 개척"하라고 응원합니다. 이 말은 산티아고가 스스로 건네는 말이기도 합니다.

목숨을 건 한판 대결

산티아고가 유일하게 부러워하는 것은 바다에서 만난 거대한 청새치였습니다. 자신이 제비갈매기와 같은 운명에 쫓기는 존재라면, 청새치만은 거대한 바다에 가까운 존재였기 때문입니다. 그에게 청새치는 바다이며 생명 그 자체입니다. 산티아고는 언제나 바다를 스페인어 '라 마르la mar'로 불렀습니다. 'la'는 여성 명사에 붙는 관사입니다. 항구에는 바다를 투쟁의 대상으로 대하며 '엘 마르el mar'라고 부르는 어부들이 더 많았지만, 그에게 바다는 언제나 양식과 생명을 제공하는 여신과 같은 존재였습니다. 그는 이 세상을 적이 아닌 어머니로 대했습니다. 세상이 건네는 잔인함마저도 받아들이는 모성의 힘이 필요하니까요. 그래서 감당하기 어려운 청새치에게 그는 이렇게 말합니다.

"의지와 지혜밖에 가진 것이 없는 나에게 맞서고 있는, 모든 것을 가진 저 고기가 부럽다."

자신과 제비갈매기가 고통에 가까운 존재라면, 청새치만은 신처럼, 바다처럼 충만한 존재입니다. 혈혈단신 자신과 달리 청새치는 이 세계 전체가 형상으로 빚어낸 존재에 가깝습니다. 그러니 청새치와의 대결은 생업에 머무는 것이 아니라, 거세고 질긴 운명과 마주하는 인생의 한판 대결과 같았습니다. 만약 내가 산티아고라면 막강한 청새치와의 혈투에서 나는 어떻게 해야 할까요? 과연 버텨내거나 끝내 이길 수 있을까요?

산티아고에게는 단련된 '의지와 지혜'가 있습니다. 이것으로 충분합니다. 일어설 의지와 맞설 지혜만 있다면, 두려움도 결국 용기로 변할 테니까요. 이것이 모든 것을 가진 청새치와의 결투에서 산티아고가 물러서지 않는 이유입니다. 그가 젊은 시절 선원이었을 때, 아프리카 근처에서 해안까지 어슬렁거리는 사자들을 본 적이 있습니다. 그 늠름한 풍모에 그는 매혹되었습니다. 그 후, 종종 사자 꿈을 꾸었고, 그때마다 살아갈 힘을 얻었습니다. 사자 꿈은 항상 자신에게 힘을 주는 절대 반지와 같았습니다.

바다로 나서는 전날 밤에도 산티아고의 꿈에는 사자가 나타났습니다. 사자는 부러운 존재이자 사랑하는 존재입니다. 산티아고는 소년(마놀린)을 사랑하는 것처럼 그 사자들을 사랑했습니다. 그에게 사자 꿈은 생명과 용기, 자존심을 의미했습니다. 그의 내면에는 이 사자처럼 생명력을 뿜어내면서 떳떳하고 용감하게 살아가고 싶은 바람이 살아 숨 쉬고 있었습니다. 이런 바람이 통했을까요? 먼 바다로 나간 산티아고는 드디어 청새치를 만납니다. 신선한 다랑어 살코기를 미끼로 낚싯바늘을 내렸을 때, 거대한 청새치 한 마리가 그것을 덥석 물었습니다. 어쩌면 오랜 경험으로 이 순간을 예견했을지 모릅니다. 그는 언제나 영원한 불운이란 존재하지 않는다고 믿었으니까요.

이 청새치가 낚싯바늘을 물기 전, 그는 여러 번 "지금까지 운이 좀 없었지만" "누가 알겠어? 오늘은 어쩌면 운이 좋을지도"라고 말하곤 했습니다. 일이 잘 풀릴 거라고 믿고 또 열망하면 일이 잘 풀리고, 안 풀릴 것이라고 낙담하면 정말로 일이 풀리지 않습니다. 이는 자기충족적 예언self-fulfilling prophecy입니다. 일이 풀리지 않을수록 더 일이 잘 풀리기를 염원하며 확신해야 합니다. 믿음은 지금 할 수 있는 일이며, 실패를 받아들임은 나중에 할 일입니다.

불운이 영원할 수 없다고 믿는 것, 그의 회복탄력성은 출렁이는 바다처럼 살아 있습니다. 하지만 청새치는 늙은 산티아고 혼자 감당하기에 너무 크고 힘이 셌습니다(5.5미터). 하지만 그는 절대로 포기할 수 없었습니다. 목숨을 걸고서라도 반드시 이겨야 했고, 이기고 싶었습니다. 청새치와의 사투는 사흘 밤낮 이어졌습니다. 한계점을 지나 힘이 빠지는 중에도 그는 자신이 지는 것을 상상하지 않았습니다.

비록 "그는 모든 것이 늙었으나 눈동자는 예외"였습니다. "바다와 같은 색을 지닌, 생기 가득한 그의 눈만은 단 한 번도 패배한 적이 없어" 보였기 때문입니다. 그는 자신을 향해 "싸우는 거야, 뭐, 죽을 때까지 싸우는 거지. 정신을 잃으면 안 돼. 정신 똑바로 차리고 사내답게 이 고난을 어떻게 견뎌낼지 생각해"라고 독려합니다. 절체절명의 순간, 포기의 말이 아니라 자기 확신의 말을 아끼지 않습니다. 팔이 끊어질 것 같은 고통을 느끼면서도 "인간은 패배하기 위해서 태어난 것이 아니야. 인간은 파멸할지언정 패배하진 않아"라고 힘껏 소리칩니다.

그에게 이 싸움은 인생 그 자체였습니다. 절대 물러설 수 없는 인생의 한판 승부! 설사 목숨을 잃는다고 해도 삶의 패배자로 남아서는 안 될 승부였습니다. 이 대결은 마치 "운명은 우리를 파멸시킬지 모르지만, 우리는 운명에 끝까지 등을 보여서는 안 된다"라는 것을 보여주는 듯했습니다. 운명이 나를 무릎 꿇리는 좌절의 순간, 다시 오뚝이처럼 벌떡 일어서는 것이 패배하지 않는 마음입니다. 산티아고는 누군가는 목숨을 잃어야 하는 잔인한 대결에서 "무서워 말고 자신을 갖는 것"이 중요하다고 말합니다. 이 싸움에서 "반드시 이길 것"이라고 굳게 믿으면서 말이죠. 그는 끊어질 것 같은 손의 고통을 느끼며 청새치에게 말합니다. 사실 그것은 자기 운명에 대고 속삭이는 말이었습니다.

"나도 내가 어떤 사람인지 너에게 알리고 싶구나. 그러면 너는 나의 쥐가 난 손을 보게 되겠지. 그렇게 되면 큰일이다. 어떻게

[여섯 번째 세션]

해서든 내가 실제보다 더 강한 인간으로 보이게 해야 해. 또 반드시 그렇게 되고 말 테야."

청새치라는 운명은 호시탐탐 나의 약점을 노립니다. 약해지는 순간 운명이 나를 덮칠지 모를 일입니다. 그러니 강해져야 합니다. 운명과 싸울 만큼 강해져야 합니다. 살아갈 힘은 저절로 생기지 않습니다. 산티아고는 그 힘을 스스로 만들어 갑니다. 살아갈 힘이 생기도록 스스로 응원하고 독려합니다. **회복탄력성을 키우는 것이 바로 자기 격려입니다.** 자기 격려는 상처를 회복하고, 역경을 이기며, 자기 사랑을 무럭무럭 키웁니다. 반대로 자신을 응원하지 않는다면, 금세 무기력해집니다. 순간순간 자신이 잘한 일을 알아차리고, 칭찬과 격려를 보내는 것이 자기 격려입니다. 힘든 일을 마친 후 "수고했어, 오늘 하루도 무사하게 잘 해냈구나!"라고, 일이 잘못되거나 실수했을 때도 "괜찮아, 다음번에 잘하면 돼"라고, 어려운 일이 생겼을 때 "할 수 있어, 늘 잘해왔잖아"라고 스스로 말할 수 있어야 합니다.

산티아고의 자기 격려는 위기의 순간에 더 빛납니다. "어떻게 해서든 내가 실제보다 더 강한 인간으로 보이게 해야 해. 또 반드시 그렇게 되고 말 테야"라고 자기에게 말합니다. 또한 승리의 기억을 잊지 않고 가슴에 간직하고 있습니다. 사흘 밤낮 동안, 바다에서 가장 힘든 순간을 보내며 그에게도 더 많은 힘이 필요했습니다. 그 순간, 청새치에게 질 것 같던 두 번의 큰 고비에서 그는 두 가지 중요한 기억을 떠올립니다. 처음 힘이 빠져나갈 즈음, 자신이 존경하는 야구선수 조 디마지오(1914~1995년)를 떠올립니다. 디마지오도 아버지가 가난한 어부였을 뿐 아니라, 선수 생활을 위협하는 부상을 딛고 최고의 선수가 되었습니다. 디마지오는 그가 늘 꿈꾸는 사자 같은 존재이자, 좌절하지 않는 힘이었습니다.

산티아고의 악전고투는 처절합니다. 손에서 피가 나고 등과 어깨 근육이 찢겨 나갈 것 같은 고통이 엄습합니다. 청새치가 자신의 낡은 배를 부수거나 뒤집을 수도 있습니다. 하지만 낚싯대를 절대 놓지 않습니다. 절대 포기하지 않습니다. 그러면서도 자신에게 엄청난 고통을 주는 바다를 증오하지 않고, 오히려 사랑합니다. 바다야말로 크나큰 고통으로 어부로서 삶을 온전하게 만드는 공간이라고 믿기 때문입니다. 마침내 그는 청새치를 향해 존엄을 표합니다.

"일찍이 너처럼 크고 아름답고 침착하고 위엄이 있는 물고기를 본 적이 없다."

온몸의 힘이 모두 빠져나가려는 순간, 산티아고는 오래전 또 하나의 기억을 떠올립니다. 젊은 시절, 그는 어느 항구에서 가장 힘세다고 소문난 흑인과 밤을 새워 팔씨름을 겨룬 적이 있습니다. 동트는 새벽, 마침내 상대를 꺾었습니다. 그의 자랑이자 인생의 정점을 가리키는 핵심 기억이었습니다. 심리학에서 이를 섬광기억flashbulb memory으로 부릅니다. 번개와 같이 내리꽂는 충격적인 순간을 사진을 찍듯 생생히 기억하는 것을 가리킵니다.

섬광기억이 부정적일 때, 그 기억을 해체하는 데는 많은 공력이 필요합니다. 반대로 섬광기억이 긍정적일 때, 역경의 순간 온몸의 세포들이 다 일어나 맞서 싸우듯 큰 힘을 발휘하게 됩니다. 산티아고는 지금 바다 위, 그 번개 기억을 떠올리며 다시 힘을 냈습니다. 그는 "희망을 버린다는 것만큼 어리석은 일은 없다"라고 다짐하며, 희망을 버리는 것은 "죄"라고까지 단언합니다. 이처럼 승리와 성취에 관한 섬광기억은 삶이 휘청거리며 넘어지려는 순간마다 다시 자신을 일으키는 스프링 같은 역할을 합니다.

사흘째 아침(물고기를 못 잡은 지 87일째), 산티아고는 온몸의 힘이 빠져나가고, 여기저기 상처로 몹시 쓰라렸지만, 포기하지 않았습니다. 자신에게 찾아온 물고기는 어쩌다 만난 큰 행운일지 모릅니다. 행운은 언제나 고통의 틈을 비집고 찾아옵니다. 그런 행운을 붙잡으려면 놓치지 않고 꽉 휘어잡는 힘이 필요합니다. 행운이란 언제나 버둥거리는 물고기처럼 내 손에서 벗어나려 하기 때문입니다. 산티아고는 "이런 고기를 놓치면 죽을 수도 없다"라며 자신을 다독이며 한 번 더 낚싯줄을 세차게 당겨야 했습니다. 그렇게 사흘 밤낮을 완강하게 버티던 청새치도 힘이 빠지고, 비로소 수면 가까이 녀석을 끌어올릴 수 있었습니다. 청새치는 마지막까지 저항했지만, 그는 배 아래를 빙빙 돌던 청새치에게 작살을 꽂아 숨통을 끊었습니다. 청새치가 죽은 것을 확인한 후, 산티아고는 "미안해"라고 사과합니다. 그리고 다시 어부가 해야 할 일을 해냅니다.

기쁨의 고통을 만끽하라

드디어 87일 만에 청새치의 숨통을 끊어 낚은 후, 산티아고는 환희와 안도감을 맛봅니다. 그간의 근심과 고통을 잊고 기쁨에 취할 수 있었죠. 청새치 고기 근수와 값어치를 헤아리며 잠시 부푼 꿈과 기대에 젖었습니다. 이 고통의 수확으로 그는 얼마간 먹고살 수 있을 것이며, 다시 마놀린을 자신의 배로 불러올 수 있을지 모릅니다. 투쟁의 결실을 생각하니 그간의 고통은 씻은 듯 잊혔습니다. 성경의 가르침대로 "밤에는 우는 일이 있을지라도 아침에는 기쁨이" 오는 것을 다시금 깨닫습니다. 지난 고통이 하나도 고생스럽지 않습니다. 그것은 기쁨의 고통입니다.

"고기가 잘 보였다. 노인은 상처투성이의 두 손을 보았다. 그리고 낡은 배에 닿은 등의 통증을 느끼고서야 비로소 이 일이 정말 일어났다는 걸 깨달았다."

그것은 큰 고통을 겪고서야 이룰 수 있었던 성취였습니다. 고통 뒤에도 남은 상처로 인해 계속 통증을 느껴야 하는 결실이었습니다. 그 통증의 세기가 결실의 가치를 증명합니다. 아무 상처 없이 이룰 수 있는 영광이란 없으니까요. 시인 에머슨의 말처럼 "상처 입은 굴이 진주를" 만들기 때문입니다. 모든 값진 것은 상처로 얼룩져 있으며, 그 상처 덕분에 더 빛나는 법입니다. 사흘 밤낮 사투를 벌이던 청새치가 죽자, 산티아고는 청새치에게 연민과 감사를 느끼고, 죽은 청새치를 "형제"라고 부릅니다. 바다를 떠도는 작은 새도, 청새치도, 오두막의 낡은 침대도 친구라고, 형제라고 불렀습니다. 자신도, 청새치도 사랑하는 바다의 자녀이기 때문입니다.

기쁨과 사랑, 행복에 취한 산티아고는 완전한 삶을 느낍니다. "위대한 다마지오도 오늘의 나를 아주 자랑스럽게 여길" 대성공이었습니다. 하지만 기쁨의 순간이 영원할 수 없습니다. 물고기를 잡지 못한 86일간의 기나긴 근심과 고통에 비하면, 기쁨의 시간은 반나절을 채우지 못했습니다. 산티아고에게도 큰 행운이란 늘 그렇듯 빠르게 비극의 그림자로 변해갔습니다. 작은 배에 싣기에 청새치는 너무 컸고, 어쩔 수 없이 배 옆에 매달고 돌아갈 수밖에 없었습니다. 작살에 찔린 청새치 몸에서 계속 피가 흘렀고, 그러자 피 냄새를 맡은 상어들이 배를 쫓기 시작했습니다. 이번에도 그는 굴하지 않습니다. 남은 힘을 모두 짜내 첫 번째 청상아리를 작살로 죽입니다.

산티아고는 "상어를 보자 각오를 단단히 하고는 있었지만, 남은 희망이 거의 없"음을 직감합니다. 그 역시 삶의 연륜으로 "좋은 일은 절대 오래가지 않는 법"임을 잘 알기 때문입니다. 좋은 일은 늘 잠시 스치는 바람처럼 순간입니다. 배를 몰고 항구로 돌아가는 내내 그는 여러 차례 상어의 공격을 받을 수밖에 없었습니다. 다시 바다는 고통의 바다로 변했습니다. 처음 물고기의 살점을 뜯은 거대한 상어 덴투소를 작살로 찔러 죽이고, 상어의 공격이 잠시 잦아든 사이 그는 자신이 청새치를 낚은 일을 돌이켜봅니다. 그것은 다른 생명을 해한 자신의 죄에 관한 성찰이었습니다.

"너(산티아고)는 다만 살기 위해서라든지 팔기 위해서 고기를 죽인 것은 아니다. 다만 긍지를 위해서, 또 어부이기 때문에 고기를 죽인 것이다. 너는 고기가 살아 있을 때도 사랑했고, 죽은 뒤에도 역시 사랑했다. 만약 진정 고기를 사랑한다면 죽이는 것은 죄가 아니다."

어떤 침탈은 신성합니다. 산티아고와 물고기는 서로 싸우고 죽이고 죽는 사이지만, 결코 떨어질 수 없는 존재들입니다. 한 생명의 살이 한 생명을 살립니다. 청새치의 살은 한 생명을 살리기 위함입니다. 산티아고에게 자신이 어부라는 사실을 증명하는 일은 오로지 고기를 잡는 일, 그리고 죽이는 일입니다. 어떤 생명도 해하지 않고 살아갈 생명은 없습니다. 수도승도 밀 싹을 뽑아 생명을 앗으며 살아갑니다. 다만, 그 생명의 침탈이 정당할 때는 함부로 행하지 않았을 때입니다. 산티아고는 자신의 운명에 충실했을 뿐입니다. 그래서 "진정 고기를 사랑한다면 죽이는 것은 죄가" 아니며, 상어가 생명을 지키기 위해 자신과 자신이 잡은 청새치를 공격하는 것 역시 정당합니다. 순리대로 살아가는 자는 위대합니다. 자신에게 벌어지는 모든 일에 최선을 다하고, 그 삶의 의지까지 사랑하고 아끼는 것을 '운명애Amor Fati'라고 부를 수 있습니다.
피 냄새를 감지한 상어들은 멀리서도, 점점 더 많이 찾아왔습니다. 이번에는 칼을 달아 만든 작살로 상어 다섯 마리를 죽였습니다. 마지막 순간까지 산티아고는 "나는 죽을 때까지 싸울 거야"라고 다짐합니다. 산티아고는 상어들과 싸우며 완전히 지쳤고, 배의 모든 걸 잃었습니다. 다만, 온몸에 전해지는 "고통 덕분에 자신이 죽지 않았다는 것을" 알 수 있었습니다. 하지만 마지막 순간, 한꺼번에 몰려든 상어 떼에 청새치 살이 모조리 뜯기고, 거대한 청새치는 결국 뼈만 남았습니다. 청새치는 가장 "크고 아름답고 침착하고 위엄이" 있었지만, 나의 손에 생명이 빼앗겼고, 이제 그 살은 상어들이 나누어 가졌습니다. 산티아고는 "자신이 이제 회복 불능일 정도로 패배했다는 것을" 깨달았습니다. 그는 상어와의 전쟁 끝에 "자네는 지쳤군, 늙은이"라며 비탄에 젖습니다. 그러면서도 "내가 너무 멀리 나갔던 탓이야"라며 자신을 다독입니다.

고통에 지지 않기 위하여

우리는 헤아릴 수없이 많은 고통 속에서 살아갑니다. 피할 수 없는 운명처럼 말이죠. 그렇다면 고통이 닥칠 때 우리는 무엇을 해야 할까요? 아마도 그 운명을 기꺼이 받아들이는 것 아닐까요? 산티아고가 우리에게 꼭 알려주고 싶은 진실도 바로 이것입니다. 애써 잡은 청새치를 잃고 오두막으로 돌아온 그는 이런 생의 운명을 떠올립니다.

"어쨌든 바람은 우리의 진실한 친구야" 하고 그는 생각했다.

그리고 덧붙였다. "그래, 친구도 있고 적도 있는 저 위대한 바다 역시 우리의 친구야. 그런데 침대가 말이야" 하고 그는 생각했다. "침대란 정말 훌륭한 녀석이야. 내가 어딘가에 얻어맞았을 때는 더 편안하거든. 그 침대란 녀석이 이렇게 편안한지 미처 몰랐었어. 그런데 무엇 때문에 내가 이렇게 지친 걸까?" 그는 곰곰 생각해 보았다. 바다에서의 일이 꿈만 같았다. "아무것도 아냐." 그는 소리 내어 말했다. "단지 내가 너무 멀리 갔던 게지."

산티아고는 낡고 남루한 침대에서 삶의 기쁨과 가치를 발견합니다. 그는 돌아온 집(home, 소설에서는 야구선수가 타자석에서 나섰다가 홈으로 돌아오는 이야기 구조를 띠고 있음)에서 바다에서 겪은 고통만큼 큰 안락을 느낄 수 있었습니다. 큰 고통을 겪은 뒤이기에 침대 위에서 휴식이 더할 나위 없이 달콤합니다. 내가 지금 이토록 기쁠 수 있는 것은 그간 많은 고통을 겪어왔기에 허락되는 선물입니다. 그러니 고통이 사라지면 기쁨도 자취를 감춥니다.

그가 평생을 보낸 바다에는 친구도 있고 적도 있었습니다. 그는 지친 자신을 언제나 반겨주는 침대에 관해 생각했습니다. '침대도 나의 친구다!' 전에는 침대가 이다지 편안한 존재인지 미처 몰랐습니다. 다시 곰곰이 생각했습니다. '내가 무엇 때문에 이렇게 지친 것일까?' '누가 날 이 침대 위에 때려눕힌 걸까?' 바다에서의 일이 꿈만 같았습니다. '아무것도 아냐'라고 그는 한 번 더 되뇌었습니다. 편안한 침대에 누워 어떤 적과 자신이 싸운 것인지 물어보지만, 누구도 나를 때린 적은 없습니다. 청새치도, 상어도, 바다도 나의 적은 아닙니다. 모두 다 위대한 바다 안에서 공존하는 존재들이기 때문입니다. 서로의 살과 피가 되어주는 존재일 뿐입니다. 그는 그저 그것은 "내가 너무 멀리 갔던" 까닭에 벌어진 일이라고 말합니다. 너무 먼 바다로 왔기에 거대한 청새치를 낚을 수 있었지만, 또한 너무 먼 바다로 나갔기에 상어 떼의 습격을 피할 수도 없었던 겁니다. 그저 자신의 의지가 빚어낸 일이지, 우연히 불행이 찾아온 것만은 아닙니다. 내가 청새치를 만난 일도, 상어 떼에 얻어맞은 것도 의지가 빚어낸 필연입니다. **언제나 인생은 의지와 운명의 하모니입니다.**

힘든 하루를 보내고 돌아온 밤, 나는 어떤 모습이면 좋을까요? 산티아고처럼 친구 같은 침대 위에서 편안하게 잠들고, 그 옆에 사랑하는 사람이 나를 보살피고 있었으면 좋겠습니다. 이야기는 마지막 '사자의 꿈'으로 끝을 맺습니다.

"길 위에 있는 노인의 오두막에서 노인은 다시 잠들었다. 그는 여전히 엎드린 채 자고 있었고, 소년이 그 옆에 앉아 그를 보살피고 있었다. 노인은 사자의 꿈을 꾸고 있었다."

있는 그대로 인정받고 싶을 때

메리 셸리의 《프랑켄슈타인》, 편견에 대하여

"내 심장은 사랑스러운 이들에게 존재를 알리고
사랑받고 싶어 애가 달았다.
그 다정한 표정들이 나를 애정으로 바라보는 것이
내 궁극적 야망이 되었다."

"저는 사람들과 어울려서 새로운 경험을 하고 싶습니다.

그러나 제가 어울릴 만한 자리를 찾기 어렵습니다.

제 외모나 나이 등의 이유로 종종 모임이나 활동에서 배제되곤 합니다.

있는 그대로 평가하기 전에 제가 가진 '조건'을 먼저 보는 것 같습니다.

'당신에겐 어렵겠어요.' '이 활동만은 함께 하기 힘들겠네요.'

이런 말들이 제 자신감을 떨어뜨리고, 점점 더 위축되게 만듭니다."

너에게 인정받을 수만 있다면

자신이 사랑이 아닌 어떤 필요나 실수로 만들어진 존재임을 알게 된다면 어떤 기분일까요? 더 나아가 나를 세상에 내놓은 자가 사랑은커녕 미움과 음해로 나를 대한다면 또 어떤 기분일까요? 《프랑켄슈타인》주인공이 그런 존재였습니다. 그가 어떤 기분이었을지 한번 상상해 봅시다.

그는 마지막까지 자신의 이름을 갖지 못한 채 '크리처'(Creature, 피조물이라는 뜻)로 불립니다. 이 단어는 신이 창조하여 생명을 지닌 존재라는 뜻이며, 그가 진정한 인간으로 인정받지 못했음을 나타내는 말입니다. 그는 창조자인 프랑켄슈타인 박사에게 끝끝내 인간으로서 인정받지 못합니다. 크리처는 생명과 인지를 갖춘 뒤, 자신의 탄생을 둘러싼 비밀을 알게 되자 크게 좌절합니다. 자신이 여느 사람들처럼 사랑의 결합이 아닌 특정 목적에 의해 만들어진, 즉 '불순하게' 탄생한 존재임을 알았기 때문입니다. 무엇보다 자신이 사랑 없이 태어났다는 사실에 크게 아파합니다.

대부분 우리는 사랑의 결실로 세상에 태어납니다. 하지만 사랑의 결과물인 내 존재가 부정될 때는 의외로 많습니다. 환대는 고사하고 인간 대접조차 받지 못할 때가 터무니없이 많을지도 모릅니다. 왜일까요? 인간은 상대를 쉽게 이용하는 존재이기 때문입니다. 세상에는 다른 존재를 혐오하거나 이용하는 사람들이 너무 많습니다. 누구라도 소설 속 크리처의 처지에 놓일 수 있습니다. 자, 이제 크리처가 세상 속에서 어떻게 이용당하는지 똑똑히 지켜볼까요?

처음으로 자신이 창조한 크리처와 대면했을 때, 프랑켄슈타인 박사는 심지어 "악마"로 칭하며, 상상할 수 없는 악담을 퍼부었습니다. 크리처는 분노와 비통함에 몸서리치며 박사에게 이렇게 외칩니다.

"사람들은 모두 끔찍한 흉물을 저주하지. 그러니 살아 있는 그 어떤 생물보다 비참한 나를 얼마나 증오하겠나! 하지만 당신, 내 창조자인 당신이 나를 혐오하고 내치다니. 나는 네 피조물이고, 우리는 둘 중 하나가 죽음을 맞지 않는 한 끊을 수 없는 유대로 얽혀 있다. 당신은 나를 죽이려 하겠지. 감히 당신이 이렇게 생명을 갖고 놀았단 말인가?"

자신을 창조한 존재에게서 받은 상처는 크리처를 깊은 고통으로 몰아갔습니다. 크리처는 지금 생명을 함부로 다룬 박사를 꾸짖고 있습니다. 서로 끊을 수 없는 유대를 지녔음에도 자신을 혐오하기에 급급한 박사를 깊이 원망합니다. 이 비극적 만남은 크리처가 이미 자신이 끔찍한 흉물임을 자각하고 난 뒤 이루어졌습니다.

크리처의 독설에는 깊은 자기혐오가 서려 있습니다. 누구라도 자존감을 잃으면 크리처와 같은 자기혐오self-hatred에 빠질 수 있습니다. 자기혐오는 자신을 미워하고 학대하는 심리입니다. 타인의 혐오가 자기혐오를 낳기도 하지만, 대개는 스스로가 행한 타인과의 비교에서 자기혐오는 시작될 때가 많습니다. 타인과 나를 비교하고, 나의 열등함이나 부족함을 부풀릴 때, 자기혐오는 독버섯처럼 자랍니다. 특히나 자신이 인정받고 싶은 대상에게 거부당하거나 부정적으로 받아들여질 때, 자기혐오는 싹트기 쉽습니다. 많은 심리적 문제가 인정받지 못함에서 연원합니다. 악셀 호네트의 인정 이론Axel Honneth's Theory for Recognition은 헤겔의 인정 투쟁Struggle for Recognition 개념에서 발전했습니다. 헤겔은 인정받고자 하는 인간 욕망이 사회문제의 근원이라고 보았습니다. 많은 범죄와 상호 갈등이 인정받지 못함에서 비롯된다는 거죠.

인정은 언제나 인정하는 자와 인정받는 자 사이에서 이루어집니다. 크리처가 끝까지 프랑켄슈타인 박사를 죽이지 못하고 망설이는 것 또한 박사가 자신을 인정해줄 유일한 존재였기 때문입니다. 크리처는 좀처럼 그를 죽이지 못하고 망설이지만, 박사는 끝내 크리처를 인정하려 들지 않습니다. 이 둘의 갈등은 깊고 치명적입니다. 둘은 호네트가 이상적인 상태라고 말한 '상호인정'으로 단 한 걸음도 나아가지 못했습니다. 애초 둘의 관계는 평등하지 않았습니다. 인정해줄 수 있는 권한이 박사에게만 있었기 때문입니다. 상하 관계에서 서로를 인정하기는 어려울 테니까요.

우리는 참으로 인정받기 힘든 세상을 살고 있습니다. 부모조차 자식의 가상한 노력에 눈길을 주지 않는 현실입니다. 작은 선행에도 덕담을 주고받던 일은 옛일이 되었고, 눈이 커질 만큼 큰 성과가 아니라면 누구도 쉽사리 인정을 건네지 않습니다. 서로 혐오하는 기술만을 축적할 뿐, 이해하고 공감하는 방법을 잊어버리고 있습니다. 그러니 생존하기 위해서라도 나를 인정해 줄 이웃을 찾아야만 합니다. 작은 악수에도 환히 웃어줄 누군가가 있어야 나는 살아갈 수 있으니까요.

인정받지 못하는 자의 고통

아이들은 부모에게서 인정받고 싶어합니다. 학생은 선생님에게 인정받고 싶어합니다. 연인은 연인에게 인정받고 싶어합니다. 후배는 선배나 상사에게 인정받고 싶어합니다. 처음부터 자존감이 생길 수는 없습니다. 자존감은 언제나 유능감에서 만들어지고, 유능감은 사람들에게 인정받을 때 자랍니다. 인정받을 수 있는 일을 열심히 해내고 성취를 이룰 때 유능감을 느낄 수 있습니다. 이는 사람 사이에서만 가능한 드라마입니다. 인정하는 자와 인정받고 싶은 자 사이에서 벌어지는 마법입니다. 마법을 일으키기 위해서 인정하는 자는 기준을 적절히 낮추고, 인정받으려는 자는 진심으로 자기 일을 해야 합니다. 하지만 크리처는 인정받고 싶은 존재에게서 결국 인정받지 못합니다. 그것은 가장 큰 비극입니다.

이쯤에서 '크리처'를 '그'라고 불러주면 어떨까요? 그의 존재를 인정하기 위해서 말이죠. 작은 풀 한 포기라도 인정받아야만 살 수 있습니다. 내가 그 존재를 인정해야 그 존재도 나를 보살필 수 있습니다. 이처럼 서로를 보살피는 것이 바로 평화입니다. 특히 상호인정은 내면의 평화를 불러옵니다. 그러니 어떤 상대라도 내가 먼저 인정하려는 노력이 필요합니다.

혹자는 그가 크나큰 죄를 지었기에 영원히 괴물로 남아야 한다고 생각할지 모릅니다. 하지만 '그'가 비록 많은 죄를 저질렀어도 그것은 그의 책임이 아닙니다. 비극의 원인 제공자는 프랑켄슈타인 박사였습니다. 욕망은 윤리를 쉽사리 추월합니다. 사람들이 죄 짓는 가장 큰 이유는 욕망으로 윤리를 짓밟기 때문입니다. 어머니의 죽음을 슬퍼했던 박사는 생명을 창조하고 죽은 자를 되살릴 능력을 갖추고자 열망했습니다. 마침내 타인의 시체를 묘지에서 가져와 찢어 붙여서 새 생명을 창조합니다. 윤리와 법은 저버린 채, 오직 자신의 목적 달성을 위해 질주한 결과, '그'를 세상에 내놓습니다. '그'는 높은 지능에 감정까지 풍부하게 느낄 수 있는 2미터 50센티의 거대한 생명체였습니다. 하지만 박사는 그의 흉한 외모에 경악하고는 "괴물"이라고 내뱉습니다.

"아! 산 사람이라면 그 누구도 그 무시무시한 얼굴을 견딜 수 없었으리라. 미라가 다시 살아나 움직인다 해도 그 괴물처럼 참혹하지는 않았을 것이다. 물론 미완의 상태에서 괴물을 찬찬히

뜯어본 적은 있다. 그때도 흉물이었다. 하지만 그 근육과 관절이 살아 움직이기 시작하자 단테도 상상 못 했을 괴물이 되어버렸다."

'그'가 엄연히 생명과 지성을 지녔음에도 박사는 자신과 공존할 수 없는 존재라고 치부합니다. 여기서 박사의 비인간성이 드러납니다. 과학과 문명은 장난질 칠 뿐 대부분 책임지려 하지 않습니다. 책임지지 않는 문명이나 과학은 야만일 뿐입니다. 그래서일까요? 박사는 그를 무시하고 혐오합니다. 박사에게 '그'는 이방인조차 될 수 없는 하찮은 존재, 그저 숨 쉬는 동물보다 못한 존재에 불과했죠. 더 큰 문제는 박사가 그를 버리고 도망친 사실입니다. 그는 버림받았습니다. 버림받음은 버림이라는 가장 비도덕적인 행위의 결과이며, 상처의 중심을 이루는 사건입니다. 그는 버림받았다는 생각에 절망과 비탄에서 헤어나지 못합니다. 그렇습니다. 그는 태어난 순간부터 창조자에게 버림받은 존재입니다. 그에게 스며든 이 버림받음과 소외감은 그를 뿌리째 뒤흔들어 놓습니다. 사랑의 결핍, 버림받음, 흉한 외모에 대한 절망감, 정체성 갈등 등에 눈뜨면서 그의 고통은 갈수록 심해집니다. 결국, 그는 자신을 낳고 도망친 박사를 증오하며 복수를 위해 박사를 찾아 나섭니다. 급기야 박사의 가족을 하나씩 살해하기에 이릅니다.

인정받지 못한 존재는 살아도 살아 있지 못합니다. 비록 생명을 얻고 연구실을 박차고 빠져나왔지만, 그에게는 자신감도, 아니 자존감도 찾을 수 없었습니다. 자신을 낳은 존재에게 버림받은 사람이라면, 그의 고통을 이해할 것입니다. 애착의 실패, 인정 욕구의 차단, 누구에게도 환대받지 못함, 돌봄과 보살핌의 부재, 긍정적 양육의 결핍 등은 헤어 나오기 힘든 고통이니까요. 상처 입은 자도 끝까지 자신의 생명을 지키기 위해 전력투구합니다. 살려는 의지는 파괴될 수 없는 본성이니까요. 그런데 삶은 생존보다는 공존에 의지합니다. 누군가로부터 인정받아야 하며, 사랑받아야 하는 것이 인생입니다. 그의 딜레마도 여기 있습니다. 생존하고 있지만, 사랑받지 못하는 것, 그것은 그가 끝까지 풀어야 할 숙제였고, 풀지 못한 숙제였습니다.

생존을 위해 당장 그에게는 음식과 쉴 곳이 필요했습니다. 그는 어느 작은 오두막을 발견하고 기뻐하지만, 자신의 괴물 같은 모습을 보고 큰 소리로 비명을 질러대는 양치기와 마주칩니다. 그는 늙은 몸에도 불구하고 상상할 수 없는 속도로 줄행랑을 치지만, 왜 양치기가 그토록 비명을 지르며 미친 듯이 도망쳤는지 완전히 이해하지 못합니다. 그는 자신의 흉측한 모습을 욕하고 두려워하는 사람들을 피해서 숲으로 들어가 숨습니다. 그리고 숲속 오두막집에 도달하는데, 그곳에 사는 어느 가족의 모습을 관찰하게 됩니다. 이제 지성까지 갖추게 된 그는 오두막집 가족이 가난 속에서도 서로를 챙기는 모습에 묘한 감동을 받고, 인간들 사이에 주고받는 사랑과 기쁨, 다정한 돌봄에 사로잡히게 됩니다. 비록 오두막집 가족이 품은 슬픈 내력을 듣고 안타까워하지만, 그들이 서로에게 느끼는 친밀감과 사랑을 그저 한없이 부러워합니다. 자신에게는 없는 사랑이었기 때문입니다.

"그들은 서로 사랑하고 공감했다. 서로를 믿고 의지하는 그들의 기쁨은 쓸쓸한 계절에 사방에서 죽어가는 생명에도 흔들리지 않았다. 이런 그들을 보고 있을수록 보호와 친절을 갈구하는 내 욕망은 커져만 갔다. 내 심장은 사랑스러운 이들에게 존재를 알리고 사랑받고 싶어 애가 달았다. 그 다정한 표정들이 나를 애정으로 바라보는 것이 내 궁극적 야망이 되었다."

삶은 반드시 사랑이어야 합니다. 사랑은 욕망이나 돈 따위가 대체할 수 없는 유일한 소망입니다. 이제 그에게 새로운 야망이 굳건히 자리를 잡습니다. 사랑으로 맺어진 사람들을 바라보며, 자신의 사랑받고 싶은 마음을 실현하는 것, 그래서 마침내 사랑을 이루는 것을 마지막 목적으로 삼습니다. 훗날 그가 박사를 찾아가 자신을 인정해달라고 애원한 것, 그마저 싫다면 여자 크리처를 만들어줄 것을 끝까지 요구한 이유도 바로 이것입니다. 그의 말처럼 사랑만 있다면 인간은 지옥 한가운데서도 기쁨을 얻을 수 있습니다.

진실한 사랑의 가족을 본 그는 사랑이 없다면 자신은 계속 "비참하고 무기력하고 외로울 것"이라고 단정합니다. 더 나아가 생명이 다할 때까지 사랑과 인정을 받기 위해 죽을힘을 다하기로 다짐합니다. 하지만 어떤 이들에게는 쉬운 일이 그에게만은 너무도 어려운 일이었습니다. 세상에는 그처럼 사랑받고 사랑하는 삶이 너무도 어려운 사람들이 존재합니다.

인정을 받는다는 것

아름다움은 잔인합니다. 언제나 추함을 견주어서 존립하기 때문입니다. 추함에 사로잡힌 존재는 그 추함으로 내내 절망과 불행에 시달릴 수밖에 없습니다. 그는 오두막 가족의 아름다운 외모와 물웅덩이에 비친 자신의 흉측한 모습을 비교하며 자신이 끔찍한 괴물이라는 사실을 끝내 자각합니다. 그리고 겁에 질려서 쓰리고 아픈 좌절과 울분의 감정에 휩싸이고 맙니다. 한없이 다정하고 상냥한 그들이라면 생김새의 기형을 눈감아줄지도 모른다고 소망하지만, 그것은 착각일 뿐입니다. 그가 기껏 용기를 내어 그들에게 다가갔건만, 흉측한 외모 때문에 그들에게서도 단칼에 거부당하고 맙니다.

인간이란 추함이라는 한낱 인상에 사로잡혀 혐오를 일삼기 쉬운 존재일까요? 그의 지성과 깊은 심성을 볼 수만 있었다면, 피부를 덮은 추함을 꿰뚫을 지혜만 지녔다면 그들의 선택도 달랐을지 모릅니다. 이로써 그는 벗어날 수 없는 좌절에 빠집니다. 자신의 추함으로 사람들에게 인정받을 수 없다는 것을 절감했으니까요. 딱 한 번, 그에게도 인간의 친절과 인정을 느끼는 순간이 있었습니다. 오두막집 가족의 한 사람인 눈먼 노인의 한마디로 그의 절망감에 한 줄기 빛이 들어왔습니다. 그것은 완전한 경험이었습니다.

"당신의 모습을 보지 못했지만, 당신은 사람들이 생각하는 것 보다 아름답군요."

이 따뜻한 한마디는 그가 생명을 가진 이후, 처음이자 마지막으로 경험한 환대이자 인정이었습니다. 노인의 눈이 멀었기에 진실을 말할 수 있었습니다. 외물에 사로잡히지 않는 것이 진정한 지혜입니다. 눈은 때때로 지혜를 멀게 하니까요. 노인은 마음으로 보았기에 그의 아름다움을 볼 수 있었습니다.

과연 추한 존재는 누구일까요? 박사일까요? 그를 혐오하며 두려워하던 사람들일까요? 얼굴을 찌푸리고 있는 우리 자신일까요? 비록 아픈 경험을 겪을 수밖에 없었지만, 그는 그 가족에게서 어디서도 느껴보지 못한 사랑과 희망, 인간다움을 엿보았습니다. 인간이 되고 싶었던 그는, 절망이 지배하는 가운데서도 사랑과 인정을 위한 갈망을 멈추지 않습니다. 이리저리 떠돌던 그는 프랑켄슈타인 박사의 어린 동생 윌리엄과 마주칩니다.

윌리엄은 참 순수합니다. 혹시나 이 순수한 아이는 있는 그대로 나를 받아주지 않을까 하는 기대를 품지만, 그의 기대는 무참히 꺾이고 맙니다. 윌리엄 역시 그의 추함에 경악하며 "괴물" "흉측한 쓰레기" "인육을 먹는 도깨비" "끔찍하게 못생긴 괴물" 같은 입에 담기 힘든 혐오의 욕설을 퍼부었습니다. 환대받기를 기대했던 그는 윌리엄이 자신을 거부하자, 절망과 분노에 사로잡혀 우발적으로 윌리엄을 살해하고 맙니다. 이후, 그의 타락은 가파르게 질주합니다. 그에게 이제 인간은 더 이상 구원받을 수 있는 대상이 아니라 저주의 희생양으로 보였을 겁니다. 버림받고 상처받은 내면은 점점 흉측한 외모를 닮아갑니다. 그 역시 악의 공모자가 되어버릴 것 같습니다.

그는 진정 악이기를 원했을까요? 그가 바란 것은 악이나 불운이 아니었습니다. 단지 세상 사람들에게 사랑받고 인정받고 싶었을 뿐이었습니다. 하지만 그의 진심은 외면당하고, 그는 소외되었습니다. 칸트는 인간은 "다른 누군가의 영토에 도착할 때 적대적으로 취급받지 않을 이방인의 권리가 있다"고 했습니다. 하지만 이런 당연한 권리임에도 이방인의 방문을 거부하고 배척하는 마음은 갈수록 독버섯처럼 퍼져나갑니다. 이 세상에 처음부터 이방인이지 않은 사람이 없건만, 우리는 조금 먼저 자리 잡음을 무기로 이방인을 배척하고 혐오합니다.

추한 외모까지 가진 그에게는 끝내 환대받을 권리란 쟁취할 수 없는 것이었습니다. 비록 그가 인간으로서 손색없는 지성과 감성을 지녔지만, 추한 피조물인 그에게 환대받음은 절대 허락되지 않을 권리였습니다.

사랑만이 살게 한다

다름과 추함은 그를 구별 짓게 만든 기준이었습니다. 그러나 다름은 실재하지만, 추함은 실재하지 않는 허상입니다. 추한 존재, 틀린 존재는 없습니다. 그저 다른 존재일 따름입니다. 사람들이 그에게 느끼는 추함과 다름은 혐오와 배타심, 나아가 두려움으로 번져나가게 했습니다. 왜 사람들은 다름과 추함에 이토록 집착할까요? 사람들은 즉각적으로 느껴지는 흉측하다는 감각만으로 그를 밀어내고 두려워했습니다(내가 느끼는 혐오와 공포에 현혹될 것이 아니라 그것이 자동 반응의 허상은 아닌지를 꿰뚫어 보면 좋겠습니다).

인간의 본성은 편향과 고집 센 부정성으로 도배되어 있습니다. 이것은 지워야 할 어두운 본능입니다. 어쩌면 악마는 그가 아니라, 그를 창조한 우리 인간들이 아닐까요. 다름의 다른 이름은 다양성이지만, 우리는 말로만 다양성이 중요하다고 외칠 뿐입니다. 현실에서 다름은 편견을 낳고, 그 편견은 다시 차별과 혐오를 일으키곤 합니다. 이런 세상 속에서 다름과 추함으로 소외당한 그는 인간성을 질타하고, 악마는 자신이 아닌 세상 인간들이라고 외칩니다.

> "정말로 인간이란 그토록 강력하고 그토록 덕스럽고 동시에 그토록 사악하고 천박하단 말인가? 인간은 어떤 때는 온갖 사악한 원칙들을 이어받은 후계자에 불과해 보이다가, 또 어떤 때는 고귀하고 신성한 특질을 한 몸에 체현한 듯했다."

그는 아름다움의 반대편에 있는 추함과 이질성도 알아차립니다. 그리하여 자신이 (인간의 관점에서) 100퍼센트 추하고 이질적인 존재임을 이해합니다. 투명한 물웅덩이에 비친 자신을 보고 엄청난 두려움을 느꼈고, 물에 비친 상이 자신이라는 걸 믿을 수가 없었습니다. 그의 슬픔과 혼란은 더 커졌고, 정체성에 대한 의심도 깊어졌습니다. 비록 자신이 추한 존재로 구별된다는 사실을 깨달았지만, 그는 아름다움과 추함이 지닌 허상을 끝내 간파하지는

[일곱 번째 세션]

못합니다.

그럼에도 그는 끊임없이 자기 존재의 의미를 묻습니다. "나는 누구일까? 어디서 왔을까? 내 목적지는 어디일까?" 하지만 이런 고민의 기저에 사랑과 인정이 없다면, 고민은 더 나아가지 못합니다. 그를 아끼고 반기는 단 한 존재라도 있었다면 결과는 달랐겠지요. 그는 차츰 자기 상실로 치달리고 맙니다. 그가 사람의 본성에 도사리고 있는 악의 감정을 경험할수록 그의 상실감은 깊어졌습니다. 날카롭던 이성과 분별력도 차차 무뎌졌습니다. 마치 사랑받지 못한 천재의 결말을 보는 듯합니다. 나중에는 사람을 죽이고도 아무것도 느낄 수 없는 지경에 이릅니다. 그의 악마성은 어쩌면 우리의 자화상이 아닐까요? 일상 곳곳에서 우리는 그 악마성을 쉬이 만날 수 있습니다. 어느덧 우리가 발 디딘 이곳도 사랑하기보다는 혐오하기를 즐깁니다. 익명에 숨어 남의 작은 실수나 차이를 비난하는 혐오 중독자가 되어가고 있습니다.

그는 환대받지 못한 존재의 슬픔을 고스란히 보여줍니다. 그 무한 슬픔은 곧 자기 상실에 따른 악마적 파멸로 그를 이끕니다. 그는 이를 "앎과 함께 슬픔이 커져만 가는 것"이라고 한탄합니다. 환대받지 못한 자의 우울은 결국 그가 말한 "내 죽음을 슬퍼할 사람 하나 없었다"라는 비관적 탄식을 낳습니다. 그럼에도 그는 여전히 '사랑'을 애타게 원했습니다. 사랑을 획득할 방법을 궁리하다 프랑켄슈타인 박사에게 찾아가 자신의 짝이 되어줄 여자 크리처를 요구합니다. 그것만이 유일한 희망이었습니다. 그의 설득과 협박에 박사는 마지못해 다시 시체 조각을 모아 여자 크리처를 만들기 시작합니다. 하지만 그것이 또 다른 재앙이 되지 않을까 하는 두려움이 점차 커집니다. 박사는 결국 여자 크리처를 갈기갈기 찢어버립니다. "흉측한 그를 사랑할지" "자기 존재를 탄식하고 절망하지는 않을지" "또 그들이 자식을 낳는다면 얼마나 끔찍한 일이 벌어질지" 등 암울한 상상이 꼬리에 꼬리를 물면서 박사를 집어삼켰기 때문입니다. 비로소 박사의 내면에도 미약하게나마 도덕성이 꿈틀거리기 시작한 겁니다.

하지만 여자 크리처가 없는 세상은 그가 도저히 살아갈 수 없습니다. 이제 끔찍한 절망과 분노에 사로잡힌 그는 창조주를 죽일 만큼 격정으로 치닫습니다. 그리고 박사의 연인과 친구, 아버지를 차례로 살해합니다. 박사도 그를 죽이고자 북극으로 향하지만, 서로를 향해 대치한 끝에 박사는 그의 손에 죽고 맙니다. 자신의 창조주를 죽인 그는 박사와 인간 모두를 향해 이렇게 항변합니다.

"여전히 사랑과 우정을 갈구했지만 계속 거절당했다. 그런데 이것이 부당하지 않은가? 전 인류가 내게 죄를 지었는데, 나만 유일한 범죄자라는 멍에를 써야 하는가?"

그의 마지막 선택은 한 번도 사랑받지 못한 자의 피할 수 없는 선택이었습니다. 그는 특별하고 어려운 걸 바라지 않았습니다. 어떻게든 그의 힘으로는 바꿀 수 없는 외모를 빼고 말이죠. 그가 끝까지 갈망했던 것은 사랑과 우정, 따뜻한 환대였습니다. 하지만 사람들은 외모만으로 쉽게 그를 판단해 외면했고, 그는 내면마저

[일곱 번째 세션]

괴물이 되고 말았습니다. 그를 괴물로 만든 것은 결국 사람들 마음속에 도사린 편견과 배타성이었습니다. 박사를 죽인 그는 창조주를 죽였다는 사실에 절망하고, 지난 일들을 떠올리다가 끝내 자살을 택합니다. 단 한 사람에게도 환대받지 못한 그는 "죽음은 자신에게 남은 유일한 위로"라는 말을 남기고 세상과 인연을 끊습니다.

비극적으로 살다 간 '그'는 사랑과 인정이 지닌 지고의 가치를 반전 거울처럼 증명합니다. 아무도 나를 있는 그대로 받아주지 않는다면 삶을 살아내기 힘듭니다. 사랑과 우정이 없는 삶이란 살아도 산 것이 아닙니다. 반대로 단 하나의 다정한 환대가 있어도 삶은 견딜 만합니다. **오직 사랑과 우정의 기억만이 우리를 살게 합니다.** 사람은 저마다의 이유로 불행하지만, 이 진실 하나만은 변함없이 우리를 행복하게 합니다. 그것은 '사랑하고 사랑받는 존재'가 되는 것입니다.

숨기고 싶은 모습이 있을 때

헤르만 헤세의 《데미안》, 그림자에 대하여

"나는 오로지 내 안에서 저절로 우러나오는 것에 따라
살아가려고 했을 뿐, 그것이 어째서 그리도 어려웠을까?"

"걸보기에 저는 에너지 넘치고 능력 있는 사람으로 보입니다.
회사에서 좋은 성과를 내고, 친구들 사이에서도
리더 역할을 자주 맡습니다. 걸으로는 자신감이 넘치고
모든 일을 잘 해내는 사람처럼 보일지도 모릅니다.
하지만 제게는 다른 이들이 보지 못하는 모습이 있어요.
불안하고 자신감이 없으며, 실수하지 않아야 한다는 압박감에
시달리는 모습이죠. 하지만 사람들이 나에게 실망할까 봐,
혹은 내가 약해 보일까 봐 그런 모습을 숨기고만 있습니다."

내 안의 타인들

내 안에는 나도 싫은 모습이 있습니다. 하지만 그 모습을 잘 아는 사람은 드뭅니다. 그 모습이 자신의 그림자 속에 숨어 있기 때문입니다. 심리학자 융은 의식이 알 수 없는 무의식적 이면을 '그림자shadow'라고 했습니다. 내 안에 저장된 본능적인 부분, 정신의 폭풍과도 같은 은둔자가 그림자입니다.

상담에서 자주 쓰이는 직면confrontation은 대개 자기 그림자를 알아차리기 위함입니다. 내면 깊이 숨죽인 그림자는 가면 뒤에서 모습을 드러내지 않아서 그것을 알아차리는 일은 늘 어렵습니다. 그림자 역시 나의 일부지만, 마치 타인 같습니다. 알 수 없으니 다스릴 수 없고, 다스릴 수 없으니 그림자의 난동 앞에도 속수무책일 때가 많습니다.

그래서 우리는 그림자로 인해 고통을 받습니다. 그림자라는 내 안의 다른 '나'로 인해 삶이 고통받을 수밖에 없지요. 마음이 위태로울 때, 우울과 불안이 밀려들 때, 무의식이 갈수록 소란스럽고 거대해지는 것을 느낄 수 있습니다. 무의식은 성난 코끼리처럼 의식 아래 버티고 서 마음을 흔들어 댑니다. 문득 정신을 차렸을 때 이미 코끼리가 모든 걸 쑥대밭으로 만든 뒤일 때가 많습니다. 그림자의 난동이 없다면 인생이라는 고통도 한결 견딜 만한 것이 되겠지요. **자기를 모른다는 말은 자기 그림자를 모른다는 말이기도 합니다.** 자기 그림자를 모르니, 자기를 알 수 없겠죠. 그래서 우리는 그림자와 직면해야 합니다. 그러지 않으면 영영 나를 알지 못한 채 생을 마쳐야 할 테니까요.

어떻게 그림자를 만날 수 있을까요? 좋은 방법이 있습니다.《데미안》의 주인공 싱클레어가 자신의 그림자를 용기 있게 대면하는 여정을 지켜보는 겁니다. 그는 연주자이자 목사인 피스토리우스에게서 내면을 보는 법을 배웠습니다. 피스토리우스는 싱클레어에게 그림자를 알고 싶다면 자신이 지금 누구를 미워하는지 보라고 했습니다.

"우리가 어떤 인간을 증오할 때 우리는 그의 모습 속에서 우리 안에 들어 있는 무엇을 찾아내어 증오하는 것일 뿐이오. 우리 내부에 없는 것은 우리를 절대 분노하게 하지 않소."

피스토리우스는 싱클레어에게 너의 증오를 통해 그림자를 직면하라고 했습니다. 한계를 가진 인간은 자기 안에 존재하지 않은 것을 미워할 수 없고, 그래서 지금 누군가 미워하고 있다면, 미움의 대상이 자기 그림자의 영상이라는 겁니다. 미운 그 사람이 내 그림자를 꼭 빼닮았습니다. 그림자는 꿈이나 말실수, 솟구치는 감정을 통해 드러나지만, 그림자가 가장 잘 드러날 때는 불편한 누군가를 마주할 때입니다. 그러니 불편한 사람을 만나야 그림자를 만날 수 있고, 그 사람을 섬세하게 관찰할 때 그림자를 이해할 수 있겠죠.

싱클레어는 영혼의 단짝 데미안을 통해 자기 그림자를 발견하고, 자기에게로 가는 길을 찾을 수 있었습니다. 《데미안》의 처음은 자아의 감옥에 단단히 갇힌 순진한 싱클레어를 보여줍니다. 싱클레어는 처음으로 영혼의 감옥 같은 아버지의 세계에서 벗어나기 위해 몸부림을 칩니다.

> "그것은 아버지의 신성함에 그어진 첫 칼자국이었다. 내 유년 생활을 떠받치고 있는, 그리고 누구든 자신이 되기 전에 깨뜨려야 하는 큰 기둥에 그어진 첫 칼자국이었다. 우리 운명의 내면적이고 본질적인 선線은 아무도 보지 못한 이런 체험들로 이루어진다. 그런 칼자국과 균열은 다시 늘어난다. 그것들은 치료되고 잊히지만 가장 비밀스러운 방 안에서 살아 있으며 계속 피 흘린다."

아이들은 그림자를 까마득히 잊은 채 유년을 보냅니다. 그것은 동화 같은 삶이지만, 진실한 삶은 아닙니다. 엄격한 부모는 아이가 그림자를 볼 수 없게 훼방을 놓습니다. 이렇게 규율과 훈육에 시달리는 아이는 그림자를 볼 기회를 좀처럼 얻지 못합니다. 하지만 언젠가 아이는 독립을 원할 테고, 그때 비로소 보지 못했던 내 안의 심연을 마주하게 됩니다. 그러니, 아버지의 세계에서 벗어나는 것을 두려워할 필요가 없습니다. 마치 먼 길을 찾아온 손님처럼 아버지를 대할 때, 자신의 그림자와도 만날 수 있습니다.

주인공 싱클레어는 의식의 문이 열리며 처음 무의식의 표면과 그 안감을 느낄 수 있었습니다. 그 순간은 두렵지만, 환희의 순간입니다. 그는 무의식을 둘러싼 막이 찢어져 의식으로 삐져나온 것을 발견합니다. 그렇게 무의식이 의식 아래에 비밀스레 쌓여 있음을 알아차립니다. 하지만 이 두 경계에서 그는 혼란을 느끼며, 알 수 없는 그것을 "두 번째 세계"로 칭합니다. 아버지가 만든 정결하고 정돈된 세계, 규범적 세계에 머물러 있던 싱클레어는 아버지의 집 밖에, 그리고 내 안에 존재하는 다른 세계, 이 두 번째 세계에 조금씩 매력을 느낍니다. 정확히는 내 안에 이미 건설된 그 세계에 끌리는 마음을 느낀 것이죠. 내 안의 무엇이 그 낯설고 무시무시한 세계에 끌린 걸까요? 그것은 내 안에 그 세계를 닮은 마음이 존재한다는 증거입니다. 나의 일부이면서도 나와는 다른 내 안의 타인, 무의식은 이렇게 이율배반적이지만 눈이 동그래질 만큼 매력적입니다. 문득, 이런 의문도 듭니다. 왜 굳이 힘들게 무의식을 만나야 할까? 헤세는 그 이유로 인간이라면 누구나 꼭 해야 할 일임을 서문에서 밝혔습니다.

"만약 우리가 이제 더 이상 단 한 번뿐인 소중한 목숨이 아니라면, 우리 하나하나를 총알 하나로 정말로 완전히 세상에서 없애 버릴 수도 있다면, 이런저런 이야기를 쓴다는 것도 아무런 의미가 없으리라. 그러나 한 사람 한 사람은 그저 그 자신일 뿐만 아

니라 일회적이고 아주 특별하고, 어떤 경우에도 중요하며 주목
할 만한 존재이다."

인간은 태어난 순간부터 존귀합니다. 나는 누군가에 의해 탕진
될 가치 없는 존재가 아닙니다. 나라는 존재는 헤아릴 수 없이 귀
합니다. 헤세의 말처럼 나는 특별하며 "주목할 만한 존재"입니다.
그러니 다시 자기 자신을 주인공으로 세워야 합니다. SNS 너머 자
기가 주인이라고 으스대는 타인의 사생활을 엿볼 이유가 없습니
다. 그런 소음은 차단한 채, 한 번뿐인 생을 나답게 사는 일에 헌신
해야 합니다. 그러기 위해 가장 먼저 해야 할 일은 나의 심연을 이
해하는 것입니다. 헤세는 나를 제대로 아는 것을 '자기에게로 가
는 길'이라고 명명했습니다. 자, 이제 자기에게로 이르는 길에 나
선 주인공 싱클레어를 따라가 볼까요?

또 다른 세계를 보았다!

《데미안》의 주인공 싱클레어는 이른바 모범생이었습니다. 그러
던 어느 날, 아버지가 있는 "집의 세계"와 완전히 다른 세계가 존
재함을 깨닫습니다. 또 다른 세계에 눈뜨는 것은 알을 깨고 나오
는 일과 같습니다. 껍데기를 벗고서 만난 새로운 세계는 어쩔 수
없이 방황을 선사하기도 합니다. 싱클레어에겐 그랬습니다. 이전
까지 아버지의 집은 이른바 흠 없는 세계였습니다. 지금껏 싱클레

어는 "인생이 맑고 깨끗하고, 아름답고, 정돈되어 있으려면 그 세계를 향해 있어야" 한다는 말을 들으며 자랐습니다. 하지만 그 세계는 단지 의식의 피사체를 드러낼 뿐, 자신의 결점은 드러내지 않는 거짓의 세계였습니다.

알을 깨고 나온 싱클레어에게 아버지의 말은 의뭉스럽습니다. 노랫말처럼 "내 속엔 내가 너무도 많"고, 자기 안에는 더 많은 것, 더 많은 감정과 욕망과 꿈이 존재하는 것을 알았기 때문입니다. 그가 새롭게 만난 세계는 아버지의 집과는 모든 게 달랐습니다. 냄새도 달랐고, 말도 달랐으며, 약속하고 요구하는 것까지 모두 달랐습니다.

"두 번째 세계 속에는 하녀들과 직공들이 있고 유령 이야기들과 스캔들이 있었다. 무시무시하고, 유혹하는, 무섭고 수수께끼 같은 물건들, 도살장과 감옥, 술에 취한 사람들과 악쓰는 여자들, 새끼 낳는 암소와 쓰러진 말들, 강도의 침입, 살인, 자살 같은 일들이 있었다."

사람들이 자기 그림자를 외면하는 이유는 이처럼 무섭고 지저분하기 때문입니다. 하지만 그 세계는 내 안에도 이미 실재합니다. 그 세계는 결국 만나고 마는 세상입니다. 부모가 설명하던 것과 다른 그 세계를 만났을 때, 누구나 충격을 느낍니다. 부모는 정돈된 세계만을 알려주었지만, 세상에서 내가 처음 마주하는 세계는 아무것도 정해지지 않은 혼돈 그 자체이기 때문입니다. 그곳에는 "하녀들과 직공들"이 있고, "유령 이야기들과 스캔들"이 넘칩니다. 또, 무시무시하고, 유혹하는 무섭고 수수께끼 같은 물건들, 도살장과 감옥, 술에 취하거나 악쓰는 사람들, 강도의 침입, 살인, 자살 같은 한 번도 들어보지 못한 일들이 어지러이 산재합니다.

이 두 번째 세계가 싱클레어에게는 너무 유혹적으로 다가왔습니다. 아버지의 집과 두 번째 세계는 닿아 있었지만, 완전히 달랐습니다. 아버지의 집이 의식의 얼굴이라면 두 번째 세계는 무의식의 자취였습니다. 아버지가 강요한 생기 잃은 도덕의 굴레에서 힘겨워하던 싱클레어는 두 번째 세계를 만나면서 알 수 없는 충동과 욕망이 들끓어 오르는 걸 느꼈지만 동시에 괴로움도 느낍니다. 날것 그대로의 세계가 주는 매혹을 느끼면서 동시에 죄책감도 느꼈으니까요.

사실 싱클레어는 "인생에서의 내 목표가 아버지, 어머니처럼 되는 것. 그렇게 밝고 맑게, 그렇게 뛰어나고 단정하게 되는 것"이라고 생각할 때마다 괴로웠습니다. 거기까지 이르는 길이 너무 멀기 때문이었습니다. 그것은 힘겹게 대학까지 마쳐야 겨우 시작할 수 있는 일이었고, 온갖 시험을 치러야만 하는 멀고 지루한 길이었습니다. 싱클레어의 마음은 이미 그런 모범생의 길이 아닌 "악당들과 탕아들"의 이야기나 "어두운 세계에 훨씬 더 가까이" 다가서 있었기 때문입니다. 그 어두운 세계가 좀 더 자신과 닮았음을 느끼기 시작한 거죠. 자기 안의 악을 만나지 못한 사람은 현명한 사람이 될 수 없습니다. 그래서 사유와 상상만으로 깨달음을 얻었다고 주장하는 것은 대부분 거짓에 가깝습니다. 이면의 진실을 엿보면서 싱클레어는 이제 온몸으로 타락해 보기로 합니다. 그즈음 싱클레어는 자기 깊은 곳에 도사린 무의식을 마주하면서 불안이 더 커졌고, 그로 인해 자아 상실에 시달렸습니다(자기실현은 언제나 자아 상실과 자아 붕괴 이후에 찾아온다는 사실을 기억해 주세요).

그렇습니다. 내면을 탐색하는 일은 그 자체로 두렵습니다. 하지만 모든 두려움이 나쁜 징조는 아닙니다. 철학자 하이데거는 불안과 공포를 구별합니다. 불안이 존재를 느끼게 하는 에너지라면, 공포는 그저 겁에 질려버려 옴짝달싹 못 하는 상태입니다. 진실한 자기를 만날 때도 불안은 반드시 찾아옵니다. 왜 그럴까요? 지금까지 살아온 가면을 벗어 깨뜨려야 하기 때문입니다. 지금껏 살아왔던 모든 방식을 포기하고, 겨우 쌓아놓은 나 자신에 관한 고정관념까지 깨뜨려야 하니까요. 싱클레어가 불안한 이유도 그 때문이죠.

"이제 더는 어린아이가 아닌 아이의 이중생활을 영위했다. 내 의식은 집안의 허용된 세계 속에 살았으며, 어렴풋이 솟아오르는 새로운 세계는 부정했다. 그러나 동시에 나는 꿈, 충동, 은밀한 소망들 속에서 살았다. 그 위에서 저 의식적 삶이 만드는 다리는 점점 더 불안해졌다. 내 속에서 유년의 세계가 붕괴하고 있었기 때문이다."

자아가 무너지더라도 슬퍼하지 말기 바랍니다. 무너진 그 자리에 새로운 자아가 솟아오를 테니까요. 하나 잊지 말아야 하는 건

"어렴풋이 솟아오르는 새로운 세계는 부정"해서는 안 된다는 사실입니다. 아이에서 어른이 될 때, 우리는 누구나 불안합니다. 유년의 세계가 붕괴하는 고통은 참으로 크고 아팠습니다. 죽음까지 생각하게 하는 고통입니다. 하지만 나는 어른이 되어야 하고, 불안은 그 과정에서 성장통처럼 다가옵니다. **이 불안은 내가 어른이 되어가는 동력이자 커다란 지진입니다.** 처음 부모나 사회가 주입한 조립된 자아의 교각은 끝내 허물어지고 맙니다. 아직 무너지지 않았다면 나 스스로 그 교각을 뒤흔들어야 합니다. 처음 큰 지진이 일어날 때 교각에는 균열이 생깁니다. 그 균열은 차츰 커지고, 어느 순간 다리는 완전히 붕괴합니다. 지진이 생기고, 다리가 완전히 무너질 때까지 내내 불안에 시달리겠죠. 그 후로도 과도기는 오래 이어질 수 있습니다. 우리는 아이와 어른 사이에서, 깨닫기 전과 깨달은 후 사이에서, 자기를 외면하는 시기와 자기에게로 다가서는 시간 사이에서 이중생활을 할 수밖에 없습니다. 그 시간은 하나의 자아 탑이 붕괴하고 새로운 자아 탑이 치솟는 과도기입니다. 가장 높은 산맥을 오를 때, 당신은 가장 불안할 겁니다. 하지만 기억하면 좋겠습니다. 가장 불안할 때가 가장 기뻐해야 하는 때라는 것을.

내 안의 '악'과 대면하다

두 번째 세계와의 만남에는 우연한 계기가 따르기 마련입니다.

싱클레어에게 처음 무의식의 세계를 경험하게 한 것은 악당 크로머였습니다. 그는 순수한 악의 얼굴을 하고 싱클레어를 괴롭히면서 악을 제대로 맛보게 했습니다. 자신도 모르게 크로머의 악에 끌린 싱클레어는 사과를 훔쳤다는 허풍을 떨었고, 그것이 크로머에게 약점으로 잡힙니다. 이 일로 크로머에게 2마르크를 가져오라는 협박에 시달린 싱클레어는 생애 처음 자기 안의 악과 대면할 수 있었습니다.

누구라도 싱클레어처럼 내 안에 악도 존재함을 알아차렸을 때, 놀라고 실망합니다. 하지만 해결책은 죄책감이 아니라 긍정적 수용입니다. 그 누구도 무결점의 신이 아닙니다. 신마저도 질투하고 미워합니다. 그러니 죄의식에 시달릴 이유가 없습니다. 내 안의 악을 목격하더라도 너무 놀라지 말고, 악 또한 나의 일부임을 인정하면 됩니다.

악과의 대면으로 괴로울 때 영혼의 벗, 데미안이 나타나 싱클레어를 구합니다. 싱클레어는 데미안 덕분에 일시에 악이 사라지는 경험을 하지만 이는 임시적일 뿐입니다. 데미안은 "누군가가 두렵다는 건, 나를 다스리는 힘을 타인에게 맡겨 버렸기" 때문임을 알려줍니다. 그렇습니다. 무서운 사람이란 없습니다. 내가 그저 무서움을 느낄 뿐입니다. 만약 누군가 두렵다면 그의 심리적 노예로 지내는 건, 아닌지 의심할 필요가 있습니다. 순수 악은 그저 나의 두려움이 만든 공기인형일 때가 대부분입니다. 진실을 직면하는 과정에서 가짜 두려움도 종종 느끼게 됩니다. 그런 착각 감정은 자기에 대한 무지가 깊을수록 더 자주 겪게 됩니다. 자신의 두려움이 가짜임을 알았다면, 이제부터 용기 있는 첫걸음을 뗄 수 있어야 합니다. 새롭게 "태어나려고 하는 자는 하나의 세계를 파괴하지 않으면" 안 되는 거죠. 이제 싱클레어는 진정한 자기 자신이 되기 위해서 자신이 먼저 파괴되지 않으면 안 된다는 사실을 이해하게 되었습니다. 그렇다면 어떻게 나 자신을 파괴해야 할까요?

자, 다시 불안으로 들어가 보죠. 불안은 싱클레어에게 자기와 만나는 계기가 되었습니다. 가짜 두려움이 아닌 진짜 두려움과 마주하며 싱클레어는 좀 더 독립적인 존재가 될 준비를 시작합니다. 하지만 데미안이 싱클레어를 인도한 곳은 예전의 '착함'과 '맑음'만 있는 세계가 아니었죠. 그것은 선과 악, 이성과 감성, 남성과 여성이 공존하는 전체의 의식, 바로 통합된 세계였습니다. 진짜 세계라고 할 수 있는 곳이었죠. 데미안은 싱클레어에게 말합니다. 자신은 죄를 뉘우치고 개종한 죄수보다 자신의 죄를 묵묵히 받아들인 죄수를 친구로 삼을 것이라고. 앞서 말한 대로 이는 자기 안의 악을 이해하고 받아들이는 사람이 승리자라는 의미입니다.

또, 그 죄수가 '카인의 후예'였음을 알려줍니다. 자신도 그런 '카인의 표적'을 지녔고, 싱클레어 역시 자신이 그런 사람임을 알아야 한다고 했습니다. 이에 싱클레어는 "내가 가장 관심 있는 것은 자아에 도달하기 위해 걸었던 발자취뿐"이라고 말할 수 있었습니다. 드디어 싱클레어는 두려움 대신 용기를 내어보기로 결심한 거죠. 이제 싱클레어는 다시는 아버지의 세계로 돌아가지 않겠다고 다짐합니다. 자아에 도달하기 위해 필요한 건 오직 용기뿐입니다. 싱클레어의 인도자, 데미안은 우물쭈물하는 그를 위해 악과 마주하는 걸 절대 두려워하지 말 것을 당부합니다. "세상의 절반인 다른 부분이 통째로 숨겨지고 묵살되고 있는" 이유는 사람들이 "이 다른 세계를 악마적인 것으로 취급하기 때문"이라고 말하면서요.

누가 그것에 악이라는 허명을 갖다 붙였을까요? 음험한 존재들은 지극히 중립적인 대상조차 편 가르기나 자기 이득을 위해 악이라고 명명하기를 즐깁니다. 또, 선량한 당신을 노예로 삼기 위해서도 악이라는 이름을 남발할지 모르죠. 가령 게으름을 종종 "악"이라고 말합니다. 하지만 현자들은 그것을 창조와 사랑의 원천이라고 강조합니다. 따라서 악이 존재하는 것이 아니라, 어떤 자들이 악이라 명명한 것인지 의심해볼 수 있습니다.

데미안은 지금까지 카인처럼 개성을 지닌 사람은 늘 핍박 받아왔고, 아벨을 죽인 카인 역시 개성과 용기를 지닌 존재였다고 말합니다. 따라서 카인의 표적을 지닌 사람이란 내면에 들어가 자신만의 길을 탐색하고, 또 그 길을 걷는 사람, 자기를 발견한 진정으로 용기 있는 사람이라고 강조했습니다. 하지만 이전까지 아버지 말만 믿고 살아온 싱클레어는 그 비밀을 알고 충격을 받고 혼란에 빠져듭니다. 여전히 아버지의 규범적 세계에서 벗어나지 못한 채 이중생활만 하는 그로서는 데미안의 말에 저항하며 또다시 허우적거릴 수밖에 없었습니다. 그러던 어느 날, 길에서 데미안을 만나고 싱클레어의 마음이 다시 요동칩니다. 데미안이 그 무엇과도 비교할 수 없는 생명력 넘치는 사람으로 보였기 때문입니다. 싱클레어는 전율을 느끼며 데미안이 "완전히 자기 속으로 들어가 버렸음"을 깨닫습니다. 자신이 그토록 닮고 싶은 모습은 바로 데미안이었습니다. 이제 싱클레어도 깨달음의 문턱에 설 수 있었습니다. 지금껏 아름답다고 여겼던 자신의 유년이 폐허에 지나지 않음을 말이죠. 그에게 돌아갈 아버지의 세계는 사라졌습니다. 이제 싱클레어에게 마침내 진짜 '자기'를 만날 순간이 다가옵니다.

"그리고 나무 속에서는 생명이 천천히 가장 좁은 곳, 가장 내면으로 되들어 간다. 나무가 죽은 것은 아니다. 기다리는 것이다."

'자아'의 세계에서 '자기'의 세계로

소설의 제목 '데미안'은 악마를 뜻하는 독일어 '데몬Dämon'을 떠올리게 합니다. 헤세의 책은 나치 시절 모두 금서가 됩니다. 순수 악에 가까운 나치가 《데미안》을 금서로 정한 까닭은 그의 책들이 개성적 존재가 되는 길을 알려주는 이정표들이었기 때문입니다. 집단이 지배하는 사회에서 개성은 가장 두려운 능력이자 본성입니다. 한 사람 한 사람이 개성적 존재로 깨어날 때 집단주의는 붕괴하고 맙니다. 편 가르기를 즐기는 사회는 개성이 바스러진 지옥일 뿐이죠. 아이러니하게도 나치는 자신들이 순수 선이라고 확신했습니다. 유럽인 수백만 명, 혹은 그 이상이 이를 신봉했습니다. 수천만 명이 이에 동조했고, 그래서 수백, 수천만 명을 살해할 수 있었습니다. 인간이 지옥인 이유가 여기 있습니다.

대개의 우리는 자기 안의 악을 대면하지 못합니다(그래서 용기가 필요하죠). 내 안의 악이라고 여겨지는 것도 '자기'의 일부입니다. 그런 까닭에 '어둠의 자기'도 기꺼이 받아들여야 합니다. 싱클레어가 늘 두렵고 괴로웠던 이유 역시 어둠의 자기를 받아들이기를 거부해왔기 때문입니다. 착한 아이는 자신 안에 있는 악한 내면을 목격하면 상처와 충격에 빠지곤 합니다. 악으로 이끌리는 자신을 비난하고, 죄책감에 시달리기도 하죠.

하지만 내 안에는 엄연히 부정적인 것도 존재합니다. 탐욕이나 집착, 시기, 질투 같은 감정은 우연히 나타난 게 아니라 자신이 느끼는 본능의 부분이며, 내 안의 악과 연결된 경우가 많습니다. 나아가 공격성이나 충동성, 배반 심리 등도 타인을 해치는 근원이 됩니다. 그 역시 내 일부임을 받아들일 때 자기실현의 출구를 만날 수 있습니다. 그 악은 받아들여야 할 자기의 일부입니다. 이때의 받아들임(수용)은 일탈이나 타락이 아닌, 완전한 자기를 만나고 분열된 자아를 하나로 융합하는 해결의 시작점입니다.

심리학자 칼 융에 따르면 인간 정신은 의식과 무의식, 두 차원으로 구성됩니다. 이때 의식의 한가운데를 차지하는 것이 '자아'이고, 무의식의 중심에는 '자기'가 있습니다. 융은 성숙한 인간이란 자기Self라는 무의식의 세계를 받아들여 의식Ego, 자아의 세계와 통합하는 '자기실현'을 달성한 자라고 했습니다. 세상에 태어나면 나의 자아는 사회와 가족, 타인에 의해 '밝은 면'이 먼저 조립됩니다. 물론 어른들은 아이가 밝게 자라기만을 바랍니다. 그런 까닭에 자아는 '진정한 나'로서는 부족할뿐더러 생생한 나를 느끼기도 힘듭니다. 자기(무의식의 세계) 것을 자기 것이 아니라고 배척해왔기 때문입니다. 싱클레어도 타인이 조각한 자아 안에서 늘 답답함을 느꼈고, 아버지의 규율을 어길 때마다 죄책감에 시달렸습니다. 조작된 자아가 주는 갑갑함은 생의 중대한 고통이며, 이를 떨쳐내는 게 생의 과제가 됩니다. 따라서 온전한 '나'로서 살아가기 위해서는 '자아'의 세계를 넘어 '자기'의 세계로 들어서야 합니다. 헤세는 이를 서문에 이렇게 밝히고 있습니다.

> "한 사람 한 사람의 삶은 자기 자신에게로 이르는 길이다. 길의 추구, 오솔길의 암시다. 일찍이 그 어떤 사람도 완전히 자기 자신이 되어본 적은 없었다. 그럼에도 누구나 자기 자신이 되려고 노력한다."

자기 자신이 되는 일은 목적지가 아니라 여정입니다. 그 길은 분명히 있으나 찾기 어렵고, 그래서 우리에게는 길을 찾고자 하는 추구심이 필요합니다. 융은 대부분의 사람이 거짓의 가면을 쓴 채로 살다가 생을 마친다고 했습니다. 그래서 '천 개의 가면'을 벗고 진짜 자기를 만날 것을 강조합니다. 천 개의 가면을 모두 벗는다는 것은 끝없는 길이며, 아직도 가야 할 길입니다. 삶의 목적지가 아니라 여정인 거죠. 싱클레어는 그런 면에서 아버지가 씌어놓은 여러 겹의 가면을 벗고, 진실한 자기를 만나고 싶어 하는 '생의 모험가'라고 할 수 있습니다.

아이의 세계에서 어른의 세계로

    사춘기에 접어든 싱클레어는 성적 충동에 시달리며 자기 안의 무의식과 본능의 세계와 대면합니다. 이때 "비참의 한가운데서 해방이자 봄 같은 그 무엇"을 느꼈습니다. 그것은 지옥이자 천국이었습니다. 어두운 쾌락을 느끼며 방황하던 싱클레어는 새 학교에서 만난 알폰소 벡의 꾐으로 타락과 향락을 경험합니다. 벡을 따라 술집을 드나들면서 어느새 "어린애가 아닌 주모자"이자 "대담무쌍한 술집 출입객"이 되었습니다. 이런 고통을 겪는 것에서 뜻밖의 쾌감을 경험하며, 자신의 감정, 갇혀 있던 불꽃, 심장이 경련하는 것을 온전히 느꼈기 때문입니다. 사람들이 악이라고 규정했던 것이 오히려 생명의 꿈틀거림이었음을 깨닫게 됩니다.

    금기된 것들을 하나씩 깨뜨리며 어두운 세계를 탐닉하던 싱클레어는 "쾌락과 죄악감" "소외감"을 경험하고, 다시 혼란에 빠집니다. 선에서 악으로, 악에서 다시 선으로 진자운동을 반복했던 거죠. 그는 변증법에 올라탄 미친 사람처럼 춤을 췄습니다. 어느 순간, 싱클레어는 자신이 "더 이상 좋은 학생이 아니"라고, "추하고 더러운 길을 쉬지 않고 고통당하며 기어가고" 있다고 느꼈습니다. 곧이어 지난 일을 후회하며 자신에게 "심한 구역질과 분노를" 느꼈습니다. 자신이 진정 바라는 자기 모습이 아니었기 때문입니다.

    이때 운명처럼 찾아온 존재가 베아트리체였습니다. 베아트리체는 그에게 "드높은 영상"을 보여주었고, 그를 다시 "밝음으로" 이끌었습니다. 그를 "술집 출입과 밤에 나돌아다니는 일로부터" 멀어지게 하는 등 새로운 변화를 이끌었죠. 그간의 방황을 접고, 어둠의 세계에서 빠져나오려고 발버둥 치던 어느 날, 싱클레어는 베아트리체의 초상화를 그렸습니다. 그런데 놀랍게도 초상화에서 데미안의 모습이 나오는 게 아닙니까. 그 모습은 여성과 남성이 한데 합쳐진 새로운 형상을 하고 있었습니다. 놀란 싱클레어는 이 그림을 편지에 동봉해 데미안에게 보내는데, 데미안은 싱클레어에게 의미심장한 답장을 보냅니다.

"새는 알을 뚫고 나오기 위해 싸운다. 알은 세계다. 태어나려는 자는 하나의 세계를 깨뜨려야 한다. 알을 뚫고 나온 새는 신에게로 날아간다. 신의 이름은 아프락사스다."

아프락사스(Abraxas, 영지주의에 등장하는 신적인 것과 악마가 한 몸으로 합쳐진 존재)의 의미는 모호했지만, 자신을 에워싼 알의 세계, 하나의 세계를 벗어나야 한다는 사실만은 분명히 깨달을 수 있었습니다. 싱클레어는 자신이 알을 깨고 나와야 한다는 강렬한 느낌을 받습니다. 이는 강렬한 꿈으로 연결됩니다. 꿈에 나온 영상은 "남자와 여자가 섞이고" "선과 악"이, 죽음과 삶이, 인간과 동물이 한데 합쳐졌습니다. 이는 답답한 자아의 껍데기를 깨고 진정한 자기가 되는 꿈이자, 내면의 폭풍을 경험하게 만든 계시였습니다.

싱클레어는 비로소 자기 속으로 들어가는 입구에 들어섭니다. 이렇게 자기 발견의 길에는 항상 세상과 사람들과의 관계를 정립

하는 숙제가 놓입니다. 진정한 자기가 되기 위해서는 세상과도, 그리고 타인과도 공생해야 합니다. 싱클레어는 자기 앞에 놓인 생을 살아가고자 능동적으로 길을 택했고, 그 길을 책임지겠다고 결심합니다.

마침내 싱클레어는 페르소나를 벗어던지고, 데미안처럼 깊은 곳을 향하여 나가기로, 그리하여 자기 운명을 발견해 보기로 발걸음을 내딛습니다. 싱클레어는 언제나 만남을 통해 자기를 발견할 수 있었습니다. 두려움과 아픔을 주는 크로머 같은 순수 악이든, 경탄을 자아내게 하던 베아트리체 같은 순수 선이든, 모두 자기를 발견하게 만든 '의미 있는 만남들'이었습니다. 이런 의미 있는 만남은 무의식에 자리한 그림자를 또렷하게 자각하는 경험이기도 합니다.

자기가 되는 길은 성장하는 길입니다. 협소하고 얕은 의식이 깊고 커지는 경험입니다. 악을 내면의 반려동물로 길들이고, 다시는 입질하지 못하게 훈련하는 일입니다. 악과 함께 선을 배양해야 합니다. 악을 아우를 선을 내면에서 증식해야 합니다. 내면의 '자기'는 악한 그림자로만 빚어낼 수 없기 때문입니다. 그림자를 억압하지 않고 있는 그대로 받아들이되, 밝음과 버무려 더 나은 자기를 만들어야 합니다. 그것이 자아의 통합이자, 자기의 발견입니다.

싱클레어는 모든 사람에게 주어진 "진실한 직분"이 바로 "자기 자신에게로 가는 것"임을 깨닫습니다. 그 후, 데미안의 어머니 에바 부인을 만납니다. 그 만남은 지금까지 자신이 깨달은 것을 몸소 확인하고 자기실현을 완성하는 충격적인 경험이었습니다. 그

[여덟 번째 세션]

녀가 행한 사랑의 기술에서 자신을 완성해 줄 진정한 사랑을 배우고 체험했기 때문입니다. 에바 부인은 에로스와 정서적 사랑으로 싱클레어의 영혼이 무르익도록 도왔고, 그가 진정한 자기에게 다가가도록 인도자가 되어줍니다. 진자가 완전히 멈추지 못해 그 진동으로 여태 불안하고 머뭇거리던 싱클레어에게 에바 부인은 "새가 알을 깨고 나오려고 얼마나 애를" 써야 하는지 다시 상기시킵니다. 사랑으로 그가 어른이 되도록 힘껏 인도합니다.

"싱클레어, 어린아이로군요! 당신의 운명은 당신을 사랑하고 있는데요. 언젠가 그것은 완전히 당신 것이 될 겁니다. 당신이 꿈꾼 대로요. 당신이 변함없이 충실하면요."

에바 부인은 싱클레어에게 다시 태어나라고 합니다. 아름다운 존재가 되기 위해서는 고통스럽더라도 다시 태어나야 합니다. 고통 없이 피는 장미는 없습니다. 비로소 싱클레어는 자신도 '카인의 표적'을 지닌 사람임을, 자기를 실현하려는 자임을 받아들입니다. 또 에바 부인과의 만남을 통해 진실한 사랑은 간청이나 강요가 아닌 그 안에 확신에 이르는 힘을 지니는 것임을 배웁니다. 진실한 사랑에는 이른바 '밀당'이 없습니다. 서로 당기거나 밀지도 않고, 서로 끌리면서 그 안에서 함께 완전해지는 것이 진정한 사랑입니다. 사랑은 자기에게로 가는 가장 빠른 길입니다. 사랑하는 사람의 모습에서 자기를 완벽하게 표현할 수 있기 때문입니다. 사랑의 용기가 없다면 자기를 만날 수 없습니다.

진실한 사랑을 통해 싱클레어는 성숙한 인격을 향해 다가섭니다. 능동적인 삶의 태도를 보이면서 그는 전쟁에 기꺼이 자원합니다. 비록 부상을 입었지만, 입원한 야전병원에서 다시 데미안을 만납니다. 이때 벼락같은 깨달음이 옵니다. 영혼의 친구, 데미안이 자기 자신이라는 깨달음. 데미안은 싱클레어의 내면에 이미 존재하는 '자기'였습니다. 그렇게 자신이 겪은 모든 일들이 자기 안에서 일어난 하나의 환상이었음을, 스스로 행한 정신 치료였음을 깨닫습니다.

"이따금 열쇠를 찾아내어 완전히 나 자신 속으로 내려가면, 거기 어두운 거울 속에서 운명의 영상들이 잠들어 있는 곳으로 내려가면, 거기서 나는 그 검은 거울 위로 몸을 숙이기만 하면 나의 고유한 모습을 본다. 그것은 이제 그와 완전히 닮아 있다. 그와, 내 친구이자 나의 인도자인 그와."

혼자의 시간을 견디지 못할 때

다니엘 디포의 《로빈슨 크루소》, 성찰적 고독에 대하여

"지혜로운 사람이 되기에 너무 늦은 때는 없다."

"처음에는 혼자 있는 시간을 즐겼습니다.

사람들 속에서 지친 후 집에서 맞이하는 고요함이 편안했죠.

하지만 시간이 흐르면서 이런 조용한 순간이 버겁게 느껴지기 시작했습니다.

퇴근 후에는 TV를 켜놓고 멍하게 앉아 있거나, 스마트폰으로 시간을

보내며 자주 잠이 듭니다. 주말이면 더욱 혼자 보내는 시간이 길어져서

우울함과 무기력함이 커지는 것을 느낍니다.

혼자인 시간이 길어질수록 부정적인 생각들이 더 많아지는 것 같습니다.

이럴수록 내 생각과 감정을 어떻게 조절해야 할지 고민입니다."

고립될 때 먼저 해야 할 일

내 의지와 상관없이 갑자기 외딴곳에 고립된다면 어떤 마음이 들까요? 어떻게 해야 그 힘든 시간을 견딜 수 있을까요? 이는 고독과 견줄 때 분명해집니다. '고립'과 '고독'은 본질적으로 다릅니다. 고립은 타인과 왕래하지 못한 채 홀로 지내는 겁니다. 타인과의 절연이 고립의 속성이기 때문입니다. 반면에 고독은 홀로 있는 듯이 외롭고 쓸쓸한 감정입니다. 여전히 세계와 관계를 맺지만, 혼자서 생각하는 시간을 능동적으로 가질 때 느끼는 것이 고독입니다. 기본적으로 전자는 세계에 닫혀 있고, 후자는 세계로 열려 있습니다. 그래서 고독은 자기 발견, 혹은 자기 대면이라는 혜택을 선사하기도 합니다.

로빈슨 크루소는 해상무역으로 큰 부를 얻고서 꿈에 부풀어 다시 항해를 떠났다가, 한순간 폭풍에 난파되어 무인도에 고립됩니다. 졸지에 그는 상상할 수 없이 비참한 처지가 됩니다. 하지만 그는 갖은 노력과 성찰 끝에 고립된 무인도를 '고독의 안식처'로 바꾸어 나갑니다. 크루소는 어떻게 고립에서 고독으로 나아갈 수 있었을까요?

처음에는 크루소도 자신의 처지를 "제일 불행한 상황"이라고 한탄하며 섬에서 벗어날 방법만 찾았습니다. 그것이 뜻대로 되지 않자, 절망하며 "끔찍할 정도로 마음이 괴로워 미친 사람처럼 한참을 이리저리" 날뛰기도 했지요. 그 역시도 절망과 불안이 극을 달렸습니다. 다만, 그는 절망감에 계속 사로잡혀 있진 않았습니다. "앞에 보이는 것은 오직 죽음뿐"인 상황에서도 평안을 찾기 위해 노력합니다. 그가 시작한 일은 마음을 가다듬기 위해 글을 쓰는 것이었습니다. 다행히 글쓰기를 통해 그는 "낙심한 기분을 이성으로 어느 정도 제어할" 수 있었습니다. 또, 이미 벌어진 "나쁜 일 가운데서도 그나마 다행인 것들을" 발견할 수 있었습니다. 오래전에 배운 대차대조표를 이용해 절망 가운데서 작은 희망을 찾아낼 수 있었으니까요. 나쁜 점에는 "무섭고 외로운 섬에 홀로 표류했고 구출될 희망이 보이지 않는다"라고 적고, 좋은 점에는 "다른 선원들이 모두 물에 빠져 죽었는데도 나는 살아남았다"를 적었습니다. 이는 상담실에서 심리치료사가 내담자에게 하는 그대로입니다.

감사, 혼자 있는 시간의 힘

크루소가 다음으로 시작한 일은 감사였습니다. 고통과 역경이

빈번한 생에서 감사만큼 필수적인 자질도 없습니다. 감사는 감사를 느끼는 감정이기도 하지만, 감사하는 능력, 감사하는 인격을 나타내기도 합니다. 감사를 잊을 때 생은 오로지 불행으로 물듭니다. 의욕은 사라지고, 근심과 불만이 가득해집니다. 하지만 조금만 생각을 바꿔도 나를 둘러싼 많은 것에 감사할 수 있습니다. 심장이 뛰고 혈액이 도는 나의 귀한 몸, 내가 지금 마시는 물, 내가 숨 쉬는 공기, 내게 오늘 허락된 양식, 나를 둘러싼 모든 것에 감사할 수 있습니다.

감사는 절망에서 크루소를 구했습니다. 그는 불행한 마음을 돌리려 일기에 감사할 일을 하나씩 적으며 되뇌었습니다. 과거, 그는 신을 믿지 않았고, 돈만 밝히며 감사할 줄 몰랐습니다. 그런 그가 성찰을 통해 깨달은 것이 감사의 불멸성이었습니다. 생각하고, 또 생각하니 감사는 무한했습니다. 조난을 당한 후, 잠시 절망에 빠져 "어떻게 신께서는 스스로 만드신 존재를 이렇게 완전히 파멸시켜 불행하게 만들고, 아무런 도움도 받지 못하고 홀로 남게 함으로써 철저하게 버리실 수 있는가?"라며 원망했지만, 감사의 불멸성을 깨닫고 마음이 변했습니다. 그는 먼저 살아 있음에 한없이 감사하기 시작했습니다.

"네(크루소)가 비참한 상황이라는 건 사실이다. 하지만 다른 사람들은 어떻게 되었는지 생각해 보아야 하는 것은 아닐까? 그 보트에는 열한 명이나 되는 사람들이 타지 않았던가? 나머지 열 명은 어디로 갔는가? 그들이 살아남고 네가 죽지 않은 이유는 무

엇일까? 왜 너만 살아남았는가? 여기에 살아남은 것이 나은가,
아니면 저곳(저승)이 더 나은가?"

　자신이 가진 것에 감사하는 것이 진정 감사입니다. 갖지 못한
것에 감사할 수는 없습니다. 자기가 갖지 못한 것만을 응시하는
것이 결핍감이자 불만입니다. 크루소는 감사를 통해 고립에 함몰
되지 않을 수 있었습니다. 부정적인 감정과 충동이 가라앉고, 냉
연히 관조하니 "여기에 살아남은 것이" 참으로 감사한 일임을 깨
달을 수 있었습니다.
　**죽어본 적이 없기에 우리는 살아 있음에 감사하는 마음을 놓칠
때가 많습니다.** 생명을 지녔음은 감사의 시원입니다. 괴테의 말처
럼 "자신의 생명이 존귀하다는 것을 자각하는 삶은 더 큰 환희를
안겨"줍니다. 생은 본질적으로 아름다움입니다. 눈과 귀와 입과
여타 감각을 가졌기에 느낄 수 있고, 그것으로 아름다움을 볼 수
있기 때문입니다. 우리는 각자 딱 한 번 살 뿐이고, 내가 사는 이
삶은 내게만 허락된 애틋한 것입니다. 죽을 고비에서 살아난 크루
소는 "죽지 않고 살아났다는 사실이 감사하다. 무인도에서 굶어
죽지 않은 것에 감사한다. 옷이 한 벌밖에 없지만, 날씨가 따뜻해
옷이 필요하지 않아서 감사하다"라며 현재 누리는 많은 것에 무
한한 감사를 느낄 수 있었습니다.

고독해진 자만이 깨달을 수 있다

한편 크루소에게 자기 존재를 온전히 느낄 수 있는 일대 사건이 벌어졌습니다. 깨달음을 준 것은 몇 포기의 보리 싹이었습니다. 빵을 간절히 먹고 싶었던 크루소는 섬 여기저기 뒤졌지만, 보리나 밀을 찾을 수 없었습니다. 배에 실렸던 식량이 모두 떠내려갔으니 섬에서 찾아야 했지만, 찾을 길이 없었습니다. 그러던 어느 날, 해변 가까이에 자란 보리 싹이 눈에 들어왔습니다. 처음 그는 "신이 씨앗을 심지 않고도 이 곡식이 자라도록 기적을 행한 것이 아닐까"라며 착각했습니다. 그저 신의 기적이라 여기며 찬탄과 경외감에서 헤어나지 못했습니다. 하지만 냉정하게 생각해 보니, 그것은 난파선에 실려 있던 보리 씨앗이 파도에 밀려와 섬 언저리에 싹을 틔운 것이었습니다. 이를 알아차리자 정신이 번뜩 뜨였습니다. 외딴곳이 아니었다면 대수로이 여기지 않을 일이었지만, 고립된 그에게는 어마어마한 사건이자 깨달음이었습니다. 이로써 세상을 바라보는 인식이 송두리째 바뀝니다.

고립된 섬에서 그는 절박한 진실 하나를 얻었습니다. 그것은 '운명은 신이 아닌 스스로 도와야 한다'라는 사실이었습니다. 그래서 절망 대신 삶을 선택하고, 굽힘 없이 이를 따르기로 결심했습니다. 귀하게 얻은 보리싹을 신줏단지처럼 지켜 여러 해 보리 씨앗을 불리는 작업을 이어 나갔고, 마침내 빵을 만들 정도의 보리를 수확할 수 있었습니다. 제빵 도구까지 손수 제작했고, 마침내 그토록 바라던 한 조각의 빵을 손에 넣었습니다. 그는 한 조각의 빵으로 차린 소박한 만찬을 마주하고 가늠할 수 없는 환희를 느꼈습니다. 그것은 고립에 지지 않고 고독을 지렛대로 삼아 전력 투구한 자의 희열이었습니다. 몇 톨의 보리와 기름진 땅, 대자연 과 자신이 조화로운 관계를 맺고 이룬 커다란 선물이었습니다. 그 는 이 모든 인과와 사건에 깊이 감사했고, 또 감사했습니다.

"섬에서 나는 생각지도 못했던 여러 가지 행운을 누리고 있었 다. 그러니 더욱 불평할 수 없었고, 기뻐해야 마땅했다. 여러 번 의 기적이 연이어 일어나 매일 먹을 수 있게 된 빵에 대해서도 감사를 드려야만 했다. 내가 음식을 구해 먹고 사는 것은 기적, …… 큰 기적이었다. 아니, 수많은 기적의 연속이었다."

눈물과 땀을 흘린 자만이 진심으로 감사할 수 있습니다. 자신의 정신을 끝까지 밀고 나갔을 때, 마침내 감사할 일은 생깁니다. 크 루소는 기적이라고 했지만, 그것은 우리가 알지 못하는 우연들과 질이 달랐습니다. 자신의 의지와 노력이 투여될 때 일어나는 자 연의 인과, 지혜로운 선택의 결과였기 때문입니다. 의지가 굳을수 록, 노력이 진실할수록 해낼 일도 점점 많아집니다. 그는 운명과 실천 사이에 놓인 아름다운 조화를 비로소 이해할 수 있었습니다. 이 일로 그는 합리적 사고와 올바른 태도의 중요성을 절감했고, 이런 신념은 그가 험난한 무인도 생활을 견디는 원동력이 되었습 니다.

난파된 배에서 물자를 꺼내고, 살아남은 개와 고양이를 키우며,

손수 집도 지었습니다. 염소를 길러 고기와 젖을 얻고, 곡식을 길렀습니다. 앵무새를 길들여 말벗으로 삼고, 식인종에게 잡아먹힐 뻔한 프라이데이를 구해 든든한 친구로 삼았습니다. 여러 사물들, 그리고 생명들과 관계를 맺어가는 그의 모습은 고립이 아닌 공생의 삶으로 다가옵니다.

물론 그에게도 크고 작은 역경이 여러 번 닥쳤습니다. 심한 열병에 걸려 생사가 오가기도 했고, 섬 탐험에 나섰다가 죽을 뻔한 적도 있었습니다. 그런 일을 차례로 겪으며, 때로는 신과 운명에 뜻 모를 적개심을 품기도 했지만, 이내 다시 생각을 고쳐먹고 감사와 즐거움을 회복합니다. 자신에게 찾아온 절망의 진실을 온몸으로 고민했던 덕분입니다. 아직 죽지 않았다면 절망할 이유는 없다며 그는 다시 일어섭니다.

크루소가 찾아낸 진실처럼 우리가 느끼는 절망 역시 객관적으로 일어나는 결과물이 아닙니다. 오히려 생각이 만들어 낸 창작품일 때가 많습니다. 때로 우리는 절망하기 위해 절망을 고안합니다. 처음부터 절망이라는 꼬리표가 붙은 사건은 없습니다. 흔히 고통이 실재한다고 믿지만, 상처나 역경은 관념으로 만들어지는 경우가 더 많습니다. **내가 어떻게 해석하느냐에 따라 절망처럼 보이는 경우도 얼마든지 희망으로 해석할 여지가 있습니다.** 삶에 대한 지극한 정성은 절망을 희망으로 변화시키는 큰 지렛대가 됩니다. 여러 역경을 겪고 또 이겨내면서 크루소는 처음 지녔던 피상적인 사고들과 다른 높은 관념에 이르게 됩니다. 처음 세상으로부터 고립된 현실을 두려워하고 혐오했지만, 이제 그는 자신을 성찰할 수 있게 해준 이 고독을 사랑합니다.

"온갖 괴로운 상황에도 섬에서의 삶은 과거에 부도덕하고 지
긋지긋하며 형편없이 살던 인생보다 훨씬 더 행복하다는 생각이
상당히 많이 들었다. 슬픔과 기쁨을 느끼는 게 변했고 희망하는
것도 달라졌다."

우리는 내가 가지지 못한 것이나 남이 바라는 것만을 갈망하다
가 허무에 빠지곤 합니다. 그것은 감사를 잊고 비관과 불만으로
채워지는 삶입니다. 자기다운 삶을 놓친다면 삶은 지긋지긋할 수
밖에 없습니다. 크루소는 이제 "전혀 새로운 생각으로 자신을 단
련시키기" 시작합니다. 마침내 "자유롭게 사람들과 어울리고 세
상의 모든 즐거움을 누리던 때보다 이렇게 혼자 남은 상황이 더
행복할 수 있다는" 사실도 깨닫습니다. 고독의 가치를 깨달은 변
화입니다. 고립을 고독으로 바꿀 힘만 있다면, 크루소처럼 얼마든
지 삶이 풍요로워질 수 있습니다.

이제 그는 난파선에서 찾아낸 책을 매일 읽으며, 운명과 섭리를
이해하게 되었고, 더 감사하는 사람, 평정심을 유지하는 사람으로
성장할 수 있었습니다. 이렇게 벼린 냉정하고도 합리적인 사고는
사물의 진면목을 알아차리는 힘이 되었습니다. 그것은 그동안 자
신이 맹신했던 잘못된 생각과 맞서게 하는 성찰의 힘이었습니다.

냉정하게 따져보면 사물의 의미와 가치 역시 크게 달라집니다.
크루소는 "온갖 사물의 성질을 겪어보고 곰곰이 생각해" 보니,

"무엇이든 다른 이들에게 나누어 줄 수 있을 정도로 쌓아둔다고 해도, 결국 우리가 쓰는 만큼만 좋은 것이지 그 이상은 아니"라는 사실을 깨달았습니다. 덕분에 그는 돈에 관한 관념도 바뀌었습니다. 무인도에 고립되면서 크루소는 돈이 필요 없어졌습니다. 돈과 자연스레 멀어지니 돈이 예전과 달리 보였습니다. 그가 생존을 영위하는 데 간절히 필요한 삽이나 우산은 무척 소중한 사물이었지만, 돈은 한낱 시시한 물건에 불과했습니다. 훗날 구조될 때를 기약해 약간의 돈을 남겨두었지만, 돈은 현재의 삶에 유용한 물건이 아니었습니다. 그는 "돈만 좇던 수전노"라도 이런 처지가 된다면 "돈에 대한 욕심을 완전히 잃을" 것이라 했습니다.

고립된 크루소에게 돈은 쓸모없는 몇 조각 쇳덩이였습니다. 수중에 금화와 은화를 합쳐 36파운드 정도가 있었지만, 그것들은 "귀찮고 한심하고 쓸모없는 물건"이었고, 그 돈에 아무런 관심도 느낄 수 없었습니다. 사회학자 피에르 클라스트르는 현대사회와 원시사회를 비교하며, 원시사회는 짧은 시간 노동으로 절대적 필요를 충족하고, 적정 필요가 충족되면 더 이상 노동하지 않는 효율적인 사회로 정의했습니다. 반대로 현대사회는 물욕을 키우며 스스로 혹사하는 비효율적인 사회로 묘사했죠. "돈만 좇던 수전노"로 살던 크루소에게 무인도의 삶은 꼭 필요한 것만을 만들고, 꼭 필요한 일만 하며, 남은 시간은 기도와 사유, 휴식에 쓰는 대단히 효율적인 시간의 연속이었습니다. 아마도 무인도의 삶이 아니었다면, 이런 안식의 삶을 누릴 수 없었을 것입니다.

메타인지, 나를 지키는 힘

………………………………………………

잠시, 크루소가 홀로 살 수 있었던 원동력을 생각합니다. 섬에 떠밀려 온 조난자들이 모두 크루소처럼 살지는 못했을 겁니다. 역경이 그들을 집어삼킬 수도 있고, 마음이 꺾여 스스로 삶을 포기할 조난자도 많았을 겁니다. 하지만 크루소에게는 특별함이 있었습니다.

"우리는 반대편의 상황에 의해 규명되기 전에는 자신이 처한 진정한 상황을 결코 알 수 없으며, 자신이 생각하는 어떤 가치 역시 그것의 진정한 소용을 살피지 않고서는 이해할 수 없다."

크루소의 말처럼 지금 현실과 정반대 현실을 떠올릴 수 있는 상상력, 그리고 이성이 있다면, 내가 만나는 세상은 전혀 다른 세상으로 변화할 수 있습니다. 내가 마주한 사물들도 전혀 다르게 인식될 수 있습니다. 처음부터 세상에 어떤 실체가 있었다기보다는 내가 세상을 어떻게 바라보느냐에 따라 결정될 수 있다는 사실을 알 수 있습니다. 인생에서 큰 변화를 겪을 때, 가장 먼저 할 일은 크루소처럼 선입견과 고정관념을 타파하고, 엄정하게 사고하는 것입니다. 습관적인 사고와 떨어져 새로운 상황에 마음을 한껏 열어야 합니다.

사물에 대한 관점이 변하면 삶을 대하는 태도 역시 달라질 수 있습니다. 그리고 달라진 태도가 새로운 선택과 실천으로 이어집니다. 크루소는 생각이라는 무기로 자신을 바꾸고, 필요한 사물과 거처, 농토를 만들었으며, 척박한 무인도를 살만한 곳으로 변화시켰습니다. 자신만의 능력과 이성으로 새로운 것, 꼭 필요한 것들을 하나씩 만들었습니다. 덕분에 그의 하루하루는 불안전에서 완전으로 향합니다. 그는 열심히 일과를 보내고, 자신이 손수 만든 빵과 버터, 치즈, 그리고 과일로 차린 소박한 식사를 마주하고, 자신이 이룬 무인도의 완전한 삶에 뿌듯해합니다.

"나를 포함한 조그만 가족(강아지, 고양이, 앵무새와 같은 반려 동물)이 저녁 식사를 하려고 앉은 모습을 보면 스토아학파 철학자라도 웃음 지을 수밖에 없을 터였다."

스토아 철학자들은 세상을 하나로 연결된 전체로 보았습니다. 이들은 나와 자연, 사물이 하나로 이어진 세상에서 하루하루 감사하는 소박한 삶을 추구했습니다. 철저한 금욕주의자로 살았던 로마 황제 아우렐리우스가 "당신은 외부 사건이 아닌 당신의 마음에 대한 힘을 지니고 있다"라고 했던 금언은 이들의 인생관을 잘 대변합니다. 그는 어떤 역경에 놓이더라도 마음을 지켜내는 것이 먼저였습니다. 그것이 아우렐리우스가 화살이 쏟아지는 전장에서도 차분히 일기를 쓸 수 있었던 이유입니다. 크루소의 삶도 여기에 차차 동조합니다. 그것은 이 세상과 사물에 관한 지혜가 여물 때, 내 삶은 질적으로 고양된다는 진실입니다. 우리는 너무 많은 물건을 원하고, 그것을 갖기 위해 많은 시간을 허비합니다. 하지만 정작 물건을 가지면 갈망은 쪼그라들고 진짜로 원했던 것인지 머뭇거릴 때도 많습니다. 내가 정말 원하는 것이 진정 무엇인지 모를 때가 더 많습니다. 크루소처럼 내 삶에 그것이 필요한 것인지 날카롭게 따질 수만 있다면, 나에게 주어진 한정된 시간과 에너지를 값지게 쓸 수 있습니다. 크루소처럼 고립된 무인도에서 몇 마리 반려동물과 즐기는 조촐한 저녁 식사에도 충만감과 깊은 안식을 얻을 수 있습니다.

한동안 이런 안분지족을 누리던 크루소에게 어느 날 큰 역경이 닥칩니다. 이웃 섬 부족민들이 식인을 위해 포로들을 데리고 섬에 상륙합니다. 포로 중에는 훗날 충직한 친구가 되는 프라이데이도 있었습니다. 이 일로 그의 마음도 동요하기 시작합니다. 위기감에 그는 별의별 망상이 최고점에 달했습니다. 하지만 이미 역경을 이겨내는 지혜를 쌓은 크루소는 "두려움에 사로잡힌 사람들이 내리는 결정이란 얼마나 어리석은" 것인지 잘 알고 있었습니다. 불안은 이성을 잠식하고, 이성은 두려움을 무찌를 때 꽃필 수 있습니다. 이미 그는 "불행보다 그런 불행을 걱정스러워해야 하는 마음"이 더 문제라는 사실을 잘 알고 있었습니다. 그는 최대한 마음을 가다듬고, 위기를 이겨낼 방법을 궁리했고, 이 상황을 씩씩한 마음으로 버텨낼 수 있었습니다. 위기의 순간, 그는 좀 더 깊이 생각하며 어려움을 헤쳐 나갈 수 있었습니다.

"머리가 혼란스러워 잠을 이룰 수 없던 나는 아침이 돼서야 눈을 붙였다. 정신이 없고 기운이 모두 빠져 피곤해서 그런지 아주

달게 잘 잤다. 눈을 떴더니 과거 그 어느 때보다 더 차분한 기분이 들었다. 그때부터 침착하게 생각하기 시작했다. 최대한 깊이 생각을 마치고 내린 결론은 이러했다."

그는 부족민들이 일부러 이 섬을 찾은 게 아니라, 조류 탓에 불시착했을 거라는 결론을 얻었습니다. 다행히 큰 소동 없이 부족민들이 떠났고, 크루소는 도망친 프라이데이와 함께 새로운 생활을 이어갈 수 있었습니다. 그가 보여주는 슬기로운 무인도 생활은 고립되었을 때 어떻게 고독을 무기로 삼아야 하는지를 알려줍니다.

최근 심리학에서는 메타인지Meta cognition, 즉 상위인지의 중요성을 강조합니다. 상위인지는 자기 생각을 관찰할 수 있는 지성입니다. 바쁜 일상에서 우리는 마음을 놓치며 살 때가 많습니다. 우리는 자신의 마음이 왜 이런지, 또 어떻게 변하는지 알아차리지 못한 채 중요한 것은 놓치고, 쓸모없는 일들에 몰두하기 쉽습니다. 이때 가장 필요한 것은 크루소처럼 자기 생각의 관찰자가 되어보는 일입니다. 자기 생각을 관조하고, 더 나은 생각을 창안해보는 겁니다. 크루소의 말처럼 "지혜로운 사람이 되기에 너무 늦은 때는" 존재하지 않습니다. 그는 성찰의 힘으로 고립을 견디고, 고독을 가꾸며 사물과 새로운 관계를 맺습니다. 그 순간마다 새로운 생각이 열리고, 새로운 방법을 발견했습니다. 마침내 수동적 고립에서 벗어나 능동적으로 고독해진 자에게 값진 선물이 펼쳐졌습니다.

"나는 내 상태의 밝은 면을 더 많이 보고, 어두운 면을 덜 보는 법을 배웠다."

관심은 수동적이지만, 성찰은 능동적입니다. 관심을 일으키는 것에 마냥 마음을 빼앗기지 않아야 합니다. 혼란이 정점을 이룬 때일수록 나의 관심을 촉발하는 실체가 무엇인지 세심하게 탐문할 필요가 있습니다. 맹목적으로 그 관심을 좇지 않았으면 합니다. 그런 관심은 가짜일 때가 허다하기 때문입니다. 내가 진짜로 원하는 것과 상관없는 경우가 많다는 뜻입니다. 무인도에서 돈처럼 말이죠. 남들의 갈망을 자신의 갈망으로 착각하지 않는 것, 내적 결핍 때문에 가짜 관심에 사로잡히지 않는 것은 크루소의 최고 덕목입니다. 크루소처럼 쓸데없는 생각을 줄이면 진중한 생각으로 마음이 고요해질 겁니다. 고독의 파트너는 메타인지와 고요한 관찰입니다. 크루소는 능동적인 고독을 통해 사물에 대한 분별력을 키웠습니다. 제대로 사물을 살피기 위해 쓸모없는 일에 시간과 정력을 낭비하지 않았습니다.

"사람들이 언제나 더 잘사는 사람과 자신을 비교하는 대신 자신보다 못한 사람들의 처지를 보며 감사하는 마음을 가진다면 아무리 비참한 삶을 사는 사람들도 불평을 늘어놓는 일은 없을 것 같았다."

그가 무인도에서 이룬 성취는 정념에 휘둘리지 않고, 시간과 노력을 아꼈기에 가능할 수 있었습니다. 그는 자신의 물건을 애착하지만, 많은 물건을 갈망하지 않았습니다. 불필요한 관심 따위는 애초 느끼려고 하지 않았습니다. 그에게 무인도의 삶이 선물한 진정한 가치는 "섬에서는 가진 것 말고는 아무것도 원하지 않았고, 원하는 것 말고는 가질 필요가" 없다는 사실이었습니다. 오히려 무인도의 삶이라서 이런 자족감을 잘 느낄 수 있었던 것인지도 모르겠습니다. 사색가들이 굳이 도시의 소음과 불빛에서 멀어져 전원의 고요함을 택하는 것도 이런 무인도 효과를 누릴 수 있기 때문입니다. 다만, 이는 붐비는 도시 생활에서도 불가능하지 않습니다. 먼 오지까지 찾아 안식을 구하지 않더라도 자기만의 방에서 내적 평화를 구할 수 있습니다. 크루소와 같은 진짜 무인도는 아니어도 세상과 사람으로부터 거리를 두고, 의식적으로 고독한 관찰자로 살아보는 것은 견실한 삶을 위한 통과의례라고 할 수 있습니다.

나도 크루소처럼 성찰적 고독자로서 살아갈 수 있을까요? 사실 현실에선 어려운 것이 사실입니다. 할 일을 놓아버리고, 자포자기에 빠지는 사람도 많습니다. 혹은 지난 관계에 사로잡혀 자신을 직면하지 못하거나 회피와 방황, 퇴행으로 시간을 흘려보내는 사람도 있겠지요. 하지만 고립 때문에 내 삶이 무너져서는 안 될 일입니다. 그럴 때 크루소의 성찰과 의지, 용기를 떠올려 보면 좋겠습니다.

고립은 흔한 일입니다. 실직, 명퇴, 은퇴, 이별, 이혼, 병마 등 주변에 고립의 상황은 널렸습니다. 오히려 크루소가 처한 상황은 현대인에게는 보편적인 경험에 가깝습니다. 이때 '크루소적 방법'을 잊지 않기를 바랍니다. 아직 고립의 사태가 닥치기 전, 의식적으로 그처럼 고독한 관찰자로 살아보는 것은, 언제 닥칠지 모르는 고립의 역경을 대비하는 멋진 예행연습입니다.

지금이야말로 절박하게 새로운 삶을 만들어 가야 할 때입니다. 죽음이 먼저 떠오르는 상황에서도 크루소는 기어이 삶을 선택했고, 주어진 어려움을 해결할 방도를 찾았습니다. 이런 절박한 버팀이 결국 결실로 돌아왔습니다. 크루소는 조금 늦었지만, 28년 만에 구출되었고, 새로운 삶을 삽니다. 삶을 포기하지 않았기에 그토록 바라던 귀향도 이룰 수 있었습니다. 그는 이 험난한 여정을 마무리하며 "시작은 비록 어리석었지만, 끝에 가서는 더할 나위 없을 정도로 행복한 삶이었다"라고 고백합니다. 고독할지언정 고립되지 않았던 한 인간의 진실한 고백입니다.

뭐든 작심삼일로 끝날 때

장 지오노의 《나무를 심은 사람》, 평정심에 대하여

"한 사람이 참으로 보기 드문 인격을
갖고 있는가를 알기 위해서는
여러 해 동안 그의 행동을 관찰할 수 있는 행운을 가져야만 한다."

"항상 '이번엔 제대로 할 거야'라고 다짐하지만,

도중에 포기하는 경우가 반복됩니다.

그래서 꾸준히 목표를 달성하는 사람들을 보면 너무 부러워요.

끝까지 해내지 못하는 내 모습에 실망감이 커지면서요.

성취를 향한 열망은 있지만, 실패에 대한 두려움과 자신감 부족으로

시작조차 하지 않는 경우가 많습니다. 완벽하지 않으면 차라리 하지 않는

것이 낫다고 여기지만, 그럴수록 더 주저앉게 되는 것 같습니다.

이러한 악순환에서 벗어나고 싶습니다."

쉽게 흔들리지 않는 마음

자기만의 길을 걷는 건, 어려운 일입니다. 가야 할 길이 어디인지 모르고 헤매는 시간도 많아졌기 때문입니다. 가야 할 길이 희미해졌거나 시야에서 사라진 사람은 길을 헤맬 수밖에 없습니다. 어느 철학자는 "별이 빛나는 창공을 보고 갈 수가 있고, 또 가야만 하는 길의 지도를 읽을 수 있던 시대는 얼마나 행복했던가?"라며 그 힘겨움을 토로했습니다. 마음에 성좌를 그릴 수 있는 사람이라면 자신의 별을 놓치지 않을 것입니다. 어둡고 불투명한 시대일수록, 잃기는 쉬워도 찾기는 어려운 게 삶의 여정입니다. 그렇다면 나는 무엇을 잃었고, 또 무엇을 찾아야 할까요?

가끔 자기만의 길을 걸어가는 사람과 만납니다. 그때 느끼는 감정은 두 가지로 하나는 경외감, 다른 하나는 평정심입니다. 경외감은 내가 느끼는 감정이요, 평정심은 그 사람에게서 뿜어 나오는 기운입니다. 그 사람이 느끼는 평정심 역시 보는 이를 변화시킵니다. 마음이 평정한 사람을 지켜보면 내 마음도 고요해지니까요.

평정심은 그리스어로 '아파테이아Apatheia'와 '아타락시아Atarxia'입니다. 아파테이아는 감정이나 외부 자극에 흔들리지 않는 '한결같은 마음'을 뜻합니다. 또, 아타락시아는 잡념이나 유혹에 현혹되지 않는 지혜를 가리킵니다. 이 둘이 함께 어우러질 때, 진정한 평정심입니다. 흔들림 없는 감정을 얻기 위해서는 냉철한 이성을 지녀야 하고, 흔들리지 않고 사유하기 위해서는 흔들리지 않는 내면을 견지할 수 있어야 합니다. 그렇다고 평정심이 무감동이나 무감정은 아닙니다. 공감력이 떨어지거나 감성지능이 낮은 것도 아닙니다. 기쁨과 희망 같은 긍정적 감정은 구애 없이 느끼지만, 분노나 혐오 같은 부정적 감정에는 휩쓸리지 않도록 단속하는 것이 진정한 평정심이기 때문입니다.

이런 평정심을 지닌 한 사람이 있습니다. 《나무를 심은 사람》의 주인공 엘제아르 부피에입니다. 소설 속 화자인 '나'는 오지를 떠도는 청년 여행자로 자신이 오랫동안 관찰해온 부피에 이야기를 들려줍니다. 1913년, '나'(소설 속의 나, 이후 동일)가 그를 처음 만났을 때, 부피에는 쉰다섯 살의 양치기였습니다. 그는 외딴 산지에 집을 짓고 양을 기르며 살았습니다. '나'는 길을 헤매던 중, 우연히 그를 만나 물을 얻어 마시고, 저녁까지 대접받습니다. 말수가 거의 없었지만, 그가 따뜻한 마음씨를 가졌음을 단번에 알 수 있었습니다.

그의 평정심은 외양에도 배어 나왔습니다. 정갈한 그의 성품은 흠결이 느껴지지 않는 집과 단정한 외모에서도 금세 알아차릴 수 있었습니다. "옷은 어찌나 잘 수선되어 있었던지 고친 것이 거의 눈에 띄지 않을 정도이고, 단추 하나도 떨어지거나 느슨하게 달려 있지" 않았습니다. 간결한 삶은 평화와 건강을 선물합니다. 부피에는 덕분에 건강했습니다.

> "평화롭고 규칙적인 일, 고산지대의 살아 있는 공기, 소박한 음식 그리고 무엇보다도 마음의 평화가 그에게 놀라우리만큼 훌륭한 건강을 가져다 주었다."

평정심이 만드는 내면의 평화는 자신에 그치지 않고 타인까지 물들입니다. 평정심을 지닌 사람은 함께 있는 사람에게도 선한 영향을 미칩니다. 그래서 '나'는 "이 남자와 함께 있는 것이 아주 평화"롭습니다. 그가 성내거나 불안 같은 감정의 동요를 보이지 않고, 주변 사람을 평온으로 이끌기 때문입니다. 부피에의 평정심은 함께 지내는 개에도 영향을 미칩니다. 주인처럼 조용한 그의 개는 사람에게 아양을 떨지 않았고 순한 모습을 보였기 때문입니다.

그런데 그의 평정심은 타고난 천성이 아니라 대부분 길러진 것입니다. 사실 그는 큰 아픔을 지닌 사람이었습니다. 도시에서 하나뿐인 아들을 잃었고, 얼마 지나지 않아 아내까지 잃었으니까요. 그럼에도 그는 고통을 속으로 삭일 뿐, 다른 사람들에게 말하는 법이 없었습니다. 아니 고통스러운 마음을 참는 것이라기보다 고통을 이겨낸 것처럼 보였습니다. 그래서 그에게 어떤 시련이 있었는지 오직 신만이 알 것 같았습니다. 이후, 그는 조용히 살기로 정하고, 외딴곳에서 홀로 살았습니다. 아픔과 슬픔이 몹시 컸을 테지만, 고통에서 벗어난 듯 초연했습니다. 그가 이토록 평정심을 지닐 수 있었던 비결은 무엇일까요? 그가 매일매일 실천하는 일에 그 답이 있습니다. 슬픔의 강을 건너면서 부피에는 평생 할 일을 찾았습니다. 바로 도토리 씨앗을 황무지에 심는 일이었습니다.

자기 할 일을 묵묵히 실천하는 삶

그는 매일 도토리 씨앗 100알을 황무지에 심었습니다. 저녁마다 도토리를 하나씩 살펴서 상한 것과 온전한 것을 골라낸 뒤 잠드는 일은 그의 신성한 하루 일과였습니다. 도토리를 가려내는 일을 돕겠다고 했지만, 그는 "자기가 해야 할 일"이라며 거절했습니다. "자기가 해야 할 일"이 있는 것만으로 완벽한 생입니다. 인생의 목표가 확실하다면 방황하지 않을 수 있으니까요.

'나'는 그가 그 일에 기울이는 정성을 보고 알 수 없는 감정을 느꼈습니다. 그 일의 쓸모를 완전히 이해하지 못했지만, 그의 깊은 정성에서 신성마저 느꼈습니다. 그것은 "위대한 혼과 고결한 인격"의 소유자 부피에가 행한 "평화롭고 규칙적인 일", 즉 신성한 루틴이었습니다. 신성은 저만치 떨어진 이상이 아닙니다. 스피노자의 말처럼 "진정으로 신을 사랑하는 자는 신에게 자신을 사랑해 달라며 애걸하지" 않고, 그저 선을 행할 따름입니다. 그 선행을 통해 사랑, 희망, 기쁨, 용서, 연민, 믿음을 느끼는 것이 바로 신성입니다. 부피에가 보여주듯, 자기 욕심이나 이득이 아니라 세상과 타인을 위한 일이라야 신성으로 연결될 수 있습니다. 우리가 매일 신성한 루틴을 따를 수 있다면 삶에서 많은 것이 달라질 겁니다. 인간성을 자라게 하고 세상을 빛나게 하며, 무엇보다 자기 삶을 완성하기 때문입니다.

'나'는 섬세하고 일관된 습관을 바라보면서 그가 얼마나 평정심이 깊은지를 엿볼 수 있었습니다. 우리는 평정할 때, 루틴을 지킬 수 있으며, **루틴을 꾸준히 지켜나갈 때 평정심을 기를 수 있습니다.** 이기심과 욕망으로는 평정심의 단 한 톨도 얻기 힘듭니다. 바라는 것들을 내려놓을 때, 우리는 평정해지고 온유해집니다. 그저 "나 자신에 관계된 일이나 행복을 추구하는 것만을 마음에"둔다면 평정심에 이를 수가 없습니다. 이기심은 불안을 부르고, 탐욕은 우울을 짙게 할 뿐입니다. 그가 오래도록 흔들리지 않고 전과 다름없이 나무를 심을 수 있었던 것은 평정심 덕분이며, 어떤 사심도 없이 그 일을 행한 까닭입니다. 그러니 평정심은 내 영혼이 타인과 세상으로 자애롭게 열릴 때 찾아드는 정제된 내면입니다.

부피에는 매일 엄선한 100알의 도토리를 자신이 정한 장소에 심었습니다. 엄지손가락 굵기의 4피트가량 되는 쇠막대기를 가지고 다니면서 황무지 바닥을 찍어 씨앗 구멍을 낸 뒤, 도토리 100알을 물에 적셔 한 알씩 정성스레 심었습니다. 그때마다 부피에는 누구도 방해할 수 없는 고요한 집중 속에 있었습니다. '나'에게 그것은 마치 구도자의 모습처럼 느껴졌습니다. 더 놀라운 건, 그 땅이 그의 소유가 아니라는 사실이었습니다. 땅 주인을 아느냐는 질문에 그는 "그 땅이 누구의 것인지 관심조차" 없었습니다. 어떻게 자기 소유도 아닌 땅에 이런 노력과 정성을 기울일 수 있을까요? 그에게 중요한 것은 오직 도토리 100알을 이 척박한 땅에 심는 일이었습니다. 그가 황무지에 심은 도토리 한 알, 한 알은 놀라움을 넘어 경이로운 사건입니다.

삶에는 크게 세 가지 시간이 있습니다. 일과 여가, 그리고 유지 활동입니다. 이 중에서 일이 차지하는 시간이 가장 길고, 삶의 질까지 결정하는 경우가 많습니다. 일에 관한 사람들의 생각은 다시 크게 세 가지로 나눌 수 있습니다. 하나는 경제적 충족을 위한 수단, 다른 하나는 명예와 성공을 위한 자원, 마지막은 소명입니다. 그런데 일에서 소명이 차지하는 비율은 무척 낮을 때가 많습니다. 일과 소명을 일치시킬 수 있다면 그보다 더 행복한 삶은 없겠지요. 자신이 가치 있다고 믿는 일에 몰두할 때 삶은 한층 충만해지기 때문입니다.

부피에는 소명으로서 삶을 살고자 신성한 루틴을 행했습니다. 그의 삶은 가슴 속 성좌를 따라 한결같이 별을 좇았습니다. 7년이 지난 1920년, 다시 '나'가 부피에를 만났을 때, 그는 양치기 직업마저 바꾼 상태였습니다. 그는 "양들이 어린 나무들을 해쳤기 때문에 치워" 버렸다고 했습니다. 소명을 위해 직업마저 바꾼 것입니다. 소명을 가로막는 것들을 하나씩 자기 삶에서 비워낸 것입니다. 그에게 더 많은 이익이나 안락함은 하등의 고려 대상이 아니었습니다. 가난한 양치기의 삶조차 훌훌 던져버린 그의 용기와 의지는 놀라움을 넘어 경이롭기만 합니다.

1913년, 그를 처음 만났을 때, '나'는 그가 이곳에 온 후 지난 3

년간 어떤 일을 했는지 들을 수 있었습니다. 그는 "3년 동안 이 외로운 곳에 나무를 심고" 있었습니다. 지금까지 도토리 알 "10만 개를 심었는데, 이 중에서 2만 개가 뿌리를" 내렸고, 앞으로 뿌리를 내린 "2만 개 중에서 절반은 작은 동물이나 예측을 할 수 없는 일로 없어져 버릴 것으로" 예상했습니다.

자신에게 일어나는 일의 절반, 아니 그 이상은 운명의 예정대로 일어날 따름입니다. 그것은 관여할 수 없는 영역입니다. 운명의 비율을 이해할 때 우리는 비로소 운명을 사랑할 수 있습니다. **운명을 사랑한다는 것은 운명을 받아들이며, 내가 할 수 있는 일에 최선을 다하는 것입니다.** 니버의 말처럼 "내가 바꿀 수 없는 것들을 받아들이는 평정심, 내가 바꿀 수 있는 것들을 바꿀 용기, 그리고 그 차이를 알 수 있는 지혜"만 있다면 누구라도 자기다운 생을 창조할 수 있습니다. 사실 부피에를 처음 만났을 때, '나'는 불안과 낙담에 젖어 있었습니다. '나'에게는 부피에와 같은 평정심도 자기만의 성좌도 없었습니다. '나'는 어쩔 수 없는 일들을 마주하며 몹시 지치고 실망한 상태였습니다.

> "그 당시 나는 젊지만 혼자 살고 있었으므로 다른 고독한 사람들의 영혼에 섬세하게 다가갈 줄 알았다. 그런데도 나는 한 가지 실수를 저지르고 말았다. 정확히 말하면 나는 젊은 나이 탓에 나 자신과 관계된 일이나 행복을 추구하는 것만을 마음에 두고 미래를 상상해 보았던 것이다. 그래서 나는 30년 후면 떡갈나무 1만 그루가 아주 멋진 모습을 하고 있을 것이라고 말했다."

이기적인 마음과 조급한 행복에 치우쳐 있던 '나'에게 부피에의 말은 충격이었습니다. '나'는 눈앞에 펼쳐질 아주 멋진 모습에만 마음이 쏠렸지만, 그는 "신이 허락하신다면" 자신이 "심어서 지금 뿌리를 내린 1만 그루의 나무는 바다에 물 한 방울 정도밖에 되지 않을 거라고" 겸손하게 예견할 뿐이었습니다. 부피에가 자신의 미래를 상상했을 때, 가장 먼저 감지한 것은 눈앞의 근사한 장면이 아니라, 작지만 생명이 있는 변화입니다. 어떤 사람은 도토리 심기는 바보 같은 짓이고, 특히 황무지에 심는 일이 대체 무슨 (경제적) 가치가 있느냐며 탓할 겁니다. '나'도 처음에는 꽤 오래 그의 행동을 해로운 것 없는 취미 정도로만 보았습니다. 그의 행동을 탓하거나 깎아내릴 의도는 없었지만, 도토리 심기는 그리 큰 인상을 주지 못하는 일이었습니다.

사실 부피에의 도토리 심기에 대한 '나'의 인식은 보통 사람들이 느끼는 평범한 관점입니다. 그래서일까요? 현실에서 부피에와 같은 사람을 만난다면 좋은 말로 우직한 사람이라고 말하면서도 내심 현실적이지 못하다는 인상을 받곤 합니다. 요즘에는 그런 사람을 '능력이 부족한 사람' '현실감이 떨어진 사람'이라고까지 깎아내리기도 하죠. 그렇다면 부피에는 정말 바보 같은 사람일까요? 어쩌면 눈앞의 현실에 사로잡힌 우리가 부피에의 눈에는 뻔히 보이는 별을 보지 못하는 건 아닐까요?

부피에의 모습은 별을 바라보며 자기 길을 걷는 이들이 지닌 한결같은 특징입니다. 사람들도 훗날 그 우직함이 이룬 숲을 보게 된다면 저절로 감탄이 흘러나오겠지요. 그런 행동을 바보 같다고

[열 번째 세션]

탓했던 자신은 까마득히 잊고 말이죠. 가치 있는 성취는 그것을 향해 묵묵히 걸어가고 실천한 사람만이 이뤄낼 수 있습니다.

어떤 일은 삶을 변화시킨다

자기만의 별을 보고 싶지 않은 사람은 없습니다. 유독 내 눈에서 반짝반짝 빛나는 그 별을 따라가려면 자기 길을 열렬히 찾아야 합니다. 자기 길을 찾을 수 있는 지혜는 평정심이 뒷받침될 때 자랄 수 있습니다. **흔들리는 마음에는 지혜가 들어설 자리가 없습니다.** 부피에는 지혜와 평정심을 지닌 덕분에 남의 시선이나 말에 흔들리지 않고 자기 길을 걸을 수 있었습니다. 마음의 눈이 흐리다면 길을 찾을 수도, 걸을 수도 없습니다. 평정심도 노력을 통해 길러야 내면에 뿌리내릴 수 있습니다. 내면의 동요를 다스리는 능력은 재능이 아니라 노력과 정성, 시간이 빚어내는 결과물입니다. 자기 길을 정하고 묵직하게 발걸음을 내딛는 와중에 굳은살 박이듯 평정심이 자리 잡습니다.

'나'는 세계대전에 참전해 죽음을 온몸으로 체험하고서야 부피에의 실천이 어떤 의미인지 이해했습니다. 7년 후, 그를 찾을 때, '나'는 그가 죽었을 것으로 생각하며 걱정했지만, 그는 여전히 흔들리지 않고 전과 다름없이 나무를 심고 있었습니다. 한 치도 흐트러짐 없이 자기 길을 걷고 있는 그에게 '나'는 또 한 번 감탄합니다. 그를 찾았을 때, 싹이 튼 지 10년이 지난 나무들은 놀라운 광경을 연출하고 있었습니다. 11킬로미터나 뻗은 숲은 그 자체로 장관이었습니다. '나'는 그가 걷는 길이 얼마나 가치 있고 존엄한 것인지 비로소 이해했습니다.

"옛날의 메마르고 거친 바람 대신에 향긋한 냄새를 실은 부드러운 바람이 불어오고 있었다. 물 흐르는 소리 같은 것이 저 높은 언덕에서 들려오고 있었다. 숲속에서 부는 바람 소리였다. 그런데 놀랍게도 못 속으로 흘러드는 진짜 물소리가 들려오는 것이었다. 나는 만들어진 샘에 물이 넘쳐흐르는 것을 보았다. 그리고 나를 가장 감동하게 한 것은 그 샘 곁에 이미 네 살쯤 되어 보이는 보리수가 심어져 있는 것이었다. 벌써 잎이 무성하게 자란 이 나무는 분명히 부활의 한 상징임을 보여주고 있었다."

'나'는 부피에가 심은 도토리 씨앗들이 황무지에서 어떤 변화를 불러오는지 똑똑히 지켜보았습니다. 그가 심은 도토리는 큰 숲을 이루었고, 이전까지 늘 말라 있던 개울에 다시 물이 흐르게 했습니다. 숲이 생긴 땅에는 "개울이 다시 살아난 것처럼 버드나무, 갈대, 목초지, 정원과 꽃 그리고 어떤 삶의 방식이" 다시 살아났습니다. 폐허가 되어 아무도 살지 않던 숲 아랫마을에 새로 사람들이 들어와 터전을 잡았고, 목축과 농사를 짓기 시작했습니다.

'나'는 그가 "자신의 노력에 대해서 주저하거나 의심을 보이는 것을" 본 적이 없었습니다. 자신만의 별을 따라 자기만의 소명을 어떤 망설임 없이 꿋꿋하게 해나갔습니다. 이런 빛나는 변화가 그

[열 번째 세션]

냥 찾아온 것은 아니었습니다. "마음에 그렇게나 깊이 품은 일을 훌륭하게 성취하기"까지 그도 많은 역경을 극복해야 했습니다. 쉽게 이루어지는 성취는 없으니까요. 어느 해는 심은 나무가 모두 말라죽기도 했고, 제2차 세계대전 중에는 많은 나무가 잘려 나갈 위기도 가까스로 넘겼습니다. 숱한 우여곡절이 그의 길에 끼어들었지만, 경건하고 느릿하고 주의 깊게 소명을 따랐습니다.

자기만의 길은 그럼에도 가야 합니다. 파스칼은 "자기는 이 세상의 전부다. 왜냐하면 죽고 나면 그에게 있어서 이 세상 모든 것이 무로 돌아가기 때문이다"라고 자기 생을 정의한 바 있습니다. 파스칼은 인간이 흔들리는 갈대와 같은 본성을 지녔지만, 깊은 사유를 통해 얼마든지 그 뿌리를 단단하게 만들 수 있다고 했습니다. 인간이 다른 종과 달리 위대해질 수 있는 것도 감정의 흔들림을 알아차리고 다스릴 수 있는 사유의 힘을 지녔기 때문입니다. 그 사유의 힘이 평정심을 만드는 바탕입니다. 이렇게 벼린 평정심 덕분에 운명이 일으키는 거센 바람에도 뿌리 뽑히지 않는 채로 살아갈 수 있습니다.

흔들릴 때마다 부피에를 떠올렸으면 좋겠습니다. 그는 마음의 동요 없이 평정심을 지키며 지금 자신이 할 수 있는 일, 특히 자신이 더 잘할 수 있는 일을 생각했습니다. 무엇보다 자신이 이 일을 했을 때 훗날 어떤 가치와 선한 결과를 가져올 것인가 깊이 고민했습니다. 물론 냉혹한 현실에서 평정심을 지키는 일은 쉽지 않습니다. 좋아하는 일, 잘하는 일, 세상을 밝히는 일, 생계를 영위할 수 있는 일, 싫지만 해야 하는 일 등이 섞인 상황에서 교집합을 어떻게 찾아야 할지 심히 고민스럽습니다. 더구나 경쟁과 비교가 너무 깊숙이 스며든 세상에서 자기만의 길을 선택한다는 건, 한편으로 사치스럽게 느껴질 수 있습니다. 하지만 자기만의 별을 간직하고 있는 것과 그렇지 않은 것은 혼란과 혼동 앞에서 큰 차이를 드러냅니다.

버겁고 힘든 삶 앞에서 우리가 가장 잊기 쉬운 것은 자기만의 별입니다. 남의 별을 부러워할 필요는 없습니다. 다른 별과 자기 별이 닮기를 바랄 이유도 없습니다. 인생이란 자기 별자리를 그려내는 것이기 때문입니다. 삶이 어려울수록 나의 성좌를 그려야 합니다. 어둠 속에서도 영롱한 별자리를 바라보고 염원하며 긴 항해를 묵묵하게 이어가면 좋겠습니다. 어쩌면 종종 몹시 의심스러운 바다를 지나게 될지 모릅니다. 그건 피할 수 없습니다. 하지만 안개가 걷히고 내면의 파도가 멈출 때 밤하늘에는 나만의 북두칠성이 여전히 반짝이고 있을 겁니다. 그런 별을 마음에 품을 때, 나는 내 안에 커다란 나무를 심을 수 있습니다. 그것이 평정심이 주는 쾌락이 아닐지 싶습니다.

"한 사람이 오직 정신적, 육체적 힘만으로 황무지에서 이런 가나안 땅을 이룩해 낼 수 있었다는 것을 생각하면 나는 그 모든 것에도 불구하고 인간에게 주어진 힘이란 참으로 놀랍다는 것을 깨닫게 된다."

삶의 의미를 잃어버렸을 때

알베르 카뮈의 《이방인》, 부조리에 대하여

"별들이 가득하고 징조들로 가득한 밤을 앞에 두고,
나는 처음으로 세계의 다정한 무관심에 마음의 문을 열었다."

"저는 지금껏 열심히 살아왔습니다.

우수한 성적으로 대학을 졸업하고, 안정적인 직장도 얻었습니다.

주변 사람들 모두 저를 성공한 사람으로 보았고, 저도 그렇게 생각했어요.

그러나 어느 순간, 일상의 루틴이 기계적으로 느껴지기 시작했습니다.

매일 아침 회사로 출근하고, 종일 일하고 집으로 돌아오는 시간이

반복되면서 '내가 정말 원하는 삶을 살고 있는가?' 의문이 들기 시작했어요.

이러한 공허함이 갑자기 찾아와서 저를 혼란스럽게 합니다."

'느낌'이라는 생의 감각

인간은 느낄 수 있고, 생각할 수 있으며, 의지를 발휘해 어떤 일을 할 수 있습니다. 이 세 가지는 인간이 지닌 특별한 능력입니다. 그런데 생각과 의지에 대해서는 많은 관심을 가지지만, '느끼는 능력'은 깊이 생각하지 않을 때가 많습니다. 하지만 무엇을 느끼느냐에 따라 삶이 바뀔 수 있습니다. 느낌은 의식의 중요한 부분이며, 특히 각자의 개성적 느낌은 의식이 성장하는 근간입니다. 어떻게 느끼느냐에 따라 달리 생각하고, 행동하기 때문입니다.

철학자 화이트 헤드는 느낌을 '긍정적 파악'이라고 했습니다. 그는 느끼는 자가 삶의 주체가 될 수 있다고 말합니다. 단순한 물리적 느낌에서 지성적 느낌에 이르는 '느낌의 전체 과정'이 느낌의 깊이와 강도를 통해 자기를 실현하는 일이라고 하면서요. 그러니 어떻게 생각하느냐만큼 어떻게 느끼느냐 역시 중요합니다.

느낌의 통합을 통해 온전한 나로 전진하는 모습과 겹치는 한 사람이 있습니다. "그것은 태양 때문이었다." 살인의 이유를 묻는 판사에게 이렇게 답한《이방인》의 주인공 뫼르소입니다. 이 대답은 강렬한 태양이 주는 느낌이 내 행동의 이유였음을 말해주면서 동시에 뫼르소의 개성을 대변합니다. 느낌에 따라 그리 행할 수밖에 없는 인간을 나타냈기 때문입니다. 1987년 처음 제대로 된《이방인》번역본을 내놓은 김화영 씨는 뫼르소를 "그 어떤 영웅적인 태도를 취하지는 않으면서도 진실을 위해서는 죽음을 마다하지 않는 한 인간"으로 정의합니다. 이는 세상이나 타인과 무관하게 "자기 삶의 영웅이 되는 사람"을 의미합니다. 뫼르소는 타인을 따라 살아서는 안 되는 자기 실존의 중대성을 각성시키고, 각자가 자기 삶의 대변자여야 함을 알려줍니다. 그 근거는 느낌 그대로의 삶입니다.

그렇다 해도 고작 태양 빛 때문에 살인까지 했다는 뫼르소의 대답이 이해되지 않지만, 그는 총을 쏘는 순간, 태양의 강렬함에 어마어마한 영향을 받았습니다. 그것은 절대적 영향이었습니다. 어쩌다 싸움이 났고, 어쩌다 손에 총을 쥐었으며, 상대의 위협에 뫼르소는 부지불식간 방아쇠를 당겼을 뿐이니까요. 그런데, 그에게 '큰 의미'로 다가온 것은 살인에 관한 구구절절한 변명이 아니라, 자신이 느낀 가장 강렬한 느낌 하나, 즉 '태양'이었습니다. 사람들 대부분은 대지나 태양의 느낌을 무시하며 살지만, 뫼르소만은 태양을 온전히 느꼈으며, 그 느낌에 강하게 반응했습니다. 마치 태양에 열렬히 열리는 대지나 나무처럼 그의 반응 역시 그 순간 뜨겁고 강렬했습니다.

"그것은 어머니의 장례식을 치르던 그날과 똑같은 태양이었다. (……) 그 햇볕의 뜨거움을 견디지 못하여 나는 한 걸음 앞으로 나섰다. (……) 한 걸음 몸을 옮겨 본댔자 태양으로부터 벗어날 수 없다는 것을 알고 있었다. (……) 아랍 사람이, 몸을 일으키지는 않고 단도를 뽑아서 태양 빛에 비추며 나에게로 겨누었다. 빛이 (단도의) 강철 위에 반사하자, 번쩍거리는 길쭉한 칼날이 되어 나의 이마를 쑤시는 것 같았다. (……) 단도로부터 여전히 내 앞으로 뻗쳐 나오는 눈부신 빛의 칼날을 느낄 수 있을 뿐이었다."

백인 남성이 아랍인을 죽였다는 설정은 억측과 오해를 불러일으킵니다. 그런데 이 사건을 인종 차별이나 제국주의(서구와 아랍 사이의)의 관점으로 해석하는 것은 핵심을 놓치는 독해일 수 있습니다. 당대에 카뮈만큼 이 두 가지 부정의에 반대한 지식인을 찾기 힘듭니다. 이 이야기는 문명의 충돌을 다룬 것이 아니라, 한 인간이 처한 극단적인 몰이해 상황에 관한 형상화입니다. 느낌에 충실할 수밖에 없는 불통의 상황을 그리는 장치로 살인이 쓰인 것입니다.

소통의 단절 속에서 느낌은 더 강렬해질 수밖에 없습니다. 아랍인들은 그저 자기 삶에 끼어드는 또 다른 이방인의 비유일 뿐입니다. 뫼르소는 그런 아랍인이 든 단도 표면에 반사된 태양 빛이 자신의 눈에 비칠 때, 마치 그 빛이 자기 눈을 찌르는 강렬한 느낌을 받습니다. 그리고 자신도 모르게 총의 방아쇠를 당기게 됩니다

(소설에는 총의 방아쇠를 뫼르소가 당겼다고 적지 않고, 방아쇠가 저절로 당겨진 것처럼 묘사하고 있습니다). 뫼르소는 순간 태양 빛이 주는 강렬한 느낌에 사로잡혔고, 그것에서 한 치도 벗어나지 못했습니다. 이미 그의 이성은 마비되었고, 오직 감각만이 그를 지배했습니다. 물론 이성 중심의 인간이라면 그 감각에 압도되지 않은 채 합리적이고 냉정하게 상황에 대처했겠지만, 뫼르소는 달랐습니다. 그는 인생관이 이미 바뀐 사람입니다. 느낀 대로 살겠다고 결심한 사람입니다. 뫼르소에게는 오직 느낌에 따라 행동하며 살아가는 것만이 중요할 뿐이었습니다.

카뮈는 아마도 부조리한 상황에서 느낌에 충실한 주인공을 그리고 싶었던 것 같습니다. 왜 이성이 아닌 느낌이 지배하는 순간을 이토록 그리고 싶었던 걸까요? 어쩌면 삶에서 가장 중요한 선택 기준은 부적절한 이성이 아니라 강렬한 느낌이어야 한다는 뜻은 아닐까요? 그렇습니다. 카뮈는 온갖 사념에 사로잡힌 관념적인 인간이 아닌 오직 자신이 느낀 것에 충실한 '느낌의 영웅 뫼르소'를 그리고자 했던 겁니다. 설사 그렇다 해도 살인을 저지른 뫼르소가 자기 삶의 영웅이라고요? 뭔가 의문표가 남습니다. 더구나 그는 어머니 죽음 앞에서 태연하고, 장례식에서도 슬퍼하는 기색이 없습니다. 장례를 치른 뒤, 아무 일 없다는 듯 여자친구와 수영하고, 코미디 영화를 보다가 섹스를 나눕니다. 마치 모든 일에 싫증이 나버린 사람처럼 말이죠. 그저 느끼는 대로 충동적으로 행동하는 사람 같습니다. 보통 사람으로선 이해할 수 없는 행동입니다. 누군가는 그를 미친 사람이나 성격장애로 예단할지도 모릅니

[열한 번째 세션]

다. 대체 그런 행동과 태도는 무엇 때문인지 궁금하기 짝이 없습니다. 조금 더 들어가볼까요?

죽음은 부조리를 깨우는 촉매제

"오늘 엄마가 죽었다. …… 〈모친 사망, 명일 장례식. 경백(敬白, 각별한 감정으로)〉 …… 그것만으로써는 아무런 뜻이 없다. …… 지금은 어쩐지 어머니가 죽지 않은 것이나 별다름이 없는 듯한 상태다. 장례식을 치르고 나면 확정적인 사실이 되어 모든 것이 다 공인된 격식을 갖추게 될 것이다. …… 하늘에는 벌써 햇빛이 가득 차 있었다. …… 주위에는 한결같이 햇빛이 넘쳐서 눈부시게 빛나는 벌판이 보일 뿐, 하늘에서 쏟아지는 빛은 견딜 수 없을 지경이었다."

엄마는 죽었지만, 나(뫼르소)는 살아 있습니다. 그는 이 간극을 어떻게 극복해야 할까요? 엄마가 죽었다는 전보를 받지만, 뫼르소는 큰 슬픔을 느끼지 않습니다. 주변 사람은 장례식이라는 의식(이미 그녀가 죽었기에 쓸데없어 보이는)에 더 집중했고, 더러 엄마의 죽음을 슬퍼하기도 했지만, 뫼르소는 마치 진공 속에 놓인 것처럼 감정의 동요를 거의 느끼지 않습니다. 오히려 장례식 내내 내리쬐는 강렬한 햇빛에 압도되어 있었습니다. 죽음과 햇빛은 이 소설에서 가장 멀리서 대척점을 그리는 두 존재입니다. 이 둘은 생과 사 사이에 존재하는 뫼르소를 더욱 도드라지게 합니다.

뫼르소도 어머니의 죽음이라는 큰 사건을 만나기 전, 다른 사람과 별반 차이가 없었습니다. 그도 생전에 엄마의 양로원을 찾을 때면 연민과 회한으로 눈물을 찔끔거리는 여느 심약한 아들(보통의 삶을 사는)과 다름이 없었습니다. 하지만 어머니의 죽음이라는 대사건이 그를 새로운 존재로 각성시킵니다. 어머니의 죽음으로 뫼르소는 전과 다른 삶을 맞게 됩니다. 사실, 우리 대부분은 스스로 의도하거나, 선택하지 않은 생을 아무 의미 없이 살 때가 많습니다. 내가 바라는 것이 정말 내가 바라는 것인지조차도 모른 채말입니다. 자신이 진짜로 원하는 것이 뭔지 고민하지 않을 때, 그저 다른 사람과 별 차이 없는 일상적 존재로 남을 뿐입니다.

일상적 존재는 개성적 존재나 실존적 존재의 반대말입니다. 일상적 존재로 사는 것이 좋다거나 문제가 없다고 생각하는 사람도 많습니다. 그런데, 실상 그 보통의 존재란 것이 자기 아닌 타자의 호명대로 사는 것을 의미한다면 어떻게 해야 할까요? 의욕이든 욕망이든 장래 희망이든 다 그렇습니다. 진짜로 내가 원하는 게 뭔지 모르는 채, 남과 세상이 만든 생을 사는 경우가 부지기수입니다. 철학에선 이를 '실존적 진공 상태'라고 부릅니다. 우리 대부분은 이 실존적 진공 상태를 자각하지 못한 채 살다가 죽음을 맞이합니다. 하지만 뫼르소는 달랐습니다. 그는 어머니의 죽음이라는 '결정적 사건'을 계기로 자신이 실존적 진공 상태에 빠져 있음을 깨닫게 됩니다.

자신을 낳아준 어머니의 죽음이란 거의 모든 사람에게 큰 충격

[열한 번째 세션]

입니다. 이런 큰 사건을 마주하고 묵직한 뭔가를 깨닫게 됩니다. 그 깨달음의 질과 깊이에 따라 이후의 삶은 완전히 달라질 겁니다. 그런데, 큰 슬픔이 잦아들면 전에 살던 대로 사는 사람도 많습니다. 죽음이라는 생의 교과서를 제대로 읽지 못한 채 말이죠.

하지만 뫼르소처럼 이전과 다른 정신으로 탈주하는 사람도 있습니다. 죽음은 언제나 삶을 다시 느끼고, 생각하게 하는 큰 사건이니까요. 더군다나 어머니의 죽음은 더욱 그렇습니다. 뫼르소의 특별한 점은 어머니의 죽음에서 자기 생의 모순과 방향을 발견했다는 겁니다.

그가 새로운 삶의 방향을 택하는 데 결정적인 영향을 미친 것이 바로 '햇빛'이었습니다. 카뮈의 정신적 스승 니체는 "태양을 보고, 세상의 암흑까지 비추는 태양처럼 자신도 넘치는 지혜를 나누어" 주고 싶다고 했습니다. 뫼르소는 "태양이 그렇게도 빨리 하늘로 솟아오르는 것을 보고" 놀랍니다. 장례식장을 내리쬐는 강렬한 햇빛은 뫼르소에게 생과 지혜를 느끼게 했습니다. 햇빛은 "풍경을 전율케 하면서 천지에 넘쳐"나고 있었습니다. 그 느낌이 너무도 강렬해 어머니의 죽음을 잠시 잊게 할 정도였습니다.

어머니의 죽음을 마주하고 뫼르소는 자기에게 햇빛과 같은 생의 실존이 없다는 것에 놀랐습니다. 철학자 야스퍼스는 인간은 인간으로서 어쩌지 못하는 죽음이나 재난, 질병 같은 한계상황Grenzsituation에 직면하는 존재로 정의합니다. 인간은 한계상황과 마주했을 때 자기의 유한성을 깨닫습니다. 한계상황은 철학적 좌절Scheitern을 경험하게 하고, 삶의 의미를 사유하게 이끕니다. 이

때 실존 가능성의 문도 열립니다.

뫼르소는 한계상황과 마주하며 고통과 좌절을 느꼈으며, 동시에 지혜의 기쁨에 흠뻑 취합니다. 그가 벌이는 숱한 기행과 몰상식은 이런 충격에서 비롯된 방황과 모색의 과정으로 볼 수 있습니다(그러니 그의 손가락을 볼 것이 아니라 그의 손가락이 가리키는 곳을 보아야 합니다). 그는 비록 겉으로는 망나니 춤을 추지만, 속으로는 자기 삶을 제대로 '응시'하고 있었던 겁니다.

뫼르소처럼 내 삶도 한번 진지하게 돌아보면 어떨까요? 뫼르소의 의식을 따라가다 보면, 어쩌면 우리 역시 자신이 그저 무언가를 흉내 내고 있을 뿐, 자기 삶을 사로잡은 거대한 무의미와 가치 없음을 자각하고서 깜짝 놀랄 수도 있습니다. 그 놀람이 의미 있는 두려움으로 가는 통로가 될 수 있습니다. 우리는 뫼르소의 언행이 이상하다고 말할 테지만, 사실 그의 모습은 나 자신을 거울처럼 되비추고 있습니다. 자신에게 질문해 보세요. 지금 나는 왜 이렇게 살고 있지? 무엇을 하려고 이렇게 발버둥 치고 있지? 순간 어딘가 와르르 무너지는 느낌을 받는다면 당신 역시 제2의 뫼르소가 될 자격을 지닌 것입니다. 누군가의 충격적인 죽음 없이도 자기 삶의 실존성을 통찰할 준비가 된 것이기 때문입니다.

뫼르소는 그저 의미 없이 기행을 벌인 것이 아닙니다. 삶의 의미를 갈망하며 방황하고 있을 따름입니다. 얼핏 사람들의 무계획적인 삶과 뫼르소의 언행이 닮아 보이지만, 둘은 전혀 다른 성질을 지녔습니다. 군중 속에서 남들처럼 사는 삶이 오히려 가짜에 가까울 것이고, 기행으로 느껴지는 뫼르소의 삶이 오히려 진짜의 삶에 다가가고 있는 것이기 때문입니다. 그가 자기 삶의 영웅일 수 있었던 이유는 생의 무의미 가운데서 허우적거리던 삶을 자기 앞의 생으로 구출하기 때문입니다. 우리는 다른 사람을 구할 필요가 전혀 없습니다. **남도 세상도 아닌 먼저 자기를 위해 살아야 합니다. 더 정확하게 자기 실존을 위한 삶이어야 합니다.** 자기 삶도 지키지 못한 사람이 타인을 구할 수 없기 때문입니다. 진정한 구원자란 자기부터 구원한 사람입니다. 자기 삶을 구원할 자는 오직 자신뿐입니다. 무의미한 삶과 싸우는 사람은 자기 삶의 구원자가 될 수 있습니다. 무의미가 춤추는 일상에서 생의 의미를 찾고, 온전히 느끼며, 실천하는 사람이기 때문입니다.

뫼르소도 전에는 군중 속에서 흔한 존재로 부조리하게 살았습니다. 하지만 어머니의 죽음 이후, 그는 부조리를 한껏 걷어찹니다. 뫼르소가 의미 있는 삶을 깨달은 것은 감옥에 갇힌 뒤였지만, 어머니의 죽음을 통해서 제대로 각성했고 그 깨달음대로 행동했기에 감옥에서 사색을 실천할 수 있었습니다. 이처럼 의미 있는 죽음은 부조리를 강렬하게 느끼는 촉매제가 됩니다. 하지만 세상에는 너무 많은 무의미한 죽음이 존재합니다. 우리가 우울한 근원적인 이유도 여기에 있습니다. 무의미한 삶이라면, 그리고 무의미하게 죽게 된다면 삶을 의욕적으로 살아야 할 이유도 완전히 사라지기 때문입니다. 당신이 지금 우울한 것은 돈이나 명예가 없어서가 아니라 단지 삶의 의미를 잃었기 때문입니다.

뫼르소에게 어머니의 죽음은 의미로 충만한, 그리고 의미를 일깨우는 죽음이었습니다. 의미 있는 죽음은 자기 자신과 일대일로

삶의 의미를 잃어버렸을 때

직면하는 죽음입니다. 모든 진지한 사유가 여기서 출발합니다. 누구나 죽는다는 것, 나 역시 반드시 죽음을 맞는다는 진실을 받아들일 때, 비로소 부조리의 감수성(세계의 부조리성을 느낄 수 있는 능력)도 고양될 수 있습니다. 카뮈는 '나는 왜 살고 있지?'라는 의문이 들 때, 사람은 크게 세 가지 반응을 보인다고 했습니다. 하나는 삶에 회의를 느끼고 자살하거나, 또 하나는 더 깊이 생각하지 않고 지금까지 하던 대로 사는 것이며, 마지막은 운명에 도전하며 **삶의 의미를 찾고자 '반항하는 인간**L'Homme Révolté'**이 되는 것입니다.** 이 가운데 뫼르소는 삶의 의미를 쟁취하기 위해 반항하는 길을 택합니다. 이는 가장 마주하기 힘든 일이며, 가장 감내하기 어려운 진리의 가시밭길입니다. 우리에게 뫼르소의 행동이 낯설어 보였던 것은 그것이 지극히 개성적인 삶의 방식이기 때문입니다. 그의 행동은 기행이 아니라 의미를 찾기 위한 반항이었던 겁니다.

부조리에 반항하는 인간

우리가 자주 간과하는 게 있습니다. 인간은 변화하는 존재라는 사실입니다. 사람은 고쳐 쓰는 것이 아니라는 둥, 인간은 쉬이 변하지 않는다는 둥 변화의 가능성을 막아버리는 인식이 사회에 공고합니다. 의식의 성장보다는 의식의 정체를 믿고, 의미의 발견보다는 무의미에서 허우적거림을 바라는 세태입니다. 과연 그럴까요? 지금 당신은 예전의 당신과 같은 사람입니까? 물론 내 삶을 깊이 생각하지 않고 살던 대로 사는 사람도 있겠지만, 진짜 사건은 사람을 완전히 변하게 만듭니다. 그래야 진정한 사건이 될 수 있죠. 누구도 막을 수 없는 변화를 초래하는 그런 사건 말입니다. 사건은 변화이며, 변화는 사건입니다. 그런 게 아니라면 한낱 에피소드에 불과합니다. 속은 그대로인데 겉만 살짝 치장하는 일일 뿐입니다. 어제와 같은 나로 오늘을 살아가는 것을 굳이 사건이라고 부를 필요는 없습니다.

지금 당신에게 가장 필요한 것은 변화 가능성입니다. 변할 수 있는 나로 변하는 일이 가장 시급합니다. 고정형 사고 대신 성장형, 개방적 사고여야 진정한 자기와 만나고 개성적으로 살아갈 수 있기 때문입니다. 뫼르소는 한 사람의 존재라기보다는 어쩌면 사건을 온몸으로 느꼈을 때 촉발되는 자아의 연쇄 반응을 대변합니다. 그는 과거의 자아에서 새로운 자아로 변해갑니다. 우리는 모두 뫼르소처럼 헌 자아를 벗고, 새 자아로 나아갈 수 있습니다. 역경은 변화의 영양제입니다. 죽음의 수용소에서 인간 존재의 최소 조건을 깨달았던 빅터 프랭클은 이를 자기 초월self-transcendence, 자기 이탈self-detachmant이라고 불렀습니다. 그에 따르면, 인간은 온전한 자기로 나아가는 존재, 즉 자기 자신을 자기로부터 떼어놓을 수 있는 자기 초월적 존재입니다. 뫼르소의 몸부림 역시 이런 자기 이탈을 거쳐 자기 초월을 향한 투쟁이었습니다. 그는 목숨을 걸어서라도 자기 존재를 찾는 것이 '의미 있는 삶'이라고 믿었습니다.

뫼르소는 마침내 어머니의 죽음이라는 대사건을 통해 삶을 '예절이나 인습'이 아닌 '자기 감각'에 우선해 살아가겠다고 다짐합니다. 이제부터 그는 변하기 시작합니다. 그리고 세상이 상식이라고 여기는 것을 거부한 채, 수영과 영화와 섹스를 감행합니다. 이는 모두 풍부한 감각으로 채워진 새로운 '사건들'에 해당하며, 이 새로운 사건들이 그에게 새로운 삶의 의미를 끌어내는 촉매 역할을 합니다. 세상은 이를 죽음에 대한 무례로 여기겠지만, 그는 오히려 어머니가 자신에게 허락한 생을 진정으로 사는 일이라고 믿습니다. 즉, 인습의 삶 대신에 감각의 삶을 택합니다. 감각은 삶의 중요한 바탕입니다. 세상은 감각적 삶을 깎아내리지만, 감각은 잊은 채 의무나 예의에 속박되어 살아가는 삶이 더 불행할지 모릅니다. 세상 이곳저곳 수많은 냄새와 향기를 맡아보며 살아가는 것이 더 살아 있음을 향유하는 삶일지 모릅니다. 의미는 언제나 새로운 감각과 사건들 속에서 촉발되니까요.

　물론 삶의 의미를 찾는 여정이 쉽지 않습니다. 세상의 요구에 맞춰 살던 대로 사는 삶은 편합니다. 이 편안함 대신에 '내가 제대로 사는 건가?'라는 생각은 불온하고 불안과 불편을 동반합니다. 이 생각이 꼬리에 꼬리를 물면서 세상과 존재의 의미까지 파고든다면, 삶의 '부조리'와 마주치게 됩니다. 이것은 어쩌면 존재의 늪에 빠져드는 계기가 될 수 있겠죠. 카뮈는 부조리를 체험한 사람을 '부조리 인간L'homme absurde'이라고 했습니다. '부조리Absurdism'를 다른 말로 바꾸면, '모순된 현실'이자, '의미를 찾을 수 없는 것'입니다. 이 둘은 인과 관계에 있습니다. 모순된 현실에서는 의미를 찾기도 힘들기 때문입니다.

카뮈가 말한 '부조리 인간'은 '세상의 부조리를 의식하며 살아가는 인간', 즉 **깨어 있는 의식을 지닌 인간**입니다. 그는 인간이 자기 존재의 부조리와의 대결과 반항에서 의미를 찾음으로써 진정 행복해질 수 있다고 믿었습니다. 가령, 세상이 열심히 공부하라고 해서 열심히 공부했고, 열심히 일하라고 해서 열심히 일했건만, 그것이 나답지 않은 것임을 문득 깨달을 때, 그 사람은 부조리를 강렬하게 경험하게 됩니다. 이 부조리를 알아차리고 용기 내어 나다운 선택을 하게 된다면, 그 사람은 카뮈가 말한 '반항하는 인간'이라고 할 수 있습니다.

흔히 뫼르소의 죽음을 떠올리며 삶의 허무나 무가치를 항변하는 사람도 있지만, 이는 극히 표면적인 이해일 뿐입니다. 의미도 없는 인생인데 살아서 뭐 해? 같은 반응은 《이방인》을 단단히 잘못 읽은 것입니다. 오히려 카뮈가 끝내 찾은 답은 '반항' '자유' '열정'이기 때문입니다. 카뮈는 반항해야 하는 이유를 《시지프의 신화》에서 이렇게 말합니다.

"산다는 것은 부조리를 살려놓는 것이다. 부조리를 살린다는 것은 무엇보다 먼저 부조리를 주시하는 것이다. [⋯] 따라서 유일하게 일관성 있는 철학적 태도는 곧 반항이다. [⋯] 반항은 인간과 그 자신의 어둠과의 끊임없는 대면이다. [⋯] 이 반항은 삶에 가치를 부여한다. 한 생애의 전체에 걸쳐 펼쳐져 있는 반항은 그 삶의 위대함을 회복시킨다."

카뮈는 반항을 통해 삶의 가치를 찾고, 삶의 위대함을 회복할 수 있다고 했습니다. 그것은 세상의 질서에 끊임없이 '반항'하고, 더 많은 '자유'를 추구하며, 삶의 순수한 불꽃인 '열정'을 잊지 않고 가슴에 간직하는 것입니다. 부조리한 인간 앞에 놓인 유일한 시간은 현재일 수밖에 없습니다. 그러니 지금 주어진 것들을 남김없이 모두 태워버리는 '열정'이 무엇보다 중요합니다. 바위를 밀고서 가파른 언덕을 오르는 시지프(Sisyphus, 그리스 신화에 등장하는 왕으로 신의 노여움을 사 바위를 산 정상으로 밀어 올리는 형벌을 받지만, 바위를 밀어 오르고, 또 굴러떨어지기를 반복합니다. 카뮈는 현대의 노동자들은 그보다 끔찍한 삶을 산다고 보았습니다)는 이 모두를 떠안은 인간의 상징입니다.

카뮈는 마지막 순간까지 시지프처럼 세상에 저항하면서 동시에 자기 운명에 열정을 다한 삶을 꿈꿨습니다. 그러니 뫼르소는 그저 사형받고 싶어서 안달이 난 사람이 아니라, 자기 삶에 거짓 없는 열정을 바치고자 노력한 인물입니다. 삶의 의미를 향한 뫼르소의 투쟁은 살인을 저지른 뒤, 재판을 받고 사형을 기꺼이 받아들이는 선택을 할 때까지 이어집니다. 사형 선고 후, 그의 생각은 더없이 깊어집니다. '부조리 인간'이 되자마자 그에게는 죽음이 당도한 것입니다. 이는 현대인의 표상에 가깝습니다. 우리의 인생이란 겨우 삶의 의미를 조금 알아차리고 났을 때, 대개는 늙음이나 병, 뜻밖의 사고 등으로 죽음이 목전에 당도하는 것이기 때문입니다. 왜 삶에 대한 깨달음은 이렇듯 늦게 찾아오는 걸까요?

자기 삶에 대한 응시

뫼르소는 어머니의 죽음에서 느낀 세상을 향한 반항과 분노를, 세상의 규칙을 하나씩 깨뜨리는 실천으로 보여줍니다. 그가 장례식에서 보인 태도나 이해할 수 없는 행동은, 실은 사는 대로 살지 않으려는 실존의 갈망에서 비롯된 것입니다. 그는 장례식장 등에서 세상이 요구하는 인습과 예의에 반대합니다. 대신 느낀 대로 행동하고, 있는 그대로 말하며 자기 생각을 따릅니다. 장례식날 "몹시 피곤했고, 졸음이" 와서 슬픈 감정에 빠질 겨를이 없었노라고 말하고, 살인을 후회하느냐는 판사의 질문에 "난처함"을 느낀다고 했습니다. 뫼르소는 이런 자신이 "육체적 욕구(감각)에 밀려 감정은 뒷전이 되는 그런 천성"을 지녔다고 설명합니다. 이는 자신이 사고나 감정이 아닌 감각으로 움직이는 존재임을 부조리한 세상에 천명한 겁니다. 남이 어쩌라고 하는 것에 개의치 않고, 지금 느껴지는 것에 충실할 뿐이라고 자신을 변호한 겁니다.

하지만 세상은 사람들이 정한 대로 살기를 바랍니다. 세상이 바라는 것은 노예 같은 사람입니다. 판사가 뫼르소에게 사형을 선고한 큰 이유는 어머니의 죽음을 슬퍼하지 않았다는 황당한 논리였습니다. 노예가 함부로 새로운 감각을 음미하거나, 제식대로 사유를 해서는 안 되기 때문입니다. 이 사회가 개인에게 바라는 것이라곤 고작 이런 게 전부입니다.

뫼르소는 세상이 자신에게 부조리하게 짐 지운 모든 일을 거부하고, 자신이 행동한 대로 느낀 대로 진실하게 답할 따름입니다.

그 때문에 사형을 받지만, 끝까지 거짓으로 변명하지 않습니다. 그만큼 진실을 향한 용기로 충만합니다. 그는 자신의 이런 행동을 '실존적 선택'이라고 믿습니다. 자기 뜻대로 죽음을 선택한 것이라는 의미입니다. 뫼르소가 어머니의 죽음에서 조금씩 느끼기 시작한 부조리는, 아랍인의 부질없는 죽음과 자기 죽음(사형 선고)이 충돌하며 서서히 커다란 깨달음으로 변합니다.

"그래, 나는 죽을 수밖에 없는 거다. 다른 사람보다 먼저 죽을 것은 분명하다. 그러나 인생이 살만한 가치가 없다는 것은 누구나 알고 있다. 결국, 서른 살에 죽든지 예순 살에 죽든지 별로 다름이 없다는 것을 나도 모르는 바가 아니다. 그 어떤 경우든 당연히 그 뒤엔 다른 남자들 다른 여자들이 살아갈 것이고 여러 천 년 동안 그럴 것이다. 요컨대 그것보다 더 분명한 것은 없다. 지금이건 이십 년 후건 여전히, 죽게 될 사람은 바로 나다."

우리는 언젠가는 죽습니다. 이때 가장 먼저 해야 할 일은 죽게 될 사람은 바로 나라는 사실을 직시하는 것입니다. 뫼르소는 자신에게 내려질 사형 선고 덕분에 이 사실을 거부감 없이 받아들일 수 있었습니다. 사람들은 죽음을 회피하지만, 죽음을 피할 수 있는 사람은 없습니다. 인간의 실존성은 여기서 시작되어야 합니다. 인간이 불안한 기분에 휩싸이는 것은 근원적으로 죽을 수밖에 없는 존재이기 때문입니다. 그 불안한 기분이 자기 죽음과 의미 있는 삶에서 도피하도록 유혹합니다. 그러나 나는 죽을 수밖에 없는

[열한 번째 세션]

존재라는 사실, 이것을 완전히 이해한 뒤에야 지금껏 자살하지 않고 생존해 있는 나의 존재 이유를 발견할 수 있습니다. 또한 나의 존재 이유를 채워주는 삶의 의미와 감각도 되찾을 수 있습니다.

뫼르소는 감옥에 갇히고, 자기 죽음과 마주하고서야 부조리를 깨닫고, 삶의 의미를 찾아보려고 하지만, 이미 사형당할 처지에 놓입니다. 대부분의 우리 삶도 그렇습니다. 그나마 죽기 직전이라도 부조리와 삶의 의미를 알았다면 천만다행입니다. 대부분 자기 존재의 의미를 발견하지 못한 채 흙 속의 먼지로 변할 테니까요.

나 자신도 뫼르소처럼 부조리를 깨닫게 되고, 자기 삶의 의미를 찾게 될까요? 뫼르소의 삶은 인간이 처한 생의 비극을 거울처럼 반영합니다. 그러니 우리 각자는 이제 무엇이라도 해야 합니다. 아니, 가장 나답게 살아보아야 합니다. 우리는 나 자신을 포함해 후회하는 이들을 자주 봅니다. 가족을 위해, 회사를 위해, 사회를 위해 내 모든 걸 바쳤지만, 정작 자신을 위해 한 일은 없다고 후회하는 사람들을. 그런 사람을 세상은 치켜세우지만, 사실은 아무 의미 없는 껍데기 삶을 살다가 먼지로 사라져버릴 존재인지도 모릅니다. 이제껏 단 한 번도, 단 한 순간도 자기 삶을 가지지 못했기 때문입니다.

분투하지 않는 삶은 무의미

자기 삶의 영웅이 되기 위해서는 자기 안에 도사린 죽음을 응시

해야 합니다. 또한 자기다운 삶이 무엇인지 열정적으로 찾아 나서야 합니다. 그것을 '실존'이라고 불러도 좋습니다. 인간의 삶은 분투하지 않는 한, 무의미합니다. 실존에 도전하지 않으면 무의미의 늪에서 헤어 나올 수 없습니다. 자기 삶을 진실하게 원한다면, 뫼르소가 죄의식이나 제도, 인습 같은 껍데기들을 멀리 던져둔 채 감행했던 도전이 우리 각자에게도 필요합니다. 또한 다양한 느낌과 새롭게 촉발된 감정들로 내 삶을 유희하고 경험해야 합니다.

　어떤 사람은 뫼르소를 보면서 내적 통증을 느낄 수 있습니다. 내 삶을 제대로 만끽하고 있는가, 하는 자각 때문입니다. 뫼르소의 뒤를 밟으며 알 수 없는 통증을 느껴보는 건, 분명 가치가 있습니다. 어쩌면 자기 발견을 위한 최대치의 모험입니다. 그의 언행을 좇으며 가슴이 아려보는 경험은 나 자신을 의미 있는 존재로 이끌어 줄 것입니다. 뫼르소의 말과 행동 하나하나에 당혹감과 의문을 품고, 자기 삶을 응시하게 된다면, 그가 만들어놓은 의미의 가시밭을 제대로 밟은 것입니다. 뫼르소는 이렇게 말합니다.

　"내가 살아온 부조리한 생 전체에 걸쳐, 항상 한 줄기 어두운 바람이 미래 저 밑바닥에서부터 불어오고 있었다. 그것도 아직 닥치지도 않은 세월을 거슬러서 말이다. 내가 사는 더 실감 날 것도 없는 이 시간 속에서, 내게 주어진 것은 모두 다 그 바람이 쓸고 지나가면서 아무 의미가 없는 것이 되어버렸다."

　언젠가 내게도 뫼르소처럼 생의 무의미를 깨닫게 하는 한 줄기

　　　　　　　　　　[열한 번째 세션]

어두운 바람이 내면 깊은 곳에서 불어닥칠지 모릅니다. 생의 의미와 자기 존재의 근거를 찾아 헤매던 뫼르소는 거짓을 말하고 석방되는 대신, 진실을 말하고 사형당하는 길을 택합니다. 비록 진실로 인해 죽게 되더라도 어쩌면 그에게는 행복한 선택입니다. 진실 또한 그가 가장 바란 삶이었기 때문입니다. 뫼르소는 마지막 순간, 진실과 아름다움이 하나로 일치된 충만감에 도달합니다. 죽음을 받아들이는 선택을 하지 않았다면 절대 경험할 수 없는 일이었습니다. 가면과 거짓으로 살아가는 사람들에게 이것은 깊은 충격이자 환희로 다가옵니다.

단 하나뿐인 나의 삶을 비추어줄 진짜 의미는 무엇일까요? 의미는 항상 사건이 벌어졌을 때 생기는 법입니다. 하지만 쳇바퀴 도는 일상이란 의미 있는 사건들에서 멀어져 있을 때가 대부분입니다. 그래서 상담가는 '기적 질문'을 던지곤 합니다. "한 번 상상력을 발휘해보세요. 오늘 집에 가서 잠을 잘 거예요. 그리고 당신이 자는 동안 기적이 일어나 당신이 지금 고민하는 그 문제가 해결된다고 상상해 보세요. 당신 삶은 어떻게 변할 것 같나요? 또 아침에 당신이 처음 무엇을 본다면 기적이 일어난 것을 알 수 있을까요?"

이런 질문은 문제가 아니라 해결에 집중하게 만드는 효과를 지닙니다. 그뿐만 아니라 내가 간절히 바라는 것의 실체를 떠올리게 하고, 그것을 이루기 위해 어떻게 해야 할지를 성찰하게 합니다. 세상에는 별자리만큼 많은 의미와 가치가 퍼져 있지만, **언제나 중요한 것은 자기 가치이며, 자기 의미입니다.** 그것이 아무리 빛나게 보여도 타인의 것이라면 아무 의미 없는 가치일 뿐입니다. 타인들이 원하는 것이 아니라, 내가 진짜로 원하는 게 무엇인지 생각해야 합니다. 그것만이 온전히 나의 의미가 됩니다.

뫼르소는 고민 끝에 그 답을 찾았고, 불과 단 하루, 단 몇 시간 남은 생에서 자신이 해야 할 것이 무엇인지, 자기 의미가 무엇인지 깨닫게 됩니다. 사형 집행일 아침, 비로소 자신이 바라는 것을 모두 이루었으므로 기뻐할 수 있었습니다. 그렇게 뫼르소는 기꺼이 사형대에 오릅니다.

"별들이 가득하고 징조들로 가득한 밤을 앞에 두고, 나는 처음으로 세계의 다정한 무관심에 마음의 문을 열었다. 그처럼 세계가 나와 닮아, 마침내는 형제 같음을 느끼자, 나는 전에도 행복했고, 지금도 행복하다고 느꼈다. 모든 것이 완성되기 위해, 내가 덜 외롭게 느끼기 위해, 나에게 남은 소원은 다만, 내가 사형 집행을 받는 날 많은 구경꾼이 증오의 함성으로써 나를 맞아주었으면 하는 것뿐이다."

자기 삶의 영웅이 된다는 것은 군중의 돌팔매를 기꺼이 맞는 일입니다. 하지만 한 번도 실존해보지 못한 사람에게는 그에게 돌을 던질 자격은 없을 겁니다. 인생에 대한 단 하나의 죄는 실존하지 못함이기 때문입니다.

세상이 나를 미워하거나 이해할 수 없다고 해도, 나는 자신의 의미로 삶을 지켜낼 수 있습니다. 뫼르소는 성공이나 명예, 돈 같은 저렴한 열망이나 제도와 문명의 습관 같은 정해진 틀은 물론, 지금 내게 직면한 많은 숙제와 일상의 규칙들이 과연 진실한 것인지 다시 생각하도록 나를 끝까지 밀어붙입니다.

카뮈는 자신이 가장 사랑하는 10개 단어로 "세계, 고통, 대지, 어머니, 사람들, 사막, 명예, 바람, 여름, 바다"를 꼽았습니다. 이 단어들에서 카뮈가 생각한 삶의 의미를 읽을 수 있습니다. 그는 기본적으로 인생이 고통스럽다고 생각했습니다. 그렇기에 실존하고 싶은 갈망 또한 샘솟았으며, 그런 가운데 자연이 주는 아름다운 감각을 사랑했고(자연의 감각이 죽을 운명을 항상 친구처럼 위로해 주었으므로), 어머니와 선한 사람들, 참된 명예를 그리워했습니다.

삶의 의미를 찾기가 정 어렵다면, 카뮈처럼 자신이 사랑하는 것들을 쭉 단어로 적어보는 것도 괜찮은 방법입니다. 그 단어 속에서 앞으로 나아가야 할 지향이나 목표가 살포시 옆모습을 드러낼 때도 있습니다. 카뮈는 죽어갈 우리 모두에게 **"눈물 나도록 살라** Live to the point of tears**"**는 당부를 남기고 떠났습니다. 그 뜻은 우선 하루하루 최선을 다해 살라는 의미일 것입니다. 아직 죽지 않았음을 찬미하며, 사랑으로 선함으로 사람들 속에서 살아달라는 당부입니다. 그리하여 자기 의미를 발견하고, 그 의미를 위해 목숨까지 바칠 정도로 열정적으로 살아갈 때, 자기다운 삶 역시 비로소 고개를 들 거라는 당부입니다.

호기심이 서서히 사라질 때

루이스 캐럴의 《이상한 나라의 앨리스》, 호기심에 대하여

"내가 여기서 어느 길로 가야 하는지 말해줄래?"
"그건 네가 어디로 가고 싶은지에 달려 있지."

"최근에 저는 새로운 것들에 대해

호기심이 점점 줄어들고 있다는 것을 느끼고 있습니다.

새로운 경험보다는 현재의 안정과 편안함을 선호하게 되었죠.

주변 사람들은 여행을 가거나 새로운 취미를 시작해보라고 권하지만,

저는 익숙한 것들에서 안정을 찾고 싶어합니다.

그런데도 때때로 답답함이 느껴지면

혹시 정체된 삶을 살고 있는 것은 아닌지 걱정됩니다.

어떻게 안정과 변화 사이에서 균형을 찾을 수 있을까요?"

호기심, 변화를 이끄는 힘

··

호기심이 사라진 세상을 상상해 보세요. 아마도 재미없고 지루한 곳이 되겠지요. 호기심도 억압받을 때가 많습니다. 궁금하지만, 참을 때가 많습니다. 그런데, 호기심이 억압될 때 삶의 가능성도 사라집니다. 인생에서 의미 있는 변화는 대부분 호기심에서 비롯되기 때문입니다. 바꿔 말하면 호기심이 인생을 멋지고 의미 있게 이끕니다. 세상에는 호기심이 아니었다면 생기지 않았을 것들이 많습니다. 새로운 발명도, 놀라운 발견도, 아름다운 예술품도 대개는 호기심에서 시작하니까요.

호기심이란 무엇일까요? 그것은 질문을 멈추지 않는 마음입니다. 궁금한 일이 있으면, 그 궁금증이 풀릴 때까지 매달리는 것이 호기심입니다. 궁금증이 사라지고, 더 이상 답을 구하지 않을 때 호기심도 사라집니다. 그러니 호기심을 느낀다면 질문을 멈추지 말아야 합니다. 삶에서 멋지고 의미 있는 변화를 일으키고 싶다면 말이죠.

여기, 아주 유명한 '호기심 소녀'가 있습니다. 호기심의 대명사라고 말할 수도 있겠네요. 《이상한 나라의 앨리스》의 주인공 앨리스입니다. 앨리스는 계속 더 "궁금하고 더 궁금해져Curiouser and curiouser!"라고 세상을 향해 소리치는 아이입니다.

이제 상상의 샘에서 흘러나오는 / 이야기도 다 말라 버리고 / 이야기꾼은 지친 목소리로 / "나머지는 다음에" 하면 / (아이들은) "지금 해주세요. 지금요." / 행복에 겨운 소리로 메아리치네.

호기심은 상상의 본질입니다. 상상하기 위해서는 호기심이 필요합니다. 하지만 때로 상상력이 말라 버릴 때가 있습니다. 그때 호기심도 사라지고, 더 이상 새로운 일도 생기지 않습니다. 이야기꾼이 더 이상 이야기를 못 하는 것도 그 때문입니다. 하지만, 아이들은 이야기하다 지친 이야기꾼에게 계속 이야기해 달라고 조르고, 이야기꾼은 아이들의 성화에 못 이겨 이야기를 이어 나갑니다. 아이만큼은 호기심의 본능이 아직 억압당하지 않는 존재이니까요. 그러다 어느 순간, 상상 속에서 "이상한 나라"가 생기고, "하나의 이야기"가 만들어집니다. 아이들은 이야기에 빠져들어 행복을 느낍니다. 시작은 이렇게 아이들의 멈추지 않는 호기심이었습니다.

[열두 번째 세션]

매일매일 변하는 너는 누구지?

이제 본격적으로 앨리스의 호기심 천국이 출발합니다. 회중시계를 찬 토끼가 나타나고, 이를 따라 앨리스는 한 발, 한 발 앞으로 발을 내딛습니다. 앨리스의 호기심이 얼마나 충만했던지, '먹지 마시오'라고 쓴 케이크를 먹은 뒤 키가 커지고, 또 '먹지 마시오'라고 쓴 음료수를 마신 뒤 키가 작아집니다. 하지 말라고 하면 할수록 하고 싶어지는 앨리스입니다.

호기심은 이렇게 금지된 것에 관한 호기심일 때가 많습니다. 지나친 호기심을 질타하는 충고도 듣지만, 앨리스는 좀처럼 멈출 줄 모릅니다. 오히려 단계를 높여 호기심이 이끄는 대로 씩씩하게 나아갑니다. 이런 호기심을 '거침없는 호기심' 혹은 '용감한 호기심'이라고 불러도 좋습니다.

앨리스라고 두렵고 걱정스러운 마음이 없었다면 거짓말일 테죠. 하지만 걱정이나 두려움보다 앨리스에게는 호기심이 먼저였습니다. 호기심을 이길 것은 없었습니다. 다만, '이상한 나라'에 온 이후로 듣도 보도 못한 일을 겪으면서 앨리스는 무엇보다 자기 몸이 자꾸 변하는 것이 걱정스럽습니다. 키가 커졌다 줄어들기를 반복하고, 갑자기 목이 기린처럼 늘어나기도 합니다. '이상한 나라'에 왔으니 그럴 법도 하지만 어찌 보면 당연한 일입니다. 변하지 않는 것은 없기 때문입니다. 그러니 걱정할 일이 아닙니다. 어쩌면 되레 좋은 일입니다. 몸이 변하니 마음도 당연히 변할 거로 생각할 수 있을 테니까요.

사람들은 영원히 변하지 않는 것에 미련을 버리지 못합니다. 하지만 영원한 행복, 영원한 사랑 같은 건 없습니다. 이 세상의 세포 하나, 생각의 조각 하나도 그대로일 수는 없습니다. 변하지 않는 것은 세상에 없으니까요. 그럼에도 아무것도 변하지 않는다는 생각은 흔하디흔합니다. 이런 착각은 어디서 시작된 것일까요? 우리는 늘 마음이 변합니다. 반대로 몸은 대개 그대로입니다(물론 그대로일 거라는 착각일 뿐입니다. 3개월만 지나도 내 몸은 거의 전부 새것으로 바뀌어 있을 테니까요). 그대로인 것 같은 몸 때문에 마음도 그대로일 거라 쉽게 착각합니다. 하지만 마음은 변하지 않고 한 자리에 머물 수 없습니다. '이상한 나라'가 앨리스에게 선사한 아주 특별한 경험은 바로 몸까지 변하게 만들어 마음도 변할 거라는 의심, 아니 확신을 심어준 것입니다. 그런 앨리스 앞에 애벌레가 나타나 묻습니다.

"너는 누구지?"

조금 무례해도 무척 중요한 질문입니다. 순간순간 몸이 바뀌는 앨리스에겐 더욱 중요한 질문이죠. 앨리스는 "아침에 일어났을 때는 누구인지" 알았지만, 내 모습이 계속 바뀌고 있어서 지금은 헷갈린다고 말합니다. 자기 모습이 바뀌니 나란 사람도 바뀔 것이라고 생각한 겁니다. 그래서 아직은 "나는 누구일까?"라는 질문에 답하기 어려웠습니다. 이때 애벌레는 "몸이 변한다고 해도 자신이 달라지는 것은 아니"라고 말해줍니다.

하지만 앨리스는 외부나 외형이 아닌, '내면'에 자신이 간직되어 있다는 애벌레의 말을 아직 이해할 수가 없습니다. 몸이 제멋대로 변하니, 마음도 변할 것이고, 그러면 '나'라는 존재를 알기도 어렵다고 느꼈기 때문입니다.

여기서 애벌레의 말은 중요한 진실을 담고 있습니다. 내 마음은 변하지만, '나'라는 존재는 달라지지 않는다는 것은 변화하는 주체의 진실을 말해주기 때문입니다. 그것은 '나'라는 주체의 속성이 변한다는 것이지, '나'라는 주체가 다른 주체로 바뀌지 않는다는 것을 의미합니다. 나에게는 변하는 것과 동시에 변하지 않는 것이 모두 있습니다. '나'라는 주체가 만들어낸 자아상에 지나치게 의미를 부여한다면 그때그때의 변화를 알아차리지 못할 것이고, 반대로 변화의 흐름에 지나치게 몰두한다면 자기라는 주체를 놓칠 수 있습니다. 그러니 **항상 변하고 있는 자신을 알아차리면서도 자기를 놓치지 않는 '정중동(靜中動)의 지혜'가 필요**합니다. 즉, 변화의 움직임 속에도 나를 잃지 않는 균형감이 필요한 것이죠.

아직 어안이 벙벙한 앨리스는 이런 진실을 이해하기 어려웠습니다. 그래서 일단 답을 찾을 때까지 좀 더 호기심이 가리키는 대로 따라가 보기로 합니다. 앨리스의 이런 호기심 여정에는 훈수꾼들이 여럿 등장하고, 앨리스는 그 훈수 대부분을 의심 없이 따릅니다. 그중에는 앨리스를 혼란에 빠뜨리는 훈수도 있지만, 놓치지 말아야 할 훈수도 있습니다. 그것을 가릴 줄 아는 것이 지혜이니, 계속 질문하면서 찾아야겠죠. 나를 찾아가는 여정에 조금씩 지쳐갈 즈음, 앨리스 앞에 지혜의 전령사 체셔 고양이가 나타납니다.

(앨리스) "내가 여기서 어느 길로 가야 하는지 말해줄래?"

(체셔 고양이) "그건 네가 어디로 가고 싶은지에 달려 있지."

(앨리스) "어디든 별로 상관없는데 ……."

(체셔 고양이) "그렇다면 어느 쪽으로 가든 무슨 문제가 되겠어?"

(앨리스) "내가 어딘가에 도착할 수만 있다면야 ……."

(체셔 고양이) "아, 넌 틀림없이 어딘가에 도착하게 돼 있어. 걸을 만치 걸으면 말이지."

어떤 길로 가야 하는지는 언제나 내가 어디로 가고 싶은지에 달려 있다는 말, 걸을 만치 걷고 나면 틀림없이 어딘가에 도착한다는 말. 이 얼마나 경이로운 대화인가요! 우리는 늘 답을 미리 찾고 싶어 합니다. 어떤 학교에 가야 할지, 무슨 일을 해야 할지, 어떤 계획을 세워야 할지 이 사람 저 사람에게 답을 구하려 혈안입니다. 실수하는 것을 극도로 꺼리면서 말이죠.

하지만, 내가 만들지 않은 답은 나의 답이 아닙니다. 타인의 의견일 뿐입니다. 급하게 답을 구한다고 해서 당장 답이 생기는 일도 아닙니다. 답은 나만의 지혜를 터득한 뒤에야 생기는 것이기 때문입니다. 답은 삶이 만드는 것이지, 참견이 만드는 것이 아닙니다. **내가 걸어가는 길의 끝에 나의 답이 존재합니다.** 여정을 잠시 멈추고 쉴 때, 내 안에 나도 모르게 차오르는 것들이 나를 위한 진실한 답들입니다. 지금은 다만, 여행을 즐겨야 할 순간입니다. 이 사람 저 사람을 만나고, 이곳저곳을 방문해야 합니다. 이 일 저 일을 해보고, 이 생각 저 생각을 품어보아야 합니다. 그러면서 답은 가을의 수확물처럼 내게로 다가올 겁니다.

답을 찾기 위해 앨리스는 지금 여행 중입니다. 여행은 언제나 즐겁고도 고통스럽습니다. 가지 않았다면 즐겁지 않았을 것이고, 또한 고통스럽지도 않았을 겁니다. 그러나 여행을 떠나야 합니다. 고통만큼 값진 기쁨이 있고, 실수만큼 가치 있는 지혜가 생기는 일이니까요. 고통은 고통대로 받아들이고, 즐거운 일은 온전히 음미하며 지금은 다만 여행할 때입니다. 여행의 참맛은 뜻밖의 조우입니다. 체셔 고양이의 날카로운 답변은 그런 깨달음과 여행의 참 의미를 떠올리게 합니다. 앨리스는 이 말에 용기를 얻습니다. 계속 걷는 자에게 '도착함'은 걱정할 일이 아니라는 사실 말입니다.

나는 성장하며 고민합니다. 또, 고민하며 성장합니다. 어른이 되어도 고민은 좀처럼 사라지지 않습니다. "나는 어디로 가야 하지?" "나는 어떤 사람이 되어야 할까?" "나는 어떻게 살아야 하지?" 고민은 겉모습만 조금 바뀔 뿐, 늘 나의 내면을 서성거릴 겁니다. 이런 고민의 다른 이름이 바로 호기심입니다. 끝나지 않는 호기심입니다. 궁금해야 질문하고, 질문해야 답도 구할 수 있습니다. 미래에 영그는 그 답을 향해 걸어가며 나의 자아도 차차 성숙해질 겁니다. 그 답들이 바로 '나'이기 때문입니다. 뭔가를 궁금해할 때, 나의 삶도 변하기 시작합니다. 궁금하니까 걷는 것이고, 걸어갔으니 새로운 길이 내 앞에 열리는 것입니다.

용기 내어 앞으로, 앞으로!

그런데 궁금해하는 것만으로 충분하지 않습니다. 체셔 고양이는 앨리스에게 네가 생각한 대로, 바라는 대로 두려움 없이, 멈추지 말고 걸어가는 것이 중요하다고 말합니다. 즉, 고민만 하지 말고, 질문만 던지지 말고, 당장 발걸음을 떼보라는 것입니다. 내가 바라는 답은 언제나 발걸음을 내딛는 용기에서 나오니까요. 물론 계속 질문하며 걷기란 쉬운 일이 아닙니다. 우리는 불안해서, 우울해서, 게을러서 걸음을 멈출 때도 많습니다. 때로는 지나온 걸음마저 완전히 부정하기도 합니다. 이때 조심할 일은 발걸음조차 떼지 않은 채, '고민(생각)의 감옥'에 갇히는 일입니다. 우울증 증상의 하나로 '무망감hopelessness'이 있습니다. 말 그대로 희망이 사라진 감정입니다. 내일에 대한 기대를 잃어버리거나 삶이 변하지 않을 거라는 막다른 사고가 무망감을 촉발하죠. 하지만 삶이 긍정적인 방향으로 선회하지 못하리라는 생각은 진실이 아닙니다. 삶은 끊임없이 움직이니까요. 또, 내가 움직이면 나의 삶도 변하는 법이니까요. 단지 움직이지 않았으니 변하지 않은 것뿐입니다.

생각의 감옥에 갇히면, 호기심이 가장 먼저 사라집니다. 이것이 사라진다면 어떻게 될까요? 희망은커녕 앞을 향해 한 발도 뗄 수 없는 절망과 무기력이 새벽 배송처럼 배달될 겁니다. 이런 상황에선 뭔가를 하는 것이 귀찮고 짜증만 납니다. 이불 밖은 위험하다며 서툰 변명 속에 자신을 가두고 말 겁니다.

SNS에서 엿보는 삶은 화려합니다. 아름다운 사람과 좋은 물건들로 전시되어 있습니다. 되고 싶고 가지고 싶은 것들이 즐비합니다. 하지만 그것들을 갖지 못할 때가 많습니다(물론 부질없는 욕망이 아니라 가치 있는 도전이 실패했을 때도 절망에 빠질 수 있습니다). 아니 그것을 가질 방법조차 찾지 못할 때가 많습니다. 그때 그것을 가질 수 없을 거라는 절망이 생깁니다. 그 절망이 굳어지고, 깊어집니다. 그 순간 호기심은 시들고 희망차게 걸어가는 일은 더이상 어려워질 수 있습니다. 그만 방 안으로 숨어들어 번데기처럼 침잠하려는 도피 충동이 꿈틀거리게 됩니다. 일단 굳어지기 시작한 절망은 세상 모든 일을 절망의 증거로 삼습니다.

혹시, 나는 지금 절망을 느끼고 있나요? 일상에서 호기심이 깡그리 사라졌나요? 나의 길을 걷지 못하고 있나요? 만약 지금, 이 질문이 심장을 찌른다면 체셔 고양이 말을 떠올리면 좋겠습니다. 조금씩 걷다 보면 어느 순간, 새로운 길이 내 앞에 항상 존재함을 깨닫는 순간이 찾아옵니다. 호기심과 희망은 동시에 꿈틀거립니다. 호기심을 품고 계속 걸어가는 한, 희망 또한 계속 자랍니다. 호기심 많은 앨리스가 그랬듯이 말이죠. 체셔 고양이가 앨리스에게 또박또박 일러준 비밀도 그것입니다. 이리저리 고민만 하지 말고 일단 걸어보라는 것! 그 말대로 앨리스는 이제 두려움 없이 나아갑니다. 때로 새로운 상황에 맞닥뜨려 잠시 당황하고 고민도 하지만, 다시 용기를 내어 호기심이 인도하는 곳으로 뚜벅뚜벅 걸어나갑니다.

나의 성장을 막아서는 것들

호기심이 이끄는 여정에서 앨리스와 가장 부딪히는 인물은 하트 여왕입니다. 하트 여왕은 현실의 부조리를 대변하는 인물입니다. 즉, 힘으로 합리성이나 정당성을 누르는 존재를 상징합니다. 하트 여왕은 호기심 넘치는 앨리스가 성가실뿐더러 이상한 나라의 시민들에게 나쁜 영향을 미치는 적으로 생각합니다. 그래서 앨리스에게 계속 말도 안 되는 명령을 내립니다. 심지어 카드 병정들에게 앨리스의 목을 치라고 명령하기까지 합니다. 현실에서도 하트 여왕과 같은 사람들을 종종 만날 수 있습니다. 나의 호기심을 차단하고, 나의 성장을 방해하며 나의 삶을 별다른 이유 없이 망가뜨리려는 사람들 말입니다.

"저 애(앨리스)의 목을 쳐라!" 아무도 움직이지 않았다. 앨리스가 말했다. "누가 당신의 말에 신경이나 쓴데요?" (앨리스는 이제 완전히 제 키로 돌아와 있었다) "너희는 고작 카드일 뿐이야!" 이 말에 카드들이 모두 공중으로 솟아오르더니 앨리스 쪽으로 날아왔다. 앨리스는 작은 비명을 질렀다. 놀라기도 했고 화도 나서였다. 날아오는 카드들을 쳐 내려고 하다가 문득 자신이 강둑에 누워 있다는 사실을 깨달았다.

지금 내 목을 치려는 사람은 누구인가요? 부모일 수도 있고, 직장 상사나 동료일 수도 있습니다. 혹은 믿었건만 내 등에 칼을 꽂은 그 사람일 수도 있습니다. 그들을 증오의 대상이라고 부를 수도 있겠죠. 아니면, 내가 살아온 인생에서 마주쳤던 숱한 무례한 사람들이라고 생각할 수도 있습니다. 어쩌면, 이 사회 시스템을 떠올릴 수도 있습니다. 그 무엇이든 아랑곳없이 끝까지 자기 길을 찾아 걸어가야 하는 것이 바로 나의 목적입니다. 그때 앨리스처럼 "너희는 고작 ○○일 뿐이야!"라고 소리치며 그들의 손을 뿌리치는 용기가 필요합니다. 앨리스는 쓸모없는 명령이나 내리는 여왕을 향해 "누가 당신의 말에 신경이나 쓴데요?"라며 용감하게 맞섭니다. 아슬아슬하면서 통쾌하죠. 여기에 작가 캐럴이 건네는 진실의 알약이 숨어 있습니다. 부당하게 나를 괴롭히는 것들이 있다면, "너희는 고작 카드일 뿐이야!"라고 외칠 수 있는 당찬 용기가 필요하다는 진실이 그것입니다. 내 목을 치려는 자들의 실체를 알고 보면 보잘것없는 것일 때가 대부분입니다. 이런 진실을 깨닫게 된다면, 그동안 허상의 적들에게 시달렸음도 알게 됩니다. 그때는 좀 더 쉽게 부당한 현실의 재판들에서 벗어날 수 있습니다. 그들은 하트 여왕처럼 나의 호기심이 두려웠을 뿐이고, 내가 새 길을 찾는 것을 방해하고 싶었을 뿐입니다.

앨리스는 가장 위태로운 순간에 당당하게 자기 목소리를 내는 용기를 지녔습니다. 부당한 것이 자신을 막아서는 위기의 순간, 자기 목소리를 낼 수 있다면, "내가 누구인지"에 대한 답도 명확해질 것입니다. 앨리스는 변화를 걱정하고 혼돈으로 괴로운 이들에게 힘껏 자기 목소리를 내보라고 응원을 보냅니다. 우리 각자가 호기심을 품고, 그 호기심의 답을 찾기 위해 항상 움직이는 것. 그것을 실천하는 희망과 용기를 가져야 한다는 삶의 진실도 앨리스의 굳센 행보에서 엿볼 수 있습니다.

"앨리스는 일어나 힘껏 달렸다. 앨리스는 달리면서 생각했다. 정말 희한한 꿈을 다 꾸었네. …… 그리고 (언니는) 동생 앨리스와 앨리스의 멋진 모험 이야기를 생각했다. 그러다 언니 역시 얼마 후에 꿈을 꾸게 되었는데 …… 앨리스의 언니는 마지막으로 이 어린 동생이 다음에 커서 어떤 여인이 될지를 상상해 보았다. 몇 년에 걸쳐 성숙한 동생 앨리스가 어린 시절의 순진하고도 사랑스러운 마음을 어떻게 지켜나갈지, 그리고 자신이 낳은 아이들을 모아 놓고 갖가지 이상한 이야기들, 오래전에 꿈속에서 보았던 이상한 나라 이야기를 어떻게 들려주어 아이들의 눈을 초롱초롱 빛나게 할지 생각해 보았다."

나의 지도는 내가 만드는 것

이 소설의 결말은 '이상한 나라'를 다녀온 앨리스와 이야기를 나누던 언니가 앨리스와 같은 꿈을 꾸고 난 후, 장차 사랑하는 앨리스가 어떤 사람이 될 것인지 상상하는 것으로 끝맺습니다. 언니는 앨리스가 자신이 알게 된 소중한 진실을 훗날 아이들에게까지 알려주는 멋진 어른이 될 것을 확신합니다.

그렇습니다. 앨리스는 분명 멋진 어른이 될 것입니다. 작가 캐럴이 자신을 설명한 말처럼 "아이들의 순수한 즐거움 속에서 기쁨을 찾는" 사람이 될 겁니다. 우리 각자가 창조하는 개성이나 자기만의 해답은 다르겠지만, 호기심을 잃지 않고, 용기 있게 행동하며 그 안에서 자기만의 지도를 만드는 일. 그것만큼 소중한 것도 없습니다. 앨리스는 자기를 알아가는 것만큼 소중한 일은 없다는 것을 우리에게 보여주고 있습니다.

내가 바라는 '나'는 언제나 내 안에 있습니다. 나에 대해 가장 잘 알 수 있는 사람은 나 자신입니다. 나는 나의 경험으로 만들어지는 것이며, 그 경험이 알려준 꿈을 꿀 것이고, 그 모든 기억과 꿈이 바로 자기 자신입니다. 이 진실을 믿고 지금 당장 발걸음을 떼는 것이 중요합니다. 체셔 고양이는 앨리스에게 이런 말을 들려주고 유유히 사라지죠.

（체셔 고양이）"아, 넌 틀림없이 어딘가에 도착하게 돼 있어. 걸을 만치 걸으면 말이지."

（앨리스）"혹시 나는 가고 싶은 곳이 없는 건 아닐까?"

（체셔 고양이）"지도만 보면 뭐 하니? 남이 만들어 놓은 지도에 네가 가고 싶은 곳이 있을 것 같아?"

（앨리스）"그럼 내가 가고 싶은 곳은 어디 나와 있을까?"

（체셔 고양이）"그건 말이야. 너는 너만의 지도를 만들어야 하는 거야."

세상에는 나의 길에 관해 훈수 두고 싶은 사람들이 너무 많습니다. 그들이 들려주는 훈수 가운데는 체서 고양이의 지혜 같은 것은 찾기 어렵습니다. 오히려 내 호기심과 용기를 꺾고, 세상은 절대 변하지 않는다는 거짓말을 전하려는 꼬드김이 훨씬 많습니다. 그러니 귀를 열어두되, 그들의 말이 진실인지도 항상 호기심에 찬 눈으로 살펴보아야 합니다.

앨리스를 다시 떠올려 봅니다. 매 순간 삶에 대한 호기심과 희망을 간직하고, 자신 있게 생각을 표현하며, 부조리한 세상과 싸워나갔던 사람, 그 과정에서 성장하고 자신의 길과 지도를 만들었던 사람. 우리 각자도 앨리스처럼 자신만의 지도를 만들어가면 좋겠습니다. 인생은 호기심의 연속이고, 그 호기심에 대한 답이 내 인생을 맞춰가는 퍼즐입니다. 불완전함은 진화와 변화의 동력입니다. 잠시 내 안을 들여다보세요. 변화가 여전히 두려운가요? 작은 불씨처럼 호기심이 남아 있다면, 다시 입김을 불어 그 불씨를 살려보는 건 어떨까요? 호기심이 이끄는 대로 천천히, 하지만 당당하게 걸어 나간다면, 또 다른 나를 만날 겁니다. 인생에서 의미 있는 변화는 작은 호기심의 불씨에서 시작하는 법이니까요. 그때 앨리스는 나에게 조용히 이런 말을 들려줄 겁니다.

"어제 이야기는 아무 의미가 없어요. 왜냐하면 지금의 난 어제의 내가 아니거든요."

작은 일에도 예민해질 때

릴케의 《말테의 수기》, 예민함에 대하여

"나는 보는 법을 배우고 있다.
왜 그런지 모르겠으나, 모든 게 지금까지보다
더 내면 깊숙이 파고들어
과거에는 항상 끝났던 곳에 이제 머물지 않는다."

"어릴 때부터 소음이나 강한 빛 같은 외부 자극에 대해 예민했어요.
학교에서도 집중하는 데 어려움을 겪었고, 이를 선생님이나 부모님께
말씀드렸을 때는 '왜 그렇게 예민하냐?'는 말만 들었습니다.
그럴 때마다 저 자신이 잘못된 것처럼 느껴졌고,
종종 '왜 나는 이렇게 예민한가?'라고 자책합니다.
다른 사람은 아무렇지도 않게 잘하는데,
왜 나만 이것을 견디지 못하는 걸까요?"

예민함을 숨기는 이유

‘예민보스’라는 말, 아세요? ‘예민’과 ‘보스’를 합친 말로 지나치게 예민하게 구는 사람을 부르는 말입니다. 다만 긍정적인 뜻보다 혐오, 비하, 조롱 등 부정적인 뉘앙스를 내포할 때가 많습니다. 예민보스가 달갑지 않은 사람들은 곧잘 이런 말을 던집니다.

“왜 그리 불만이 많아?” “왜 그렇게 예민하게 굴어?”

예민함을 부적절하게 다루는 사회는 집단이나 전체를 우선할 가능성이 큽니다. 성과나 관계, 체면 등을 중시하는 집단 중심 사회에서는 개인의 예민함을 문제 삼을 때가 많으니까요. 예민함이 까탈스러움이나 비정상으로 인식되는 것입니다. 이런 분위기 속에 오래 있다 보면, 예민함이라는 자신의 고유한 성향을 열등한 것으로 착각할 수 있습니다.

그렇다면 예민함 또는 민감성은 정말 열등한 성격일까요? 사실은 정반대입니다. ‘예민보스’가 아니라 ‘초민감자나 민감자’는 열등한 사람이 아닙니다. 민감성은 험난한 진화 과정을 거치며 자손을 번식한 인류의 속성이자 자질입니다. 예민하지 못하면 세상과 사물의 작은 움직임을 느낄 수도, 이해할 수도 없었습니다. 아니 생존조차도 할 수 없었습니다. 특히 높은 신경성 덕분에 맹수나 독극물, 재난 등을 피할 수 있었고, 생존과 번식에서 유리한 고지를 차지할 수 있었습니다. 따라서 민감성은 흠이라기보다는 뛰어난 능력에 가깝습니다. 심리학자 일자 샌드가 "민감성은 결함이 아니라 신이 주신 최고의 감각"이라고 했던 말은 과장이 아닙니다.

민감성은 인간이라서 가질 수 있는 고유한 성격입니다. 아니 인간이라서 가져야만 하는 성격입니다. 동물은 오로지 까다로울 뿐이지만, 인간은 자신이 민감하다는 것을 느낄 수 있습니다. 하지만 실제 현실에선 여전히 많은 사람이 인간관계와 사회적 삶에서 방해가 된다며 자신의 민감성을 부적절하다고 느낍니다. 그래서일까요? 사회생활에서 그런 비난을 더 자주 들어본 사람일수록 내면의 상처와 우울함에 시달리며, 타인이나 사회와의 교류를 피하고 두려워하게 됩니다. 자신의 장점을 오히려 단점으로 오인하며 많은 시간을 허비하게 되는 거죠. 이런 영향으로 민감성이 지닌 귀중한 잠재력을 누릴 수도 없게 됩니다.

만약 자신의 예민함이나 민감성 때문에 괴로워하거나 자책하고 있다면《말테의 수기》의 주인공 말테를 꼭 만나보기를 바랍니다. 예민함이 바로 삶의 통찰이자 자기완성임을 보여주기 때문입니다. 말테는 융이 말한 깊은 내향성의 소유자로 자기 그림자와 소통하며 예술적 창조를 실천하는 모습을 보여줍니다. 그럼, 본격적인 말테의 이야기로 들어가 볼까요?

예민해야 제대로 볼 수 있다

....

파리의 허름한 호텔 작은 방. 무명 시인 말테 라우리츠 브리게는 지난날 썼던 글들을 떠올리며 자책에 빠져 있습니다. 특히 스물여덟 살이 되도록 "아무것도 해놓은 게 없다"라며 비관에 젖습니다.

"우습다. 나는 스물여덟 살이나 되었는데, 아무도 나에 대해 아는 사람도 없이 여기 내 작은 방구석에 앉아 있다. 여기에 앉아 있는데 나는 아무것도 아니다. 그런데 아무것도 아닌 이 존재가 생각하기 시작한다. 회색빛 파리의 6층 방에서 이런 생각을 하고 있다."

말테처럼 시인 윤동주도 "만 이십사 년 일 개월을 / 무슨 기쁨을 바라 살아왔던가"라며 참회했습니다. 아직 깨닫지 못한 자신을, 아직 시다운 시를 쓰지 못한 자신을 자책했습니다. 시인은 자책해야만 성장할 수 있으니까요. 그런데 "아무것도 아닌 이 존재가 생각하기 시작한다"는 이 말은 어쩐지 데카르트의 방법적 회의를 떠올리게 합니다. 나는 지금 이룬 거라곤 아무것도 없는 전무의 상태지만, 나의 이성을 통해 어떤 것을 창조하게 될 거라는 예감이 드는 말입니다. 어찌 되었든 말테는 여태 인정받는 시인이 되지 못한 현실 때문에 괴로워하고 있습니다. 그에게도 꿈과 열망이 있었죠. 유명한 시인이 되고 싶었고, 그래서 "아무도 아는 사람

없이, 아무것도 가진 것 없이 트렁크 하나와 책 상자 하나를 가진 채" 여기저기 방랑하며 계속 글을 써왔습니다. 하지만 "작은 소품을 한 편 썼으나 졸작"이었고, 끊임없이 글을 써보았지만 써온 글들을 두고 보니, 지금 자신은 "어리석은 모방자"에 불과하다는 자책에 빠져 있습니다. 시인은 모방자가 아닌 언제나 창조자여야만 합니다. 그래서 말테는 마지막까지 우울과 고독에서 벗어나지 못합니다.

이런 말테가 보이는 우울이 좀 불편하다고요? 그의 우울에 대해 잠시 짚고 가겠습니다. 말테가 보이는 우울이 꼭 부정적인 것은 아닙니다. 잘못된 자아 편향으로 생기는 우울도 있지만(대개 꽉 막힌 자아의식에 기인합니다), **자아의 성장을 돕는 에너지로 작용하는 성찰적 우울도 있기 때문입니다.** 이런 우울은 지금껏 자신을 지탱한 거짓 자아를 붕괴시키고, 진짜 자아를 찾아가도록 돕습니다. 《데미안》이나 《올랜도》에서 그 우울의 진면목을 확인할 수 있죠. 그렇습니다. 말테의 우울은 더 나은 자기, 더 지혜로운 자기로 향하는 과정에서 비롯된 근본 기분입니다. 자기답지 못하다고 느낄 때, 우울할 수 있으며, 이는 오히려 자기다워질 수 있는 에너지가 됩니다. 이때 자양분이 되는 것이 고독입니다. 고독은 우울의 수액입니다. 흔히 우울할 때 누군가를 더 만나보라고 하지만, 어떤 우울은 사람과 떨어질 때 치유될 수 있습니다. 혹시 누군가를 만나더라도 자신의 우울을 이해하는 만남만을 허락해야 합니다.

말테는 자신이 아직 '세상을 제대로 볼 능력'을 지니지 못해서 시를 쓸 수 없다고 판단합니다. 말테가 말하는 이 '세상을 제대로 볼 능력'이란 지혜나 통찰력이 아니라, 세상의 사물들을 세심하게 파악하는 직관과 감수성에 가깝습니다. 서툰 감상성이 아니라 지혜로운 감수성이라고 할 수 있죠.

대개의 예술가는 이런 자기 결핍, 자기 부족의 과도기를 거치게 됩니다. 이는 예술가들에게 흔히 보이는 성장 특성 때문에 빚어집니다. 작품을 생산할 창조성보다 높은 심미안이 먼저 발현되는 과정에서 이런 자기 결핍을 심하게 겪기도 합니다. 만드는 능력은 부족하지만, 걸작을 보는 눈은 좀 더 빨리 뜨인다는 뜻입니다. 이는 곧 작품에 대한 이상과 실제 창작력 사이의 괴리로 나타납니다. 쓰고 싶은 것과 쓸 수 있는 것 사이에 차이가 생기는 것이죠. '멋지군'이라고 말할 수는 있으나, 정작 멋진 시는 써내지 못하는 아노미 상태에 빠지는 것입니다.

말테의 냉혹한 자기 판단도 비슷합니다. 시를 쓸 수 없다는 것은 사물의 진리를 볼 수 없다는 말이며, 아직 진정한 시를 쓸 수 없는 말테로서는 사물과 사람을 보는 법을 제대로 체득하지 못했다고 생각하는 것 같습니다. 그렇습니다. 말테는 자신이 아직 무지하고 또, 무딘지라 제대로 사물을 볼 줄 모른다고 한탄합니다. 그런데 좀 이상합니다. 말테는 누구보다 예민하게 느끼는 사람입니다. 어릴 적부터 소리나 냄새 같은 자극에 민감하게 반응했고, 작은 자극으로도 내면이 요동치는 경험을 자주 했습니다. 이런 예민함으로 어릴 적부터 크고 작은 불안에 시달렸습니다. "이불 가장자리에 비어져 나와 있는 작은 털실 하나가 강철로 된 바늘처럼 딱딱하고 뾰족하지는 않을까 하는 불안, 잠옷의 작은 단추가 내

머리보다 더 크지 않을까 하는 불안, 지금 침대에서 떨어진 빵 부스러기가 바닥에 닿자 유리처럼 소리를 내며 산산조각이 나지는 않을까 하는 불안"이 그를 감쌌습니다. 이는 심리학자 일레인 아론이 민감한 사람의 특징으로 꼽는 것들과 일치합니다. 아론에 따르면, 민감한 사람은 혼자만의 시간이 필요하며, 작은 소리나 미세한 냄새에도 반응하고, 감수성이 풍부하며 매우 직관적입니다. 이런 민감한 사람의 근본 기분은 바로 불안입니다. 이들은 바쁘게 보낸 날은 꼭 침대나 어두운 방, 또는 혼자 있을 수 있는 장소로 숨어 들어가 자극을 진정시켜야 합니다. 카페인에 특히 민감하며, 밝은 빛, 강한 냄새, 거친 천, 또는 가까이에서 들리는 사이렌 소리 같은 것들에 의해 쉽게 피곤해집니다. 가장 큰 특징은 다른 이들에 비해 자연스럽게 배양된 통찰력으로 풍요롭고 복잡한 내면을 지니고 있다는 점입니다.

그런데도 말테는 자신이 세상을 제대로 느낄 만큼 예민하지 못하다고 자책합니다. 그것은 예민한 기질과 지혜로운 감수성 사이에 얼마간의 차이가 존재하기 때문입니다. 자극에 심하게 반응하는 기질은 천성이지만, 말테가 바란 것은 예민한 감각이 빚어내는 날카로운 통찰력이었기 때문입니다. 그저 예민하기만 해서는 안 되며, 날카로운 감각이 세상의 이면을 속속들이 파헤칠 수 있어야 '세상을 제대로 볼 능력'이 완성될 수 있으니까요.

말테는 세상을 잘 보기 위해서 부단히 노력합니다. 예민함과 창조성, 그리고 뛰어난 글쓰기, 이중 어느 하나라도 부족하면 좋은 시를 쓸 수 없습니다. 말테는 이 세 요소를 통틀어 '보는 법'으로 표현합니다. 작가 릴케에게도 '보는 법'은 평생의 화두였습니다(실제로 릴케는 조각가 로댕에게 오랜 기간 '보는 법'을 사사한 경험이 있습니다). 말테는 만족할 만한 시란 보는 법에 통달하여 써야 하고, 사물과 진실을 제대로 꿰뚫어 보고 있어야 한다고 생각했습니다. 그래서 사물을 제대로 보기 위해 말테는 파리의 골방에서 '보는 법'을 처음부터 다시 배우고 있었습니다.

"보는 법을 배우고 있는 지금, 나는 무언가 일을 시작해야 한다고 생각한다. (…) 시를 쓰기 위해서는 때가 오기까지 기다려야 하고 한평생, 되도록이면 오랫동안, 의미意味와 감미甘味를 모아야 한다. 그러면 아주 마지막에 열 줄의 성공한 시행을 쓸 수 있을 거다. 시란 사람들이 주장하는 것처럼 감정이 아니고(사실 감정은 일찍부터 가질 수 있는 거다), 경험이기 때문이다. 한 줄의 시를 쓰려면 수많은 도시들, 사람들, 그리고 사물들을 보아야만 한다."

더욱 '예민하게' 보는 법

그렇습니다. 말테에게 시 쓰는 능력이란 세상을 제대로 볼 만큼 예민해질 때 비로소 얻는 통찰입니다. 자신이 "새들이 어떻게 나는지" 느끼고, "작은 꽃들이 아침에 피어날 때의 몸짓을" 느낄 수 있을 때, 그리고 그것을 언어로 능히 표현할 수 있을 때, 그제야 시를 쓸 수 있다고 믿었습니다. 하지만 아직 그럴 능력을 갖출 수 없었던 그는 바라던 시를 쓸 수도 없었습니다. 아니, 도대체 세상을 제대로 본다는 것이 무엇이기에, 민감하게 세상과 사물을 느낀다는 것이 무엇이기에, 또 시란 과연 무엇이길래 말테는 여기에 이토록 매달리는 것일까요?

시는 말테 자신의 정체성이었습니다. 고작 달콤한 기분이나 언어적 쾌감 정도를 주는 언어유희를 시라고 할 수 없습니다. 그렇게 말테에게 시 쓰기란 자신을 완성하는 일이었습니다. 작가 릴케가 7년이나 한 작품도 쓰지 못한 것도 이 때문이었습니다. 어쩌면 말테의 이런 예술적인 열정에 공감하기 어려울 수 있습니다. 현실에서 시는 너무 멀어져 있다고 느끼는 사람도 있을 겁니다. 하지만 시를 쓰지 않더라도 시적인 삶을 추구하는 것은 중요합니다. 하이데거는 현대인을 "고향을 상실한 존재"라고 했습니다. 고향을 잃어버렸다는 말은 공간의 상실과 함께 정신의 퇴락까지 뜻합니다. 그것은 시적인 삶과도 멀어졌음을 의미합니다.

갈수록 시를 읽지 않는 사람이 늘어갑니다. 심지어 시를 읽거나 쓰는 것을 우습게 여기는 사람도 많습니다. 말테는 그런 사람을 향해 "지금까지 어떤 진실한 것, 중요한 것도 보지 못하고, 인식하지도 못하고, 말하지도 않"고 있으며, 단지 "삶의 표면에만 머물러 있"는 것이라고 비판합니다. 자기 삶이 표면에 머문 채로 산다는 것은, 숨만 쉴 뿐 실존하지 못하고 있다는 증거입니다. 말테는 표면이 아닌 심층에 다가가기 위해서 예민하게 보는 법을 배우려고 노력했습니다. 덕분에 그에게는 깊은 내면이 생겼습니다.

"나는 보는 법을 배우고 있다. 왜 그런지 모르겠으나, 모든 게 지금까지보다 더 내면 깊숙이 파고들어 과거에는 항상 끝났던 곳에 이제 머물지 않는다. 옛날에는 알지 못했던 깊은 내면이 생겼다. 이제 모든 게 그곳으로 간다. 거기에서 무슨 일이 일어나는지 나는 모르겠다."

말테가 다가가려 했던 것은 자기 안의 깊은 내면이었습니다. 예민하게 느낄수록 의식도, 또 무의식도 깊어집니다. 말테는 더욱 예민하게 보려고 노력한 덕분에, 전과 다르게 자신이 본 것들이 "항상 끝났던 곳에 이제 머물지 않"고, 더 깊은 곳으로 들어설 수 있었습니다. 이렇듯 예민하게 느낀 것들은 나의 그림자에 차곡차곡 쌓이고, 창조적이고 역동적인 내면을 만들어줍니다.

누구보다 예민한 감수성을 지닌 말테는 마지막까지 그 예민함을 한 차원 더 높이려고 합니다. 그는 "시 한 줄을 쓰기 위해서는 많은 도시와 사람과 사물"을 자세하고 예민하게 보아야 한다고 했고, 덕분에 인간과 삶, 그리고 이 세계를 제대로 볼 수 있는 눈이 생겼습니다.

"내가 지금까지 만났거나 말로 들었던 사람에 대해 생각해 보면, 늘 똑같았다. 그들은 모두 자기 자신의 죽음을 가졌다."

예민한 사람은 죽음을 잘 돌볼 수 있습니다. 대개는 죽음의 두려움에 힘들어하지만, 그는 죽음을 더 잘 이해할 수 있습니다. 죽음을 이해한다는 것은 삶을 이해한다는 것입니다. 그래서 말테에게 죽음을 탐구하는 일보다 더 진지하고 가치 있는 삶은 없었습니다. 예민한 사람이라면 이런 죽음이 선사하는 삶의 의미를 좀 더쉽게 받아들입니다. 그래서 늘 불안해하고, 또 날카로운 도덕성으로 자신을 무장할 때가 많습니다. 예민하지 못한 사람도 이런 진실을 피할 수는 없습니다. 먼저 깨닫느냐, 늦게 깨닫느냐, 그 차이만 남을 뿐이죠.

말테는 예민하지 않았다면 이해하기 어려운 것들, 가령 죽음과 삶, 시와 고독, 진실한 사랑, 신神과 같은 것들을 더 깊게 알게 되었고, 덕분에 그의 삶은 달라졌습니다. 다른 사람은 보지 못하는 것을 보게 되었고, 이해할 수 없는 것을 이해하게 되었기에 그의 말, 선택, 행동은 차츰 달라질 수밖에 없었습니다. 같은 공간, 같은 시간을 살아도 사람마다 느끼는 삶은 다릅니다. 예민한 감각을 가동하며 사는 것은 다른 느낌을 선사하기 때문입니다. 어느 날, 말테는 구걸하는 한 여인을 보며 파리의 실체까지 단번에 통찰합니다. 그는 그녀가 자신의 발자국에 놀라 일어나는 모습을 이렇게 묘사합니다.

"여자가 그 소리에 놀라 너무 갑작스럽게 몸을 일으켰기 때문에 얼굴이 두 손안에 남아 있는 상태였다. 나는 그 손안에 비어 있는 얼굴의 틀을 보았다. 시선이 손에 머물러 있는데도 손에서 떨어져 나와 있는 것을 보지 않기 위해서는 형언할 수 없는 노력이 필요했다. 얼굴을 안쪽에서 보는 일도 소름 끼쳤지만, 얼굴 없

[열세 번째 세션]

는 적나라한 상처투성이 머리통을 보는 일은 훨씬 더 끔찍했다."

민감성은 직관을 키웁니다. 직관은 순간을 통찰하게 합니다. 이는 고성능 레이더로 모래 알갱이 같은 숨은 진실을 체득하는 일입니다. 말테는 이 여인의 표정에서 파리의 몰인정을 넘어, 현실의 비참까지 단박에 알아차립니다. 아마도 이 가여운 여인의 얼굴에서 드러난 미세한 떨림을 천재적인 예민성으로 정확히 감지했겠죠. 또, 절망과 가난에 찌든 그녀의 행색에서 세상의 이면을 꿰뚫어 보았을 겁니다. 찰나의 장면에서 그는 자신이 사는 도시의 비참과 우울, 절망을 단번에 알아차렸습니다. 이런 통찰은 표면에서 심층을 볼 수 있는 '날카로운' 눈이 생긴 덕분입니다.

비참한 존재들을 돌보지 않는 잔인한 도시라면 제아무리 휘황찬란한 치장을 해도 처참한 유배지나 다름없습니다. 섬세한 느낌도, 보살핌도, 서로 돌봄도 없는 도시라면 무슨 소용일까요? 비참한 것을 보았을 때 인간이라면 연민과 동정, 보살핌을 당연히 느껴야 합니다. 그래서 말테의 예민한 통찰의 이야기는 마침내 사랑 이야기로 이어집니다. 마지막에 말테는 사랑받는 존재가 아닌 사랑할 수 있는 능동적인 존재가 되기를 소망합니다. 고향을 지킨 형과 달리 아버지 돈을 훔쳐 달아났다가 고향에 돌아온 탕아 이야기(말테 곧 릴케 자신을 비유한 것일 테지만)를 빌어, 그는 이제 자기 내면도 단단한 뿌리를 가진 나무처럼 변했음을 느낍니다.

"그의 존재 뿌리에서는 결실의 기쁨을 주는, 겨울을 이겨내는 단단한 나무가 자라기 시작했다. 그는 자신의 내면생활을 성취하는 데 완전히 몰두했다. 그는 모든 것에 그(신)의 사랑이 깃들어서 자라나고 있음을 믿었기 때문에 아무것도 건너뛰지 않으려고 했다."

말테가 마지막에 보게 된 것은, 스스로 움직이는 살아 있는 사랑이었습니다. 사랑은 도처에, 아니 모든 것에 살아 있었습니다. 신이 만물에 깃들어 있듯이 사랑 또한 만물에 존재하고 있었습니다. 세상 모든 것에 사랑이 깃들어 있음을 깨달은 말테는 작은 것 하나도, 아무것도 건너뛰지 않겠다고 결심합니다. 아주 사소하고 미미한 것이라도 그냥 무심하게 보지 않겠다는 그의 의지가 샘솟았습니다. 이는 인간인 자신에게 신의 마음이 깃드는 일입니다. 말테 자신도 그 탕아처럼 음험하고 비정한 도시 파리를 떠나 고향으로 돌아왔습니다. 고향을 상실한 자에서 고향으로 회귀한 자가 된 것입니다. 마침내 시를 쓸 줄 모르는 자에서 시 쓰는 능력을 얻은 자가 되었습니다. 말테는 지금까지 제대로 보고자 했던 열망마저 사라지고, 모든 것이 사랑으로 귀결되는 것을 느낍니다.

"놀라울 정도로 연로하지만 닮은 얼굴들, 성인의 모습들이 창가에 나타난다. 그 중 완전히 늙어버린 한 얼굴을 갑자기 인식이 창백하게 뚫고 지나간다. 인식이라고? 정말로 그것뿐이었을까? …… 용서다. 무엇에 대한 용서일까? 아니, 그것은 사랑이다. 아, 그것은 사랑이다."

우리도 그처럼 모든 것이 사랑임을 깨달을 수 있을까요? 사랑은 예민한 눈으로 바라볼 때, 비로소 떠오르는 빛입니다. 이런 사랑을 발견하기 위해 넘어야 할 감정이 너무 많습니다. 미움과 분노, 질시와 우울의 강을 건널 때, 사랑의 빛을 마주할 수 있습니다. 이런 사랑을 보기 위해서 통과해야 할 가장 힘든 일은 죄지은 자를 위한 용서입니다. 죄를 짓고도 죄지은 줄 모르고 살아가는 사람도 많습니다. 하지만 내가 그 죄를 대신 속죄할 수 있다면, 우리는 그들을 용서할 수 있습니다. 오직 나만이 할 수 있습니다. 비참한 파리는 용서해야 할 사람으로 넘쳤습니다. 그들은 세상에서 가장 용서하기 어려운 사람들일지 모릅니다. 하지만 용서는 나 자신에게 주는 가장 큰 선물입니다. 그들의 삶이 윤택해지기를 바라서 용서하는 것이 아닙니다. 그저 내 안의 미움을 모두 털어내고, 오직 사랑으로 내 안을 채우기 위해서입니다. 말테는 비로소 "세상 모든 것을 사랑할 수 있는 사람"이 될 수 있었습니다. 그는 생명을 지닌 모든 것을 적극적으로 사랑할 때, 자기 삶을 가치 있고, 지속적으로 만드는 것임을 알았습니다. 이 모든 것이 그의 예민한 통찰이 가져온 선물이었습니다.

예민함이라는 특별한 감수성

예민한 사람은 남다른 감수성을 지닙니다. 그 감수성이 단지 불안이나 고통만을 예민하게 느끼는 건 아닙니다. 사랑이나 연민,

아름다움까지도 민감하게 느낄 수 있습니다. 사랑하기 위해서 나는 더 예민해져야 합니다. 예민하지 않은 사람은 사랑을 잃기도 쉽습니다.

예민함의 기저에는 사랑이 있음을 기억하면 좋겠습니다. 예민함을 사랑하고 그것을 수용할 수 있다면, 타인은 살지 못하는 세상을 볼 수 있습니다. 예민함은 세상에 꼭 필요한 날카로움입니다. 그 날카로움은 점점 불안을 잊고 내면에 사랑을 채워갈 겁니다. 그러니 날카롭다는 말, 까탈스럽다는 말에 기죽지 않기를 바랍니다. 예민하기에 다른 사람이 보지 못한 것을 감지할 수 있습니다. 통찰이라는 무거운 단어까지 쓰지 않더라도, 세상의 소음과 소요에 휘둘리지 않는 사람으로 자신을 지킬 수 있습니다.

내가 나를 잘 모를 때

버지니아 울프의 《올랜도》, 정체성에 대하여

"세상이 시작된 이래
그 어느 인간보다도 매혹적인 모습이었다.
그의 몸에는 남자의 힘과 여자의 우아함이 결합해 있었다."

"저는 항상 엄마, 아내, 딸로서 역할에 충실했습니다.
그러나 내면 깊이 그런 정해진 틀을 벗어나고 싶은 욕구가 있어요.
그래서 가끔은 가족 몰래 오토바이를 타고 질주할 때,
큰 해방감을 느낍니다. 그 순간만큼은 모든 사회적 기대와 책임에서
벗어나 진정한 '나'가 되는 것 같습니다.
하지만 일상으로 돌아오면 다시 답답하고 무기력함을 느낍니다.
내가 진짜로 원하는 내 모습은 무엇인지, 그리고 나 자신을
더 잘 이해하고 싶지만 어떻게 해야 할지 막막합니다."

내 속엔 내가 너무 많다

'상남자'라는 말이 있습니다. 진짜 남자, 혹은 남성미가 넘치는 남자라는 의미로 쓰이고 있죠. 마초Macho와는 조금 다른 뉘앙스로 상남자는 긍정적인 뜻으로 쓰이곤 합니다. 그런데, 진짜 완벽한 상남자가 있을까요? 상남자는 여성성이나 여성적인 면모를 발현하는 경우가 전혀 없을까요?

많은 연구에 따르면, 순도 100퍼센트 남성, 100퍼센트 여성은 존재하지 않습니다. 아, 무라카미 하루키가 단편 〈4월의 어느 맑은 아침에 100퍼센트의 여자를 만나는 것에 대하여〉를 썼다고요? 어느 봄날, 과거 인연의 엇갈린 운명을 그린 작품인데, '100퍼센트의 여자'는 그저 주관적인 표현일 뿐입니다. 그러니, 내가 순수한 남성이거나 순수한 여성이라는 생각은 착각이자 환상에 가깝습니다. 특히 여성이나 남성으로 규정할 수 없는 존재인 간성 intersex도 있습니다. 하지만 세상은 이분법을 요구합니다. 겉모습에 맞춰 여성 혹은 남성으로 기능하도록 강요하죠. 이에 따라 갈등과 마찰이 빚어지고, 심하면 심리적 문제가 생기곤 합니다. 우리 무의식에도 억압으로 작용하기 때문입니다. 가령 남자답지 못하거나 여성스럽지 않다는 이유로 자책하고 부끄러워하는 경우를 만날 수 있습니다. 과연 이런 자책은 정당할까요?

생물학적 성과 달리 사람의 의식과 무의식에는 다양한 성이 다양한 개성으로 스며듭니다. 내 안에는 알게 모르게 양성적, 다성적 면모가 있고, 이를 받아들이는 건 무척 중요합니다. 이럴 때, 진짜 자기를 만날 가능성도 열리니까요. 예민한 직관과 감각의 소유자였던 버지니아 울프는 일찍이 이를 간파하고, 소설 《올랜도》에 녹여 넣었습니다.

올랜도는 아름다운 열여섯 소년입니다. 여왕 엘리자베스 1세는 올랜도의 외모에 반해 그에게 영원히 늙지 말라고 명합니다. 이후 놀라운 판타지가 벌어집니다. 이것이 축복인지, 저주인지 알 수 없으나, 올랜도는 이후 4백 년 동안 늙지 않습니다. 다만, 아직 그 자신은 이를 자각하지 못합니다. 그러던 가운데 약혼녀를 버리고 러시아 대사의 딸 사샤와 사랑에 빠진 올랜도는 그녀의 배신으로 실연을 겪고 비탄에 빠집니다. 그리고 문득 그는 죽음이라는 문제에 매달립니다. 태어난 모든 사람은 죽음을 향하고 있습니다. 그래서 죽음은 누구나 풀어야 하는 존재의 영원한 숙제입니다. 이 숙제에 올랜도 역시 마지막까지 매달립니다. 모든 인간이 죽는다는 진실에 직면하며, 그는 몸부림치며 울부짖습니다.

"인생이 산산조각이 나지 않도록 하기 위해서는, 때때로 죽음의 손가락이 삶의 소용돌이 위에 놓여야 하는가? 우리는 매일 소량씩 죽음을 복용하지 않으면 삶을 이어 나갈 수 없게 만들어진 것일까?"

늙지 않은 존재가 된 자신과 인간의 필멸성 사이에서 갈등하는 가운데, 올랜도는 어릴 적부터 써오던 '참나무'라는 시를 완성하고 싶었습니다. 시 쓰기, 문학이야말로 찰나의 존재인 인간이 불멸에 도전하는 일이라고 생각했기 때문입니다. 또한, 그것은 끊임없이 밀려드는 상처와 고통에서 벗어나는 자기 위안이었습니다. 제목 '참나무'는 그 "단단한 뿌리가 대지의 등뼈로 여겨졌던" 존재이자, 기댈 수 있는 존재를 의미했습니다. 무엇보다 그가 되고자 한 불멸의 존재가 바로 참나무였습니다. 하지만 그는 시 속 주인공 이름을 '악' '범죄' '고통'으로 지을 정도로 비관적이었고, 그래서인지 좀처럼 시를 완성할 수 없었습니다.

그 후, 올랜도는 가르침을 얻고자 저명한 남성 시인 닉 그린을 만나지만, 그의 거친 언행과 속물적인 태도에 환멸을 느낍니다. 남성에 갇힌 몸과 사유, 그리고 불행한 만남이 겹치면서 끝내 시를 완성하지 못합니다. 낙담한 그는 터키 대사가 되어 영국을 떠나고 평화를 위해 노력하지만, 반란군에게 포위당하며 죽을 위기를 맞습니다.

이때, 두 가지 놀라운 일이 벌어집니다. 하나는 여왕의 명령대로 자신이 죽음을 초월한 불멸의 존재가 되었음을 자각한 것이고, 다른 하나는 한 성에 갇힌 몸에서 마술적으로 탈출한 것입니다. 터키 대사로 일한 공로를 인정받아 공작 작위를 받는 수여식이 있던 밤, 갑자기 일어난 폭동에 놀란 올랜도는 자기 방으로 숨었습니다. 그날 밤 무슨 일이 있었는지 아무도 모릅니다. 다만 대사의 방 발코니에서 한 남자가 내려 준 밧줄을 타고 한 여자가 올라갔고, "그들은 연인들처럼 열렬히" 포옹했다는 불분명한 목격담만 전해질 뿐입니다. 두려움을 잊고자 잠을 청한 올랜도가 7일 동안 깊은 잠에 빠져 있다가 깼을 때, 놀랍게도 그는 '여성'의 몸으로 변해 있었습니다.

"트럼펫 소리가 서서히 사라졌고, 올랜도는 벌거벗은 몸으로 우리 앞에 똑바로 섰다. 세상이 시작된 이래 그 어느 인간보다 매혹적인 모습이었다. 그의 몸에는 남자의 힘과 여자의 우아함이 결합해 있었다. 그가 거기 서 있는 동안 트럼펫은 강렬한 폭발음으로 불러낸 이 사랑스러운 모습을 두고 떠나기 아쉬운 듯 긴 여운을 남겼고, 〈정절〉과 〈청순〉과 〈정숙〉의 레이디는 호기심이 동해 문간으로 들여다보다 그 알몸을 향해 타월 같은 옷을 던졌다."

이제 올랜도는 '그'에서 '그녀'가 되었습니다. 하지만 올랜도 내면에는 여전히 '그'가 남아 있었습니다. 남성에서 벗어나 여성이 된 것이 아니라, 여성의 몸으로 변신한 채 남성성을 그대로 담고 있었던 거죠. 이 믿을 수 없는 변화에 대해 설명이 필요합니다. 올랜드의 성전환은 도피일까요? 아니면 성장일까요? 새로운 이야기를 펼치기 전, 울프는 전지적 작가로 개입하여 올랜도의 내면에 여성과 남성이 함께 존재함을 분명히 못 박았습니다. 울프는 이 놀라운 사건이 그저 기괴한 변신이나 과거로부터의 탈출이 아니라 두 가지 성을 하나로 종합하는 질적인 비약임을 밝혀둡니다.

"여기서 이야기가 중단된 틈을 이용해 몇 가지 해둘 말이 있다. 올랜도는 여자가 되었다. 그것은 부정할 수 없는 사실이다. 하지만 그 밖의 다른 점에서는 올랜도가 남자였던 이전과 똑같았다. 성이 달라짐으로써 미래가 달라지기는 하겠지만, 정체성이 바뀌는 일은 전혀 일어나지 않았다. 그 얼굴은 두 사람의 초상화를 보면 알 수 있듯이 실제로 똑같았다. 그의 기억은 ─ 그런데 앞으로는 관례대로 '그의' 대신 '그녀의'라고 말해야 하고, 그리고 '그' 대신 '그녀'라고 해야겠지만 ─ 당시 그녀의 기억은 아무런 장애도 맞닥뜨리지 않고, 과거의 생애 중 일어난 모든 사건들을 생생히 되돌아볼 수 있었다. …… 올랜도는 서른 살까지 남자였다가 여자가 되어 이후 여자로 살아갔다는 것이다."

마치 성전환 수술을 받는 것 같은 마법이 올랜도에게 일어났습니다. 놀라운 일이 아닐 수 없죠. 그런데 외적인 성이 바뀌었음에도 자기 정체성은 변하지 않았습니다. 여자로 변한 올랜도는 두 성을 모두 살아보는 놀라운 기회를 얻었으니까요.

성의 통합으로 이제 남성적 결함인 "호전적인 야심이나 권력욕, 온갖 남성적인 욕망에서 벗어"날 수 있었고, 여성성의 장점인 여유를 즐기며 사색과 고독, 사랑을 만끽할 수 있었습니다. 덕분에 "인간의 영혼이 경험할 수 있는 최고의 황홀함을 더 속속들이 느낄 수" 있게 되었죠. 이처럼 남성성과 여성성, 이 둘의 결합으로 놀라운 상승 작용이 일어났습니다.

내 안에 커다란 중립을

올랜도처럼 성이 바뀔 수만 있다면 우리는 더 완전해질 것입니다. 우리가 지혜에 다가가기 힘든 것은 남자나 여자로만 살기 때문입니다. 내 안에 여성과 남성이 공존한다면(적어도 반대 성을 이해하려고 마음을 다한다면), 분명 더 지혜로워질 것입니다. 올랜도는 남자에서 여자로 변하면서 여자의 삶을 이해하게 되었고, 세상을 꿰뚫어보는 넓은 시야를 지니게 되었습니다. 남자일 때는 알수 없던 것을 여자로 변한 덕분에 하나씩 깨닫기 시작했습니다. 올랜도는 이 변화를 "당시에는 알 수 없었던 수천 가지의 암시와 신비가 명료해졌다. 양성을 갈라놓고 수많은 불순물을 어둠 속에 남겨두었던 불명료함이 이제 걷혔다"고 회상합니다.

이런 '그녀'를 사람들은 이상하게 여깁니다. 한쪽에 치우쳐 살수밖에 없는 그들의 고정관념이 올바른 인식을 가로막은 거죠. 겉으로 드러난 성에 부과된 역할을 제대로 따르지 않은 올랜도가 마치 마법을 부리는 마녀처럼 느껴졌을지도 모릅니다. 그럼에도 올랜도만은 이쪽, 저쪽이 아닌 중립의 존재로, 통합된 인간으로 성장해 갔습니다.

"사실 그녀는 얼마간 오락가락했다. 그녀는 남자였다. 그녀는 여자였다. 그녀는 각각의 비밀을 알았고, 각각의 약점을 공유했다. 마음이 더없이 혼란스럽고 끊임없이 변화하는 상태에 빠져들었다. 무지의 위안은 그녀에게 허용되지 않았다."

이제 '그녀'는 모든 걸 아는 사람으로 변하고 있었습니다. 하나의 성에 갇혔을 때는 무지했던 것이 사실입니다. 세상을 모두 알지 못했던 거죠. 하지만 두 성을 모두 경험하면서 이제는 무지할 수가 없었습니다. 무지는 도피와 무감각, 이해할 수 없음이 초래하는 가짜 안락을 제공합니다. 고민하지 않아도 될 테고, 불안도, 고통도 느낄 수 없을 테니까요. 무지하기에 상대와 온전히 소통할 수도 없을 것이고, 세상의 이치를 충분히 이해하지도 못합니다. 하지만 모든 성을 경험한 올랜도는 비록 혼란스럽고 새로운 변화에 내맡겨졌지만, 오히려 기뻤습니다. 성의 변화로 겪는 당황스러운 일들이 적지 않았건만, 전보다 훨씬 더 많은 것을 성취할 수 있었기 때문입니다. 특히 그토록 갈망하던 지혜를 얻었습니다. 그녀는 나날이 현명해졌고, 창조성도 불타올랐습니다. 덕분에 오랫동안 멈췄던 〈참나무〉의 창작도 다시 시작할 수 있었습니다.

진실을 보기 위해서는 '중립의 눈'이 필요합니다. 아리스토텔레스와 공자는 이를 '중용'이라 불렀고, 부처는 '중도'라고 했습니다. 요즘에는 명확한 한쪽을 강요하는 분위기입니다. 당신은 어느 편이냐고 묻거나, 이것이 옳고 저것은 틀리다고 주장하는 목소리가 차고 넘칩니다. 둘 다 맞다고 말하거나 둘 다 틀렸다고 생각하면 어리석은 사람 취급을 받습니다. 이에 따라 편 가르기나 갈라치기가 판을 칩니다. 한쪽에 가까우면 다른 쪽과는 멀어질 수밖에 없습니다. 즉, 반대편을 자세히 볼 수 없는 맹목에 빠지기 쉽습니다. 무지의 외눈박이가 되는 거죠.

중립에 선다는 건, 회색을 띠며 우물쭈물하는 것이 아닙니다. 그래서 '커다란 중립'이 필요합니다. 커다란 중립은 말 그대로 넉넉한 중립의 눈을 의미합니다. 편견 없이 전체를 조망할 때 가능한 능력이죠. 울프는 그것을 중성neuter gender이나 간성intersex이 아니라, 양성성Androgyny이라 불렀습니다. 이때 양성성은 단지 남성과 여성이 합쳐지는 것만을 의미하지 않습니다. 그것은 공적 세계와 사적 세계의 합일, 통찰력, 그리고 모든 것을 사랑하는 이타성을 포함하는 개념입니다. 울프는 우리가 특정 성이 아닌 양성성을 취할 때, 의식은 자유로워지고 서로에게 잘 침투할 수 있으며, 감정을 거리낌 없이 전하고, 창조적인 의식을 지닐 수 있다고 했습니다. 따라서 중립의 존재가 된다는 것은 자기가 가진 것을 포기하는 것도, 남이 바라는 존재로 탈바꿈하는 것도 아닙니다. 그것은 자기중심을 잡고 더 크고 넓게 통찰하는 존재로 성장하는 것입니다.

올랜도는 비로소 성장한 자신을 느낍니다. 성장은 밝거나 희망적이기만 한 것은 아닙니다. 성장은 근본적으로 아프기 때문입니다. 스캇 펙 목사는 《아직도 가야 할 길》에서 자아의 성장은 언제나 모진 우울증을 유발한다고 했습니다. "정신적으로 건강한 인간은 당연히 성장해야 하고, 정신적·영적 성장을 위해서는 옛 자아를 포기하거나 상실하는 것이 필수 과정이므로 우울증은 (대단히) 정상적이고 근본적으로 건강한 현상"이라고 했습니다.

올랜도의 성장 과정도 몹시 고통스러웠습니다. 자살을 생각하기도 했으며, 죽을 뻔한 일도 겪었습니다. 그때마다 "나는 성장하고 있어"를 되뇌었습니다. 그녀는 **성장이란 하나의 환상을 잃고 "새로운 환상을 얻는 일"**이라고 말했습니다. 그러면서 사샤의 배신이나 시인 그린이 준 좌절감, 그리고 계속된 산전수전을 겪으며 "홀로 고독하게 저항할 수 있는 정신을 길렀다"고 고백합니다. 그리고 "내가 즐겁게 쓸 수 있는 것을 쓰겠어"라며 시 쓰기를 다짐합니다. 드디어 시를 쓸 수 없는 사람에서 시를 쓸 수 있는 사람으로 변화를 시작한 거죠. 올랜도에게 쓰기는 자기에게로 가는 길이었습니다. 작가 울프는 "다른 무엇이 아닌 자기 자신이 되는 것"이 그 무엇보다 중요하다고 말하며, 자신이 되는 방법으로 글쓰기를 강조했습니다. 울프에게 글쓰기는 직업적 소설가나 시인이 되는 일이 아니라, 오직 자기 자신에게로 가는 길이었습니다. 울프의 분신 올랜도 역시 이른바 세상을 지배하는 시대정신과 타협하면서도 자기 자신을 잃지 않는 방법으로 (특히 여성들에게) 글쓰기를 제안합니다.

"그녀는 그 시대정신에 교묘하게 경의를 표함으로써, 반지를 끼고 황야에서 한 남자(셸과의 결혼)를 찾음으로써, 자연을 사랑하고 풍자가나 냉소주의자 혹은 심리학자―당장 적발될 물품을 갖고 있는 사람(시대정신의 시험에 결격 사유가 있는 사람들)―가

되지 않음으로써 가까스로 그 시험을 통과할 수 있었다. 그래서 그녀는 실로 마땅히 그래야 하듯이 깊은 안도의 한숨을 내쉬었다. 작가와 시대정신 간의 거래는 한없이 미묘한 것이고, 작품의 운명은 전적으로 그 둘 사이의 까다로운 타협에 달려 있기 때문이다. 그 문제(시대정신과의 타협)가 이렇게 정리되었으므로 올랜도는 무척 행복했다. 그녀는 자기 시대와 싸울 필요도 없고, 굴복할 필요도 없었다. 그녀는 그 시대의 산물이면서도 자기 자신이었다. 그러므로 이제 그녀는 글을 쓸 수 있었고, 글을 썼다. 그녀는 쓰고, 쓰고, 또 썼다."

올랜도에게 시대정신과의 공존은 큰 숙제였습니다. 그 숙제를 풀어줄 하나가 바로 글쓰기였습니다. 자신의 글쓰기가 시대정신을 받아들이고 그것과 어울릴 수 없다면 사장될 것임을 분명히 자각했습니다. 세상과 조화를 이룰 수 없는 글이란 사람들에게 읽히지 못한 채 그저 "그녀의 가슴 속에서 죽을" 뿐이라는 걸 잊지 않았죠. 올랜도는 고찰 끝에 자신의 글과 시대정신 사이의 타협점을 찾아서 글을 완성할 수 있었습니다. 그 타협은 자기 자신을 잃는 방식이 아니라, 세상과 조율하며 자기 자신을 찾는 방식, 자기 자신에게로 가는 길을 표현하는 일이어야 했습니다.

자아의 성장이란 혼자를 벗어나 상대를 이해하며, 세상을 보는 지혜를 얻는 일입니다. 그러니 커다란 중립을 품고 삶과 사람, 그리고 세상을 관조하는 능력은 선택보다 의무에 가깝습니다. 지금 자신이 부여잡고 있는 자아를 내려놓는 것은 두려운 일이 아니라,

[열네 번째 세션]

기필코 가야 할 길이라 할 수 있습니다.

존재의 무한한 가능성

사실, 울프의 진짜 관심은 남성이냐, 여성이냐 하는 이분법이 아니라 내 안에는 내가 너무 많다는 사실, 내 안에는 셀 수 없이 많은 자아가 존재한다는 사실이었습니다. 그 자아 중에는 남성, 혹은 여성이라는 이분법으로 파악할 수 없는 전혀 다른 범주의 것들도 존재합니다. 젠더 문제를 먼저 해결한 이유는 이것이 자기에게로 가는 길을 가로막는 가장 큰 장애물이기 때문입니다. 젠더 갈등이 사라지면, 개성은 명료하게 자기 앞에 설 수 있습니다. 그리하여 존재의 무한한 가능성이 활짝 펼쳐질 수 있습니다.

여성으로 변한 올랜도는 사교계에 발을 디디는데, 그곳에서 기득권에 취한 남자들의 무례를 경험하며 또다시 환멸을 느낍니다. 게다가 여자는 재산을 소유할 수 없다는 당시 법과 제도 탓에 빈털터리가 될 위기에 처하죠. 올랜도에게 이는 통합적 존재가 되는 여정만큼이나 중요한 현실 문제였습니다. 동시에 남성에서 여성으로 변하며 그녀는 사랑이 넘치는 사람이 되었고, 사랑만이 존재를 성장시킨다는 사실을 이해하게 됩니다. 그리고 마침내 최고의 짝인 셸머다인과 만납니다. 둘은 처음 만나는 순간 서로를 알아보고, 사랑에 빠집니다. 다행히 그는 여성을 속박하거나 무시하는 남성이 아니라, 여성의 지지자가 되어주는 포용하는 인간이었습니다. 만난 지 얼마 지나지 않아 둘은 서로의 내면에 존재하는 반대 성을 발견하고, 서로를 향해 동시에 외칩니다.

"당신은 여자군요, 셸!" 그녀(올랜도)가 외쳤다.
"당신은 남자군요, 올랜도!" 그(셸머다인)가 외쳤다.

상대의 내면에서 반대 성을 확인한 올랜도와 셸은 서로에게 더욱 매료됩니다. 그리고 올랜도는 남자였다면 절대로 경험할 수 없었을 놀라운 삶도 꾸립니다. 바로 임신과 출산이었습니다. 자신과 셸의 아이를 낳은 것입니다. 그것 역시 올랜도가 성장하는 커다란 경험이었습니다. 얼마 후 셸의 도움으로 저택과 재산도 되찾습니다. 여성의 가장 큰 장벽인 생활의 기반 문제가 해결되자, 올랜도는 더 자유로운 상태에 이릅니다. 울프가 늘 강조했던 여성이 누구의 방해도 받지 않고 글을 쓸 수 있는 '자기만의 방'과 '1년에 500파운드의 생활비'라는 자기 성장의 물적 토대가 굳건히 다져진 것이죠.

이제 일어설 수 있는 토대를 마련한 올랜도는 마지막 목표에 도전합니다. 그 목표는 자아들의 통합과 조화, 즉 자아들의 성채 구축이었습니다. 지금까지 자신을 가둔 자아들의 감옥에서 탈출을 꾀했던 그(녀)에게 성이 바뀐 것은 가장 멋진 해결책이자, 완전히 새로운 국면이었습니다. 여성과 남성 모두를 얻고, 올랜도는 확고한 존재가 될 수 있었습니다.

이런 올랜드의 변화와 성장과는 반대로 세상은 고정된 정체성을 강요할 때가 많습니다. 성 정체성이든, 다른 정체성이든 마찬가지입니다. '여(남)자다움' '피해자다움' 등 특정 정체성에 묶어두려는 사회적 압력이 존재합니다. 성 정체성만 놓고 봐도 생물학적으로 타고난 성차를 차별로 비약하는 주체는 사회입니다. 알다시피 인간은 특정 정체성에만 갇혀 살 수 없는 무한의 존재입니다. 그럴 수 없고, 설사 그렇게 된다고 해도 행복할 수 없습니다. 언제든 다른 존재로 변신할 수 있다는 자유를 박탈당하기 때문입니다. 특정 정체성보다 우선해야 할 것은 그 사람이 가진 개성 그대로의 삶입니다. 울프는 수필《자기만의 방》에서 이렇게 말합니다.

"두 종류의 힘, 남성적인 힘과 여성적인 힘이 우리 인간의 내면 세계를 관장하고 있다. 남성의 두뇌에서는 남성적인 것이 여성적인 것보다 우월하고, 여성의 두뇌에서는 여성적인 것이 남성적인 것을 지배한다. 그 두 가지가 함께 조화를 이루고 정신적으로 협동하고 있을 때 우리는 정상적이고 편안한 상태가 된다."

정체성으로 힘들어하는 사람에게 이 얼마나 안도가 되고, 힘이 되는 말인가요!《올랜도》에서 울프는, 올랜도의 삶을 통해 양성성의 주춧돌 위에 커다란 개성의 성채를 구축해 나갑니다. 올랜도는 불완전한 인간에서 여성과 남성이 함께 공존하는 온전한 인간으로 차츰 변합니다. 올랜도가 가고자 하는 마음의 길은 남성성과 여성성이 공존하는 상태입니다. 잘려진 자아의 파편으로 존재하는 것이 아닌, 한데 합쳐져 공존하는 자아들의 연결을 바랐죠.

우리의 자아는 흔들릴 때가 많습니다. 어쩌면 갈대처럼 끊임없이 흔들리는 존재가 바로 인간입니다. 그러나 순간순간 뚜렷하지 않은 자아로 인해 방황하고, 그 불안정함에 힘들어도 너무 낙담하지 않기를 바랍니다. 우리는 그 모호한 자아의 조각들을 연결하면서 더 나은 존재가 될 수 있으니까요. **내 안에 다채로운 내가 있어서 더 많은 가능성을 품을 수 있습니다.** 창조적으로 태어날 수 있는 다양한 조건이 생기는 것이죠. 우리는 다양한 가능성으로 '열린 존재'라는 사실을 올랜도를 통해 목격할 수 있습니다.

통합적인 나를 만나라

올랜도는 '나'라는 존재에 대해 "우리 내면에 존재한다고 주장하는 모든 자아의 결합체이다. 그 많은 자아는 우두머리 자아, 핵심 자아에 의해 통솔되고 감금되며, 연합되고 통제된다"고 했습니다. 그녀는 성이 변한 덕분에 비범한 지혜를 지닐 수 있었고, "운전수가 빠르게 운전하는 만큼 자신의 자아들을 바꿀" 수 있었습니다. 이는 "골목을 돌 때마다 새로운 자아"들을 만나는 기회도 제공했습니다. 이렇듯 올랜도는 자기 안의 다중 자아들에 당황하지 않고, 그 자아들이 벌이는 축제를 즐길 경지에 이르렀습니다.

축제는 무수한 사건이 펼쳐지는 난장이지만, 교향악 같은 조화를 이룹니다. 중요한 것은 순간순간 앞에다 세울 자아를 정하는 게 아니라, 다른 자아들과 조화를 이루는 것입니다. 그리고 마지

[열네 번째 세션]

막에 소란스러운 자아들의 춤이 멈추고 정신이 차분해지면서 자기 안에 '단일한 자아'를 느끼게 됩니다.

"그녀의 온몸이 어두워지고 차분히 가라앉았다. 표면을 매끄럽고 견고하게 만들어 주는 박편이 덧붙여질 때처럼, 얕은 곳은 깊어지고 가까운 곳은 멀어지며, 우물 벽 안에 물이 담기듯 모든 것이 담겼다. 그렇게 이 올랜도가 덧붙여지자(자신이 박편처럼 자아들의 우물 벽에 붙어 매끄러운 상태로 변함, 빈틈없이 완성된 상태가 되는 것의 비유) 그녀는 이제 어두워지고 고요해졌고, 그런 명칭이 옳건 그르건 간에 이른바 단일한 자아, 진정한 자아가 되었다. 그러고는 침묵에 빠져들었다."

깨달은 자는 말이 없습니다. 더 이상 말로 표현할 필요가 사라지기 때문입니다. 불교에서는 이를 언어도단言語道斷이라고 표현합니다. 원래 뜻은 말문이 막힘을 뜻하는 것이 아니라, 깊고 형용할 길 없는 진리를 가리킵니다. 알아차림이 존재하는 순간은 무한하기 때문입니다. 울프는 그것을 단일한 자아가 되기 전에는 "(어쩌면 2천 개가 넘는) 자아들이 분열을 의식하며 (이를 극복하기 위해) 소통하려고 애쓰는 중이겠지만, 소통이 이루어지면 침묵에 잠기기 때문"이라고 설명합니다.

올랜도가 드디어 자아의 완성이라는 목적지에 도달했습니다. 모든 것을 알았고, 이제 편안해졌습니다. 올랜도는 늘 우두머리 자아를 '선두 기러기'로 표현해 왔습니다. 하늘 위로 우두머리 기러기 자아 뒤를 따르는 수많은 '자아의 기러기'들의 조화로운 비행을 떠올려 보세요. 숨죽이고 있는 다른 자아들을 감금하거나 멸시하지 않고, 내 안에 숨 쉬는 자아들 모두를 존중하며 하모니를 끌어내는 것, 올랜도는 이를 극적으로 보여주고 있습니다.

올랜도가 그러했듯 남성(성)과 여성(성)은 각자 독립성을 유지한 채, 서로를 필요로 합니다. 인간은 성에 묶여 있지만, 성에 자유로울 수 있는 존재입니다. 느끼고, 선택하고, 사유하며, 실천할 수 있는 존재이기 때문입니다. 올랜도가 품은 여러 정체성을 파노라마처럼 보여주는 이 소설은 완전하고 단일한 남성성과 여성성이 존재할 수 없음을 이야기합니다. 그리고 정체성에 대한 사회적 강요가 개인과 자유를 억압하는 기제라는 사실도 함께 말이죠.

그렇다면 올랜도가 가장 사랑한 자아는 무엇이었을까요? 아마글 쓰는 자아가 아니었을까 싶습니다. 글 쓰는 자아는 울프에게도 올랜도에게도 최상층에 자리한 최종적 자아였습니다. 여자가 되면서 그녀는 그토록 원했으나, 300년 넘게 붙잡고 있던 '참나무'를 완성하고, 책으로 출간합니다. 양성적인 존재가 된 올랜드는 이성이나 감성 어느 한쪽이 아닌, 온몸으로 시를 쓰는 것이 가능해졌습니다. 그래서 "펜을 조절하는 신경"이 "우리 몸의 모든 조직을 휘감고, 심장을 누비고, 간을 헤치고" 지나는 것을 느낍니다. **온몸으로 쓰는 것은 온몸으로 인생을 살아내는 일입니다.** 다시 말해 자기를 세상에 빠짐없이 펼쳐내는 일이기도 합니다.

[열네 번째 세션]

나에게 황홀할 수 있기를

통합적 존재로 변신한 올랜도는 자신의 시를 떠받쳐줄 시대정신도 갖추게 됩니다. 그 결과 〈참나무〉의 완성을 맛봅니다. 진정한 시인이 된 그는 그 후로도 계속 쓰고, 쓰고, 또 썼습니다. 400년간 열렬히 염원한 여성과 남성이 통합된 자아, 성숙하고 통찰력을 지닌 자아, 아낌없는 사랑, 삶을 지탱하는 물질적 기반 등이 모두 갖추어지면서 그는 진정한 시인이 될 수 있었습니다. 이제 "올랜도는 자연스럽게 고독한 장소, 광활한 전망, 그리고 영원히 혼자라고 느끼는 것을" 좋아하기에 이르렀습니다. 마지막 순간에 올랜도는 자신이 여성도 남성도 아닌 온전한 한 인간이 되었음을 느끼고, 이제 자기 안에 산재한 많은 자아들을 편안하게 지켜볼 수 있었습니다.

"그녀가 어느 시간대보다 좋아했던 밤이 되면, 마음의 검은 웅덩이에 비친 상들이 낮보다 더 투명하게 빛났다. 지금은 사물이 형상을 이루어 가는 어둠 속을 깊이 들여다보면서 마음의 웅덩이에서 때로는 셰익스피어를, 러시아 바지를 입은 여자를, 서펀타인 연못에 떠 있는 장난감 보트를, 그리고 폭풍이 일어 큰 파도가 출렁이며 혼곶을 지나는 대서양을 보면서 졸도할 필요가 없었다."

올랜도는 자기 안에 존재하는 셰익스피어 자아, 바지를 입은 여자 자아, 장난감 보트 자아, 대서양 자아 모두 자기만의 것임을 알게 되었습니다. 그 자아들이 회전목마처럼 마음의 웅덩이에서 맴돌아도 이제는 전혀 현기증을 느끼지 않을 만큼 평정심을 지닐 수 있었습니다. 이제는 자아의 분열 때문에 괴로워하기보다는 자아의 교향악을 연주할 수 있게 된 덕분입니다. 마지막으로 오랜 시간 고통과 불안에 떨던 올랜도가 평안을 얻고, 자신의 자아들을 양치기처럼 평화롭게 이끌고 가는 모습을 만납니다. 이 순간을 만끽하며 올랜드는 "황홀해"를 연발합니다.

우리도 올랜도처럼 황홀해졌으면 합니다. 울프는 "자신의 경험을 완전한 충만함으로 전달하고 있다는 느낌을 받으려면, 정신 전체가 활짝 열려 있어야 한다"고 했었지요. 전체가 열린 정신으로 산다면 당신도 틀림없이 황홀해질 수 있습니다. 우리는 올랜도가 보여주는 파란만장한 여정에서 자신의 모습을 구현할 수 있습니다. 현실 속에서 내 안의 수많은 '나'들로 괴로울 수 있습니다. 이때 먼저 해야 할 것이 있습니다. 내 안에 산재한 많은 자아들을 조화롭게 조율하는 일입니다. 물론 쉽지 않습니다. 자아들은 어긋나거나 흩어지기 마련이니까요. 하지만 끊임없이 자아를 고민하는 것 외에 다른 방도가 없습니다. 이 과정에서 자아들의 연결과 통합을 꾀할 수 있는 효과적인 방법을 찾을 수 있고, 그 결과 나의 개성과 취향에 맞는 자아를 발견할 수 있습니다. 그것이 울프처럼 글쓰기여도 좋고, 마음챙김이어도 좋으며, 그림이나 음악, 춤이어도 좋습니다. 그 안에서 최선의 자기를 찾기 바랍니다.

[열네 번째 세션]

나만의 재능을 찾고 싶을 때

괴테의 《빌헬름 마이스터의 수업 시대》, 잠재력에 대하여

"어떤 예술에서나 연습량이 많고 습관이 잘 되어 있으면,
뛰어난 재능과 변덕스러운 기분 따위가
흔히 초래할 수 있는 그런 결함들은 보충할 수 있다."

"갈수록 내가 잘하는 일을 찾고 싶은 마음이 절실해집니다.
그런데 내가 진정 좋아하고 잘하는 것이 무엇인지 명확히 알지 못합니다.
주변 친구들이나 동료는 각자의 열정과 재능을 살려서
자신만의 삶을 꾸려가는 것 같은데, 나만 자리를 잡지 못하고 있어요.
내면의 목소리에 귀 기울이려 해도 뚜렷한 답이 들리지 않습니다."

아직 피어나지 못한 꽃

어떻게 해야 꿈을 이룰까요? 얼마나 올라야 성공한 인생일까요? 아니면, 모든 욕심과 꿈을 체념하는 것이 옳을까요? 그 중용을 찾기가 쉽지 않습니다. 잘난 척 으스대는 모습이 범람하는 요즘, 성공의 기준도 《잭과 콩나무》에 나오는 콩나무처럼 멈출 줄 모르고 높아지기만 합니다. 남들이 말하는 성공의 기준을 채우려면 잠을 자서도 안 될 것 같고, 쉬어서도 안 될 것 같습니다. 하지만 틀렸습니다. 성공의 기준은 외부에 있지 않기 때문입니다. 그 기준을 정하는 것은 잠재의식이니까요.

누구나 이루고 싶은 꿈이 있습니다. 그런데 아무렇게나 꿈만 꾸는 것으로는 부족하며, 이루고 싶은 꿈의 진실성부터 고민해야 합니다. 가치 있는 목적을 꿈꾸며 사는 것이 바로 행복이기 때문입니다. 나에게 에너지를 주는 것, 나를 움직이는 것, 간절히 원하는 것, 오랜 시간을 견딘 것에서 숭고한 목적을 찾을 수 있습니다. 숭고한 목적은 내가 사랑하는 일이어야 하며, 내가 잘하는 일이어야 하고, 세상에 꼭 필요한 일이어야 합니다. 모두가 그 교집합을 발견하는 것도 아니며, 그 교집합 안에 진입하고자 하는 것도 아닙니다. 삶이 초라해지는 것은 그 교집합 밖에 있기 때문입니다.

아직 내가 사랑하는 일이 무엇이고, 잘하는 일이 무엇이며, 세상에 필요한 일이 무엇인지, 또 정당한 대가를 받을 수 있는 일은 무엇인지 몰라 방황할 수 있습니다. 그 방황이 청소년기나 20대에서 끝나는 것이 아니라 평생 이어지기도 합니다. 우리에게 이는 자기다운 삶을 살기 위해 중단할 수 없는 질문입니다.

만약 그 꿈의 진위를 묻고 있다면 그나마 다행입니다. 무기력하거나 실의에 빠진 사람 가운데는 아예 꿈꾸는 것마저 두려워하거나 포기한 사람도 있기 때문입니다. 힘이 빠지게 만드는 가장 흔한 속단은 나에게 내가 바라는 능력이 없다는 생각입니다. 살다 보면 나는 아무것도 잘하는 게 없다는 착각에 빠질 때가 있습니다. 하지만 그것은 단단히 잘못 생각한 것입니다. 실은, 내 안에 잠재한 능력을 미처 발견하지 못한 것뿐입니다. 철학자 들뢰즈는 각 개체는 무한히 접힌 주름을 내재하고 있으며, 그 접힌 주름이 에너지와 계기를 통해 끊임없이 펼쳐지고, 다시 접히는 과정을 반복하면서 새로운 일을 만든다고 했습니다. 사건은 접힘과 펼쳐짐 가운데 발생합니다. 우리는 이 접힘과 펼쳐짐으로 무한히 변화하며 새로운 흐름을 끌어내는 존재입니다.

우리는 저마다 하나의 씨앗이며, 내 안에는 많은 것이 잠재되어 있습니다. 잠재력potential은 그 잠재된 것이 가진 순수한 에너지입니다. 그것은 아직 밖으로 드러내지 못한 감춰진 재능입니다. 따라서 나는 아직 나의 재능과 그것에 걸맞은 일을 발견하지 못했다

[열다섯 번째 세션]

고, 재능의 씨앗을 아직 꽃피우지 못했다고 믿는 것이 옳습니다. 무한한 접힘과 펼쳐짐을 반복하며 당신은 지금도 활짝 꽃 피울 자신의 미래로 성큼 나아가고 있습니다.

꽃을 피우려는 의지

꽃이 피려면 물과 흙, 햇빛이 있어야 하듯, 나의 재능이 깨어나기 위해서는 여러 조건이 충족되어야 합니다. 재능을 꽃피우는 여러 조건 가운데 가장 중요한 것은 무엇일까요? 심리학자 칙센트미하이는 물심양면 도와주는 조력자, 나와 어깨를 나란히 하는 경쟁자, 그리고 재능에 에너지를 더하는 의미가 만나서 최고의 재능으로 꽃핀다고 했습니다. 만약 당신에게 특별한 재능이 잠재해 있고, 나쁘게 써먹을 게 아니라면 그 재능을 계속 키우고 싶은 게 인지상정입니다. 이럴 때 가장 중요한 지렛대는 무엇일까요? 그것은 아마도 재능을 끝까지 펼치려는 의지일 겁니다. 그런 면에서 진정한 재능이란 바로 의지가 아닐지 싶습니다. 마침내 피어나는 꽃과 끝내 피지 못하는 꽃 사이에는 의지력의 차이가 있을 뿐입니다. 재능은 대체로 의지에 비례합니다. 의지에 따라 재능은 서서히 자라기도 하고, 또 작아지기도 합니다. 따라서 이번 생에 나의 재능을 꼭 꽃피우기 위해 필요한 건, 오직 갸륵한 의지입니다.

요약하면, 재능은 조력자와 경쟁자를 만나 남다른 의미를 부여할 때 활짝 꽃피며, 그때 가장 중요한 것은 재능을 꽃피우고

자 하는 굳은 의지입니다. 심리학은 그 의지를 성장형 사고Growth mindset라고 부릅니다. 성장형 사고가 꾸준한 노력을 통해 재능과 자질이 나날이 성장한다는 믿음이라면, 반대로 고정형 사고는 재능은 타고나는 것이며 변하지 않는다는 생각을 뜻합니다. 따라서 꿈과 재능을 포기하는 것은 고정형 사고의 결과라고 할 수 있습니다. 당신은 재능에 대해 어느 손을 들어주고 싶나요? 세상은 고정형 사고를 주입하지만, 나 자신은 성장형 사고를 유지할 수 있도록 열린 마음으로 살아야 합니다.

여기, 어떤 성취나 성공도 노력 없이 이뤄질 수 없다는 성장형 사고를 지닌 청년 빌헬름이 있습니다. 괴테의 소설《빌헬름 마이스터의 수업 시대》주인공입니다. 그는 의지의 청년입니다. 혼돈의 세상에서 아직은 자신의 소명과 천직을 찾고자 하는 미숙한 청년 연극 배우입니다. 그가 천직으로 연극 배우를 택한 것은 운명적이었습니다. 어린 시절 접한 인형극이 그의 모든 것을 바꿔놓았던 겁니다. 인형극은 어린 빌헬름에게 감동과 흥분과 조바심을 불러일으켰습니다. 다만, 그의 이런 선택이 충분한 진로 성찰에서 나온 것인지는 의문입니다. 비록, 그의 선택이 미숙하고 부정확하다고는 하나, 일단 정한 목표를 위해 그는 최선을 다합니다. 연극 배우가 되기로 작심한 빌헬름은 누구보다 열성적으로 그 길을 뚜벅뚜벅 걸어 나갑니다. 그리고 우여곡절 끝에 멜리나가 이끄는 유랑극단에 입단할 수 있었습니다. 연극 배우로 자리 잡기까지 열정을 잃지 않았던 그는 "어떤 예술에서나 연습량이 많고 습관이 잘되어 있으면, 뛰어난 재능과 변덕스러운 기분 따위가 흔히 초래

　　　　　　　　　　　[열다섯 번째 세션]

할 수 있는 그런 결함은 보충할 수 있"다고 말합니다. 또, "완성하는 것은 배우는 사람의 일이 아니"며, "배우는 사람은 연습하는 것으로 충분"하다고 생각했습니다. 그는 이렇게 재능이란 자신의 의지와 노력에 따라 창조된다는 확고한 믿음을 품고 있었습니다. 다만, 여전히 정말 배우로서 재능이 충분했는지, 배우가 그의 천직인지는 미지수입니다. 그의 주변에는 충분히 진로상담을 해줄 조언자가 어쩐지 부족해 보였기 때문입니다.

이런 빌헬름과 반대편에 있는 인물이 있습니다. 친구이자 매부인 베르너입니다. 그는 자신의 재능이나 천직보다 물질적 성공과 향락을 목표로 삼는 인물입니다. 베르너는 빌헬름이 그저 시간을 낭비하고, 아무것도 얻는 것이 없는 일을 벌인다고 깔보았습니다. 둘은 처음에는 친구였지만 시간이 흐른 뒤 확연하게 다른 모습으로 변합니다. 베르너는 생기를 모두 잃고서 혈색 없는 두 뺨을 한 우울증 환자가 되었지만, 자신에 대한 믿음을 토대로 재능을 키운 빌헬름은 빛나는 눈빛과 외모를 지닙니다. 베르너는 이런 빌헬름을 보며 탄식합니다.

"자네의 두 눈은 더 깊숙해졌고 이마도 더 넓어졌으며 코는 더 섬세하게, 입은 더 매력적으로 되었어. 모든 것이 다 서로 잘 어울리고 전체적으로 균형이 잡혀 있잖아! 정말이지 게으름피운 것이 이렇게 잘된 결과를 낳은 것이군 그래! 그런데 이 불쌍한 나란 인간은."

빌헬름의 외모는 완전히 자신을 꽃피운 사람의 모습이었습니다. 그것은 내면의 힘이 외화한 풍모였지요. 자신의 꿈을 개척해나간 결과라고 할 수 있습니다. 그러나 빌헬름의 인생도 처음부터 순조롭지는 않았습니다. 한때 실연을 겪고서 마치 "페스트나 악성 열병"에 걸린 것처럼 우울증과 무기력에 빠지기도 하며, 자신에게 시를 쓸 만한 능력이 없음을 깨닫고 깊은 절망에 빠지기도 합니다. 자신의 재능이 아직 꽃피우지 못하던 시절, "자신에게서 어떤 종류의 장점도 인정하지 않았고, 그를 보통 사람들보다 두드러지게 만들 만한 그 어떤 업적도 전혀 없는 것으로 단정해" 버릴 때도 있었습니다. 그때 "자신의 무언無言의 절망을 최고점으로까지 극대화"하는 것을 느꼈습니다. 그의 기나긴 방황과 고통은 배우로 입단한 후 우연히 듣게 된 한 노랫말에 잘 녹아 있습니다.

"눈물 젖은 빵을 먹어보지 못하고, / 근심에 찬 여러 밤을 / 울면서 지새워 보지 못한 사람은 / 그대들을 알지 못하리."

빌헬름은 눈이 먼 노인(아우구스틴)이 하프를 타며 부른 이 노래를 듣고 깊은 위로를 느낍니다. "마음속에 꽉 차 있던 모든 감정을 속 시원히" 풀어주는, 자신을 잘 대변한 노랫말 때문이었습니다. 천직을 찾기까지 과정은 누구나 눈물과 근심으로 채워지기 마련입니다. 한때, 빌헬름도 자신이 어디로 가야 할지, 무엇이 되어야 할지 몰라서 방황했지만, 다행히 성장형 사고로 자신의 재능을 끝까지 채워갔습니다. 그는 "자신의 결점을 아주 솔직하게 고

[열다섯 번째 세션]

백하고" 고칠 점을 재빨리 찾아내었습니다. 그리고 방황과 성찰을 통해 "재능을 갖고 태어나 그 재능을 발휘할 운명을 타고난 사람은 바로 그 재능 속에서 자기의 가장 아름다운 현존재를 발견하는 법"이라는 신념을 가질 수 있었습니다. 그것은 직업에 대한 확고한 철학이었습니다.

직업이란 단지 돈을 벌고 생계를 연명하기 위한 수단이 아니라, 자신의 재능과 이상이 한데 합쳐지는 아름다운 '존재의 발견'이라는 믿음입니다. 사람들은 먹고살기 위해, 혹은 명예를 위해, 아니면 많은 돈을 벌기 위해 기타 다양한 이유로 직업을 얻습니다. 직업의 얼굴은 다채롭지만 그 중심에는 소명 의식이 자리하고 있습니다. 그 소명 의식이란 가치 있는 목적을 추구하는 마음입니다. 철학자 러셀은 "소명 의식을 품고서 하는 일은 존재를 완성하는 기쁨의 근원이 된다"라고 했습니다. 이는 현대인이 가장 잊기 쉬운 가치이기도 합니다.

우여곡절을 겪으면서도 그는 처음부터 자신의 직업에서 소명 의식을 발견하고, 아름다움에 다가가려고 애썼습니다. 그래서 부지런히 일해 곡식을 모으는 개미 같은 유용성의 삶보다는 아름다움을 추구하는 베짱이의 길을 걷기를 소망했습니다. 경제적 안정이나 유용성만을 좇는 삶이란, 불완전한 목적이며 아름다움을 망각하고 사는 일이라고 믿었기 때문입니다.

　"어떤 사람은 아름다움만을 촉진하고 다른 사람은 유용성만을 촉진한다면, 이 두 사람이 함께 모여야 비로소 한 인간이 되는 것이다. 유용성의 촉진은 저절로 이루어지는데, 대중이 스스로 그것을 생산해 내는 까닭이다. 그리고 유용성이 없이는 아무도 살아갈 수 없다. 그러나 아름다움은 촉진되지 않으면 안 된다. 왜냐하면 그것을 표현할 수 있는 자는 적은데, 많은 사람이 그것을 필요로 하기 때문이다."

빌헬름의 내면이 별처럼 아름다운 이유가 있습니다. 세상이 잃어가는 소중한 가치를 우리에게 북두칠성처럼 비춰주기 때문입니다. 갈수록 물질주의 가치가 극점까지 이르는 듯합니다. 소명이나 적성, 애호감보다는 돈이 직업을 고르는 확고한 기준이 되었기 때문입니다. 이런 현실 세계에서 빌헬름의 심지는 빛나는 보석 같습니다. 그는 유용성과 아름다움의 통합된 삶을 추구합니다. 그것은 어려워도 포기할 수 없는 그의 인생 가치이자 목표입니다.

나 자신을 포함하여 주변을 한 번 돌아볼까요? 소명 의식으로 직업을 갖고자 하는 사람은 갈수록 줄어드는 것이 확실해 보입니다. 유용성에 자신의 모든 것을 걸고 열심히 살지만, 뭔가 허전한 마음이 지워지지 않는 것 같습니다. 가슴을 텅 비운 채, 일하는 즐거움은 잃어버리고 사는 사람들이 많을지 모릅니다. 하지만 빌헬름은 다릅니다. 그는 가치와 의미를 추구하는 의지를 지녔습니다. 처음부터 그는 아름다움에 매혹된 영혼이었습니다. 극단의 연극장인 멜리나가 이득만을 좇는 것에 분노한 것도 이런 그의 순수함 때문입니다.

"불행한 멜리나! 자네가 이겨내지 못하는 그 초라함의 원인은 자네의 직업에 있는 것이 아니라 바로 자네 자신에게 있는 것이네! 마음 깊은 곳에서 우러나오는 사명감 없이 어떤 기술이나 예술 또는 그 어떤 직업을 택했다면, 세상의 어느 사람이든 틀림없이 자네처럼 자신의 처지를 견디지 못할 수밖에 없지!"

멜리나를 향한 빌헬름의 꾸짖음은 직업의 본질을 망각한 사람들에 대한 일침으로 다가옵니다. 의미나 사명감 없이 일한다면 결국 자신을 초라하게 만든다는 꾸짖음이겠지요. 멜리나는 예술 단체를 경영하면서도 아름다움이나 의미보다 돈을 더 좇는 데 혈안이었습니다. 빌헬름은 멜리나가 "정신에 의해서만 발견되고 이해되며 수행되는 전체, 즉 초점에서 함께 만나 타오르는 전체를 느끼지 못하고 있"다고 비판합니다.

나의 전체를 느끼는 삶

조금 어려운 이야기입니다. 도대체 '전체를 느낀다'는 것은 무엇일까요? 그리고 일에서 전체를 발견하는 방법은 무엇일까요? 답은 명료합니다. 그것은 총체성을 체감한다는 뜻입니다. 빌헬름은 "올바른 목적에 이르는 길은 그 어느 구간에서든 바르다"라고 했습니다. 처음부터 잘못된 목표라면 한순간도 가치와 바름을 체감할 수 없습니다. 처음부터 의미와 가치를 충족하는 목적이라야 순간순간 전체를 느끼고 실감할 수 있습니다. 숭고한 목적이라야한 순간순간이, 한 걸음걸음이 전체와 조응하며 전체성 속에서 조화를 이룰 수 있습니다. 그것은 미력한 한 개인이 우주를 경험하는 일이자, 세계라는 총체와 자신이 맞닿을 수 있는 유일한 길입니다. 동시에 하나의 부품으로 살지 않겠다는 선언이기도 합니다. 지금은 총체성이 사라진 시대이기에 이 말이 공허하게 들릴지 모릅니다. 하지만 총체성을 느낄 수 없는 삶은 내 삶을 더욱 조각낼 뿐입니다.

요즘 직장인은 찰리 채플린의 영화 〈모던타임즈〉의 주인공이 그러하듯 기계 부품처럼 일하기 십상입니다. 빌헬름은 노예처럼 쳇바퀴를 굴리는 것은 제대로 일하는 것이 아니며, 삶이 가진 전체를 느끼지 못한다고 봤습니다. 그는 처음부터 삶에서 전체를 느끼고, 자신 역시 전체로서 존재하며, **일에서 전체를 발견하는 삶**을 찾고자 했습니다. 그가 아버지와 베르너의 설득을 뿌리친 것도이 때문이었습니다. 그의 집안은 자식들에게 돈 걱정 없이 욕망을충족할 수 있는 상인이 되는 것을 강요했고, 대부분 이를 따랐습니다.

또, 유용성을 중시한 베르너는 수입과 지출을 대차대조표로 관리하는 복식부기를 찬양했습니다. 그는 지혜로운 시민이 되고자하는 빌헬름에게 "독일에서는 일반 교양, 아니, 개인적 교양이란것은 (돈 걱정 따위는 없는) 오직 귀족만이 갖출 수 있"는 것이라며, "시민계급으로 태어난 자는 업적을 낼 수 있고, 또 최고로 애를 쓴다면, 자기의 정신을 수련할 수는 있"지만, "발버둥을 친다 해도 자신의 개성만을 잃"을 뿐이라며 일장 연설을 늘어놓습니다.

그러나 그의 비난은 부품으로 사는 삶을 그럴싸하게 포장한 말입니다. 그것은 오히려 유용성의 세계, 부의 축적은 삶의 표면만을 보여줄 뿐, 행복이나 아름다움 등 질적인 삶을 보장하지 않는다는 사실을 명료하게 해줍니다. 물론 돈(물질)은 행복과 생존을 위한 최소한의 조건이지만, 물질이 주는 쾌락이나 만족은 일시적입니다. 돈이 좋은 결과를 낸다면, 그것은 괴테의 말처럼 "돈과 미덕美德을 서로 합칠" 때뿐입니다. 베르너의 억측을 거부한 빌헬름은 직업이란 "재능 속에서 자기의 가장 아름다운 현존재를 발견"하는 것이라는 믿음을 굳건히 지킵니다. 그것은 자신이야말로 교양인이 되겠다는 결의에 가깝습니다. 가업 승계를 강요하는 아버지에 맞서 배우의 길을 택한 것도 이런 신념 덕분이었습니다.

현실에서 이런 바람이 존중받고 실현되기는 어렵습니다. 빌헬름이 가고자 하는 아름다움을 담은 천직, 그리고 돈벌이뿐 아니라 살아가는 의미도 있는 직업을 갖기란 쉽지 않은 꿈입니다. 그에게도 아름다운 현존재를 실현할 수 있는 천직을 찾기란 험난했고, 곳곳에 난관이 도사리고 있었습니다.

어려운 현실 속에서도 빌헬름은 드디어 배우가 되었고, 마침 한 백작의 초청을 받아 성에서 공연을 펼칩니다. 그런데 그 공연은 실패로 끝납니다. 쓴맛을 제대로 보고 낙망한 그 앞에 나타난 야르노는 셰익스피어 작품들을 읽어볼 것을 권합니다. 셰익스피어 작품은 충격과 감화를 안겼습니다. 그는 "지금까지 인간과 인간의 운명에 대해서 지녔던 모든 예감, 그리고 어릴 적부터 저 자신도 모르는 가운데 지녔던 모든 예감이 셰익스피어의 작품들 속에서 실제로 나타나고 전개되는 것"을 깨닫습니다. 특히 햄릿은 그가 가고자 한 길을 대변하는 인물이었고, 자신도 햄릿처럼 "세계를 뒤덮고 있는 운명의 밀물 속에 몸을 던져볼 것"을 결의합니다.

이후 선거를 통해 빌헬름은 극단장이 되지만, 운명은 그를 가만 놔두지 않습니다. 극단은 도적 떼를 만나 파산하고, 그는 죽을 고비까지 맞닥뜨리지만, 다행히 신비한 아마존의 여인이 그를 구해 준 뒤 사라집니다. 한편, 파산 때문에 불만에 찬 단원들을 이끌고, 빌헬름은 연극 감독 제를로를 찾습니다. 그가 꿈꿨던《햄릿》공연 때문이었습니다. 그즈음 그는 아버지 유산을 물려받지만, 신념대로 베르너에게 재산 관리를 일임하고,《햄릿》공연에만 집중합니다. 아름다움을 선택한 그는 공연에 성공하며 자신이 꿈꿨던 바를 마침내 실현합니다.

하지만 여전히 세상과의 조화라는 숙제가 그에게 남았습니다. 빌헬름은 연극판에서 수많은 부조리를 겪으면서 자신의 이상이 연극에서 이루어질 수 없음에 절망합니다. 잔치가 끝나자 실체가 보이기 시작한 겁니다. 빌헬름은 잔치에 너무 들떠서 섣불리 행동한 자신을 자책합니다. 경험을 통해 "진정한 예술가의 가르침이란 의미의 문을 열어주는 것"임을 깨닫지만, 돌이켜보니 연극 배우나 극단장으로 계속 살아가는 것이 무의미하게만 느껴졌습니다. 무엇보다 연극 배우나 연극판에서의 삶이 "이 직업에 바쳐야 하는 막대한 시간과 노력에 비해 그 보상이 그 어떤 직업보다도 보잘것 없다"는 사실에 "마음을 천근같이 내리누르는 근심"을 느낍니다.

이제 그는 연극에서 점점 열정도 기쁨도 느낄 수 없었습니다. 더 충격적인 것은 자신이 배우라는 직업에 적합하지 않다는 사실입니다. 자신이 배우로서 자질이 없다는 사실에 빌헬름은 고통스러워합니다. 이제 그에게는 "정신의 휴식을 즐길 수 있는" 새로운 직업이 필요했습니다.

그러던 중에 우연히 한 구절의 문장을 발견하고, 가슴이 뜨거워짐을 느낍니다. 그 문장은 "처음이자 마지막으로 말한다! 도망쳐라! 젊은이, 도망쳐라!"였습니다. 그 들뜸 속에서 미성숙한 시절, 열정에 취해 잔치부터 벌인 자신을 자책하며 깊은 실의에 빠집니다. 그는 연극에서 재능도, 열정도, 의미도, 보상도 얻을 수 없다는 것을 깨닫고 방황합니다. 그러면서도 자신이 "이 세상에서 아직은 무엇인가에 소용이" 되어야 한다는 생각에 번민합니다. 빌헬름은 마침내 배우라는 직업이 자신의 재능을 온전히 발휘하는 일도, 열정을 느낄 수 있는 일도 아니라는 결론에 도달합니다. 긴 시간을 허비했다는 생각에 자신이 "참으로 불행한 인간"이라고 느끼기도 합니다. 하지만 그는 성장하려는 의지를 꺾지 않았습니다. 다시금 그 앞에는 천직과 자아, 그리고 세계를 통합하는 소명이 남았습니다. 그는 자신이 헛된 일을 하며 시간을 낭비했다는 생각에 "한없는 공허"를 느꼈습니다. 이때 만난 한 노인은 그에게 위로의 말을 들려줍니다.

　　"그건 잘못 생각하시는 겁니다. 우리가 겪는 일들은 모두 흔적을 남기며 모두가 눈에 보이지 않게 우리의 교양에 도움이 되는 법이지요. 하지만 그런 경험으로부터 손익을 따지는 것은 위험합니다. …… (그런 생각에 빠지면) 패배감에 젖어 소심해지기 쉽지요. …… 항상 변함없는 진리지만, 가장 안전한 길은 우리 앞에 가장 가까이 놓여 있는 일만을 행하는 것입니다."

자기 자신을 실현한다는 것

배우라는 목표가 사라지며 방황하던 빌헬름은 "가장 가까이 놓여 있는 일"에 충실하기로 다짐하며, 자신이 무엇이 되어야 하는지, 무엇을 이루어야 하는지 또다시 고민하기 시작합니다. 사실, 빌헬름이 진정 원한 것은 배우로서의 성공이 아니라 세계를 꿰뚫어 볼 수 있는 교양을 지닌 지혜로운 시민이었습니다. 줄곧 빌헬름은 자기실현, 개성화를 이룬 교양인이 되고자 했습니다. 교양인이란 "타고난 소질에 따라 주어진 환경 아래 성장해 가는 유기적이고도 자율적인 주체"입니다. 따라서 그에게 교양의 성취는 한 자아가 성장, 발전하여 세계 안에서 자아를 완성하는 일이었습니다. 배우라는 직업에서 비록 그것을 모두 체현할 수는 없었지만, 포기하지 않았던 그에게는 새로운 도전, 새로운 실천이 기다리고 있었습니다.

이즈음 심리 문제가 생긴 어느 여성 단원을 치료하기 위해 한 의사를 만나고, 그의 일에서 많은 영감을 얻습니다. 동시에 그 의사의 능란한 치료와 지식에 탄복하며 의사라는 직업의 가치도 새삼 깨닫습니다. 당시 제를르의 누이동생이자, 《햄릿》에서 오필리어 역을 맡았던 아우렐리에는 로타리오 남작과 교제하다가 실연당하면서 마음의 병에 걸립니다. 의사는 그녀에게 '독서치료'를 권하고, 한 여성의 수기인 〈어느 아름다운 영혼의 고백〉을 처방합니다. 이 수기는 주인공 '아름다운 영혼'이 나르치스라는 남성을 만나 약혼과 파혼을 경험한 뒤 사제가 되고, 일찍 세상을 떠난 여동생 아이들을 돌보며, 그 아이들이 장성할 때까지 그 이야기를 다루고 있었습니다. 이 수기는 시들어 가던 아우렐리에는 물론, 연극 배우의 삶을 포기한 후 내내 우울한 인식에 사로잡혀 있던 빌헬름의 영혼마저도 구합니다. 특히 빌헬름은 '아름다운 영혼'의 삶에서 목적의 중요성이 크게 다가옵니다. 그는 존재의 상실이 "목적을 향해 진지하게 매진하지 않는 까닭에" 생기는 현상임을 비로소 알아차립니다.

이 수기를 통해 자기 발견의 실마리를 찾은 빌헬름은 지난했던 '연극 시대'가 마감하고, 마이스터로 거듭나는 '수업 시대'를 시작합니다. 이 과정에서 만난 야르노는 비밀단체 '탑의 모임' 일원이자 그에게 꿈을 이루는 지혜를 전하는 인물입니다. 탑의 모임은 유럽에 밀어닥친 산업화, 기계화로 일자리를 잃은 이들을 신대륙 아메리카로 이주시키는 일을 돕습니다. 탑의 모임에 가담하며 빌헬름은 교양을 쌓았고, 진정한 교양인으로 변모합니다. 야르노는 성실히 수업 시대를 건너 마이스터 과정을 마친 그에게 졸업 증서를 건네고, 이 과정을 마친 이들에게 직업과 자아의 완성, 세계와의 통합에 관해 이렇게 낭독합니다.

"처음으로 세상에 나가는 인간이 자기 자신을 굉장한 존재로 생각하고, 많은 재능을 습득하려고 하며, 무엇이든지 다 가능한 것으로 만들려고 애쓰는 것은 좋은 일이지요. 그러나 그의 형성이 어느 정도의 수준에 이르게 되면, 보다 큰 집단에 들어가 자기 자신을 잃어버리는 것을 배우고, 다른 사람들을 위해 사는 것을 익히며, 의무에 따라 활동하는 가운데에 자기 자신을 망각할 줄 아는 것이 유리합니다. 그때가 비로소 그는 자신을 알게 되지요."

야르노의 낭독에 빌헬름은 가슴이 뛰었습니다. 자신이 해야 할 일이 무엇인지 또렷해지는 것을 느꼈기 때문입니다. 이제 빌헬름은 배우의 꿈을 접고, 병든 이를 구하는 의사가 되기로 결심합니다. 자신과 아울렐리에의 치유 과정에서 의사라는 직업에 매혹되었고, 자신이 이 직업에 꼭 맞아떨어지는 재능을 가졌다는 사실을 비로소 깨달았기 때문입니다. 이제야 재능과 열정, 의미와 보상이 모두 교집합을 이룬 새로운 천직을 발견할 수 있었습니다. 이는 그의 관점이 자아의 문제에서 세상의 문제로 질적 변화를 거치고 있음을 보여줍니다. 자기만족의 배우보다는 세상에 기여하는 의사로서 삶이 그를 더욱 열정에 빠지도록 했습니다. **사실 진정한 교양인이란 세상을 살아가는 자기만의 방향성을 가진 사람입니다.** 그리고 자아의 울타리를 벗어나 세상에 뿌리내리고 세상을 변화시키는 사람입니다. 빌헬름은 "무엇이든지 다 가능한 것으로 만들려고 애쓰는" 풋내기에서 "다른 사람들을 위해 사는 것"을 생각하고, 비로소 그것을 삶의 목적으로 대하는 성숙한 존재로 도약합

[열다섯 번째 세션]

니다.

 야르노의 낭독은 현실에 발 디디며 사는 직업인들을 위한 위로의 말이기도 합니다. 우리는 꿈을 꾸되, 두 발은 현실에 뿌리내리고 살아야 합니다. 이상과 현실, 그리고 천직의 통합을 통해 직업인으로서 세상과 만나는 일은 어렵지만, 생이 끝나기 전에 부단히 노력해야 할 삶의 심장입니다.

 자신이 어떤 존재가 되어야 하는지, 앞으로 무슨 일을 해야 할지 몰라 방황하는 이들에게 빌헬름은 길을 찾는 법을 넌지시 알려줍니다. 성숙한 재능을 키우는 데는 시일이 걸리고, 평생 해야 할 일입니다. 꽃이 피지 않았다고 실망하지 말고, 부단히 씨앗을 심고, 묘목을 길러 꽃이 필 자리를 만들어야 합니다. 대부분 재능은 평생에 걸쳐 점진적 성장을 이루기 때문입니다. 중요한 것은 재능에 부단히 노력과 정성을 투여하는 의지를 잃지 않는 일입니다. 그것은 씨앗에서 꽃으로 가는 여정이며, 힘들지만 가치 있는 시간입니다. 당신도 자기만의 재능을 꽃피우기를 바랍니다. 빌헬름도 그랬으니까요.

삶의 의욕이 떨어질 때

니코스 카잔차키스의 《그리스인 조르바》, 생의에 대하여

"나는 내 운명을 데려왔네.
운명이 나를 데려온 것은 아니라네."

"매일 아침, 무거운 마음으로 눈을 뜨는 것이 일상이 되었습니다.
어떤 날은 감정이 마비된 듯, 기쁨이나 슬픔조차 느낄 수 없을 만큼
공허함이 밀려옵니다. 하루하루가 무의미하게 느껴지고,
삶에서 빛나는 순간들이 사라진 것 같습니다.
새로운 목표나 변화에 대한 생각은 점점 멀어지고,
심지어 가장 작은 일에도 힘을 내기 어렵습니다.
삶에 다시 생기를 불어넣을 수 있을지 방법을 찾고 싶습니다."

살아 있는 가슴이란

갈수록 '몸'이 아닌 '머리'로 살게 됩니다. 몸을 움직이는 삶보다는 머리로 계산하는 삶에 더 의존합니다. 머리로 사는 삶이란 어떤 감정이나 느낌 없이 계속 생각만 하는 인공지능의 작동과 다르지 않습니다. 불행히도 그것은 살아 있음과는 거리가 멉니다.

이런 삶을 비웃는 한 사람이 있습니다. 바로 《그리스인 조르바》의 주인공 조르바입니다. 그는 머리로만 살지 말고 몸으로 살라고 합니다. 그러면서 이리저리 오고 가고, 그리고 그것을 자유라고 생각하는 '나'(소설 속 화자)에게 "당신은 자유롭지" 않다며 일침을 날립니다. 머리를 쓰면 쓸수록 자신을 더 옭죌 뿐이라면서요. '나'를 향해서 거침없이 꾸짖는 조르바, 그는 대체 어떤 사람일까요? 조르바를 더 잘 관찰하기 위해서는 화자인 '나'를 건너뛰고 조르바에게 집중할 필요가 있습니다.

조르바가 질책한 머리로만 사는 삶, 그래서 줄에 꽁꽁 묶인 삶이란 어떤 걸까요? 그것은 한마디로 몸의 생기를 잃어버린 삶입니다. 조르바는 그런 삶에 반대합니다.

"당신에게 좋은 머리가 있으니 그럭저럭 잘은 해나가겠죠. 인간의 머리란 식료품 상점과 같은 거요. 계속 계산합니다. 얼마를 지불했고 얼마를 벌었으니 이익은 얼마고 손해는 얼마다! 머리란 좀상스러운 가게 주인 같소. 가진 걸 다 걸어볼 생각은 하지 않고 꼭 예비금을 남겨두니까. 이러니 줄을 자를 수 없겠죠. 아니, 아니야! 더 붙잡아 맬 뿐이지……. 이 잡것이! 줄을 놓쳐버리면 머리라는 이 병신은 그만 허둥지둥합니다. 그러면 끝나버리는 거죠. 그러나 인간이 이 줄을 자르지 않는다면 뭐 살맛이나 나겠소?"

조르바의 질타에 마음이 무겁습니다. 한치도 틀리지 않은 말이기 때문입니다. 그는 머리라는 게 워낙 좀스러운 존재라서 자신이 어딘가에 묶여 자유를 누리지 못하는 걸 뻔히 보고도 아무것도 하지 않는 무능한 녀석이라고 야단칩니다. 물론 묶인 그 줄을 잘라야 인생을 제대로 보게 되는데, 그러지 못하는 것은 몸 위에 무겁게 달고 다니는 이 좀생이 같은 머리 때문입니다. 그러니 계산이나 하고, 이익이나 따지는 하찮은 일에서 벗어나지 못합니다.

대신에 조르바는 "살아 있는 가슴과 커다랗고 푸짐한 언어를 쏟아 내는 입과 위대한 야성의 영혼을 가진 사나이, 아직 모태母胎인 대지에서 탯줄이 떨어지지 않은 사나이"입니다. 그야말로 생기와 활력을 지닌 인간이라고 할 수 있죠. 그래서 그를 바라보고 있으면 생명의 에너지가 가득한 어떤 존재를 떠올리게 됩니다. 그는 태어나 곧 탯줄이 잘려버린 사람과는 달리 어머니와 대지, 그리고 자신이 탯줄로 단단히 연결된 삶을 살아갑니다. 그것은 야성의 영혼을 잃지 않고 대지와 한치도 떨어지지 않은 삶입니다. 그는 생각에 중독되어 살아가는 '나'에게 "육체에 먹을 걸 좀" 주라고 말합니다. "육체란 짐을 진 짐승과" 같기에 "육체를 먹이지 않으면 언젠가는 길바닥에다 영혼을 팽개치고" 말 거라면서요.

현실에서 조르바 같은 사람을 만나기는 쉽지 않습니다. 대부분은 머리로 사는 것에 급급하니까요. 안타깝게도 그것은 몸이 생략된 삶입니다. 그때 몸은 그저 생존을 이어가는 하찮은 도구에 지나지 않고, 머리와 대지를 이어주는 연약한 끈에 불과합니다. 영화 〈메트릭스〉에서 생체 배터리로 전략한 인간의 몸과 다를 바 없습니다. 조르바는 이런 삶을 고작 반만 사는 것이라고, 아니 반도 살지 못하는 거라고 했습니다. 그럼, 몸으로 사는 삶이란 과연 어떤 것일까요? 그 전모가 궁금합니다.

조르바는 억센 근육과 강인한 체력, 단단한 몸뚱이와 넘치는 활력으로 한껏 삶을 즐깁니다. 그리고 머리로만 사는 이들을 향해 "당신은 그 잘난 머리로" "이건 옳고, 저건 그르다. 이건 진실이고, 저건 아니다. 그 사람은 옳고, 딴 놈은 틀렸다"라고 따지고 있을 때, 팔과 가슴은 "피 한 방울 흐르지 않는 것"처럼 죽은 채로 있다고 말합니다. 육체가 굶주린 삶은 이미 죽은 삶과 다르지 않다는 의미죠. 그렇습니다. 대지와 떨어진 채 머리로만 사는 삶은 활력을 잃어버린 삶입니다. 살았어도 살아 있는 것이 아니죠.

'살아 있는 가슴'이란 말 그대로 활력이 넘치는 삶입니다. 그 활력이란 무엇일까요? 왜 그것이 삶에서 중요할까요? 여기에 합당한 말이 바로 '생의生意'입니다. 생의란 살아가고자 하는 깊은 마음으로 한자를 풀면, '살아 있는 힘'으로 볼 수 있습니다.

생의를 깨워내는 법

누구나 생의가 넘치는 삶을 살기 원합니다. 하지만 세상은 생의를 꺾으려고 달려드는 것들 천지입니다. 이런 세상에서 우리는 생의를 잃고 소설 속 '나'처럼 침잠하기 쉽습니다. 그런데 생의는 조르바처럼 특별한 사람이나 가질 수 있는 능력일까요? 그렇지 않습니다. 생의 없이 태어나는 사람은 없습니다. 아무리 힘들어도 사라지지 않는 것이 생의입니다. 생의는 작은 세균이나 아메바에도 있습니다. 다만, 생의를 꺾는 일을 수시로 겪으면서 잠시 잠잠해질 뿐입니다. 주위에서 생의가 꺾인 채 사는 사람들을 종종 볼 수 있습니다. 어떤 일에도 흥미를 잃고, 의욕까지 바닥이 난 사람들이 그렇습니다.

생의가 꺾이면 삶은 괴롭고 답답해집니다. 이런 상태가 더 지속되면 대지와 몸 대신에 머리가 만드는 생각의 늪에 빠져들게 됩니다. 대단히 부정적이고 건강하지 않은 생각들에 말이죠. 더 심해지면 무기력하고 우울하며 비관의 나락으로 떨어질지 모릅니다. 조르바와 만나게 될 즈음, '나' 역시 무기력한 모습으로 혼란스러운 시간을 간신히 견디고 있었습니다.

"잠을 이룰 수가 없었다. 그날 밤이 되기까지 내가 해왔던 행동에 설명을 붙여야 할 것 같았다. 나는 내 인생을 돌아보았다. 미적지근하고 모순과 주저로 점철된 몽롱한 반생이었다. 나는 허망한 기분으로 지난 일을 생각했다. 허공 중에서 바람을 받은 한 조각 구름처럼 내 인생은 끊임없이 모습을 바꾸어 갔다."

누구나 이런 우울과 후회에 빠질 수 있습니다. '나'와 같은 반성에라도 이른다면, 그나마 다행입니다. "허공 중에서 바람을 받은 한 조각 구름처럼 내 인생"은 지금까지 살아온 내 시간에 대한 후회와 반성을 담고 있습니다. 불교나 노장의 표현처럼 들리는 이 말은 집착이나 탐심을 잊게 하지만, 동시에 아무것에도 의욕이나 의지를 내지 못하도록 힘이 빠지게 합니다.

생의는 이런 맥 빠지는 생각의 정반대에 놓여 있습니다. 한편으로 "한 조각 구름"이 중립적으로 다가오기도 합니다. 얼마든지 변할 수 있는 것도 나 자신이니까요. 물론 이런 부유하는 삶이 계속된다면, 자기다운 삶도 불가능하겠죠. '나'의 지난 삶을 생각했을 때, 그것이 아무 형체가 없는 것처럼 느껴졌던 것도 그 때문입니다. 그렇게 '나'는 금욕적이고 허무주의적인 관념에서 좀처럼 벗어나지 못하고 있었습니다. 조르바와 만날 즈음, 사실 '나'는 책으로 배운 염세 사상에 젖어 있었습니다. 인생은 애초 고통이니, 아무것도 바라지 말고 목석처럼 살라는 도그마에 갇혀 있었던 거죠.

이런 생각은 삶에 대한 의욕을 깡그리 사라지게 할 테지요. 생의가 완전히 꺾인 사람이 바로 '나'였습니다. 하지만 '나'는 다행히 조르바가 사람들의 숨은 생의를 끄집어내는 데 탁월한 능력을 지녔음을 알아차렸습니다. 조르바를 만난 것이 참으로 다행입니다. 그는 '나'에게 한 줄기 빛이었습니다. '나'는 무기력한 삶에서 벗어나기 위해 조르바에게 의탁하기로 합니다. 그것은 떠돌이 삶을 마치고, 영원한 정박지를 찾는 결정이었습니다. '나'는 구름이 변하듯 새로운 모습으로 변하기를 갈망했습니다. 그런 '나'를 조르바는 한눈에 알아보고, 만나자마자 이렇게 말합니다.

"무슨 생각을 하시오?" 그가 그 큰 머리통을 내저으며 다정하게 물었다. "…… 당신 역시 저울 한 벌 가지고 다니는 거 아니오? 매사를 정밀하게 달아보는 버릇 말이오. 자, 젊은 양반, 결정해 버리쇼. 눈 꽉 감고 해버리는 거요"

조르바의 말은 무기력한 생을 뒤엎을 혁명처럼 느껴집니다. 머리통 따위를 그만 굴리고, 그냥 결정하고 행동해 버리라는 직설입니다. 조르바는 항상 "용기! 빌어먹을! 모험! 올 테면 와라! 죽기 아니면 까무러치기!"라며 소리 높여 행동을 촉구합니다. 혹여 당신도 결정적인 순간마다 저울질만 하고 있지는 않나요? 그렇다면 이제는 조르바 말처럼 "눈 꽉 감고 한번 해버리"면 어떨까요? 어떤 일이 벌어지든 말이죠.

조르바는 크레타에서 광산 사업을 할 요량으로 배를 탄 '나'를 만나자마자 대뜸 같이 일하자고 말합니다. 조르바에게서 뿜어져 나오는 알 수 없는 힘에 끌려 '나'는 그 부탁에 응합니다. 그리

[열여섯 번째 세션]

고 거침없는 조르바의 말과 행동에 충격을 받으며, 그의 "품 안으로 뛰어들고 싶은 충동을" 느낍니다. 그 충동은 마치 전기가 플러스에서 마이너스로 흐르는 것처럼 식어 있던 '나'의 내면으로 파고들었습니다. 바로 그것은 '나'가 생전 처음 느끼는 뜨거운 감정, '정열'이었습니다. 조르바가 내 안의 정열을 깨운 겁니다. 마음이 식어버린 사람은 정열에 넘치는 사람을 보면 놀랄 수밖에 없습니다. 그렇게 "조르바는 나의 내부에서 떨고 있는 추상적인 관념에 따뜻하고 사랑스러운 살아 있는 육체를 부여"합니다.

이후 조르바는 머리로만 "이건 옳고 저건 그르다. 이건 진실이고, 저건 아니다"라고 따지고 있는 '나'를 타이르며, 뜨거운 가슴으로 사는 것이 무엇인지 직접 시범을 보입니다. 머리가 아닌 몸으로, 뜨거운 가슴으로 사는 법 말입니다. 그것을 구원이라고 불러도 좋겠습니다. 어쩌면 조르바는 생의를 잃고 방황하는 '나'를 일깨우기 위해 나타난 초인인지도 모릅니다. 조르바는 '나'에게 "생명이란 모든 사람에게 오직 일회적인 것, 즐기려면 바로 이 세상에서 즐길 수밖에 없다고 경고"합니다. 그렇습니다. 삶은 오직 일회적입니다. 두 번 사는 인간은 없습니다. 나의 의식도, 나의 몸도 언젠가 사라질 연기와 같습니다. 그러니 부디 오늘을 살아야 합니다. 한껏 이 순간을 살아야 합니다.

'자유'는 조르바가 생각하는 최고의 가치입니다. 그가 이렇게 생각하게 된 계기가 있습니다. 조르바는 산투르(페르시아어로 '100개의 현'이라는 뜻을 지닌 사다리꼴 모양의 몸통 위에 72개 현이 달린 이란의 전통 악기)를 자기처럼 아낍니다. 산투르는 그가 스무 살에 올림

포스산 밑에 있는 마을 축제에 들렀을 때, 처음 배운 악기입니다. 처음 들은 산투르 연주 소리가 그의 혼을 빼놓는 걸 느꼈습니다. 그것은 카타르시스와 정열 그 자체였습니다. 조르바는 사흘 동안 밥을 못 먹을 정도로 마음을 뺏겼습니다. 이후, 가진 돈을 모두 털어 산투르 연주를 배웠고, 그렇게 산투르 연주에 흠뻑 빠져 지냅니다. 놀랍게도 산투르를 다룰 줄 알게 되면서 조르바는 다른 사람이 되었습니다. 정열을 관찰하는 자에서 정열을 발휘하는 자로 변신하게 되었죠.

　정열을 발휘하는 것이야말로 진정 살아 있는 삶입니다. 이 정열이 바로 '살아 있는 가슴'을 만듭니다. 조르바는 처음에는 그저 근심 걱정을 잊으려고 산투르를 쳤지만, 기분이 나쁘거나 돈이 한 푼도 없을 때, 산투르를 켜면 신기하게도 용기가 났습니다. 산투르를 연주할 때, 그는 다른 사람이 말을 걸어도 그 말이 들리지 않습니다. 정열에 빠졌기 때문입니다. 몰입 에너지가 충만할 때가 정열의 상태입니다. 정열적으로 몰입에 빠지면 정신은 더욱 고양되고, 더 나은 나로 변하기 시작합니다. 정신을 괴롭히는 우울과 자아 상실과도 결별합니다. 몰입하는 순간, 내가 살아 있음을 온몸으로 느끼기 때문입니다. 그래서 조르바가 시종 외치는 '정열'이란 생의의 절정을 의미합니다. 그는 "산투르는 짐승이오. 짐승에겐 자유가 있어야 해요"라고 했습니다. 조르바 자신은 정열에 빠져 머리를 종종 잊은 짐승이며, 그 짐승에게 필요한 것은 자유라는 뜻입니다. 짐승 같은 자유는 남에게 연연하지 않는 것이라야 합니다.

니체는 "우리가 남의 평가에 연연하는 것은 노예근성 때문"이라고 했습니다. 남의 평가란 대부분 아무런 뿌리가 없습니다. 노예는 자신을 평가할 수 없습니다. 노예를 평가할 사람은 주인뿐입니다. 노예는 주인이 잘했다고 칭찬하면 기뻐하고, 못했다고 지적하면 슬퍼할 뿐입니다. 그런 노예로 살면 정열도, 생기 있는 삶도 이내 사라집니다. 스스로 에너지를 만들어낼 수 없기 때문입니다. 따라서 자유란 노예가 아닌 주인의 정체성이며, 그렇게 자기 삶의 주인이 될 때, 생의를 깨울 수 있습니다. 산투르는 조르바에게 생의를 깨우는 도구이자, 그가 열망하는 자유 자체였습니다.

"내게 중요한 것은 오늘, 이 순간에 일어나는 일이오. 나는 자신에게 이렇게 묻는다오. '조르바, 지금 이 순간에 자네, 뭐 하는가?' '잠자고 있네.' '그럼 잘 자게.' '조르바, 지금 이 순간에 자네 뭐 하는가?' '일하고 있네.' '잘해보게.' '조르바, 자네 지금 이 순간에 뭐 하는가?' '여자에게 키스하고 있네.' '조르바, 잘 해보게. 키스할 동안 딴 일일랑 잊어버리게. 이 세상에는 아무것도 없네. 자네와 그 여자밖에는. 키스나 실컷 하게.'"

어제도 내일도 중요하지 않습니다. 오직 지금, 이 순간의 자유만이 중요합니다. 조르바의 외침에는 몸으로 자유롭고 정열적으로 살아가는 생의 핵심이 담겼습니다. 한없이 자유로운 것이 생의에 찬 인생입니다. 잠(휴식)에, 일에, 그리고 사랑(욕망과 섹스)에 충실한 것. 지금 이 순간 일어나는 일에 최선을 다하는 것. 이런 삶을 살기 위해선 생의 없이 불가능합니다. 자유와 행동 없이는 꿈도 꿀 수 없습니다. 조르바가 말한 '살아 있는 가슴'으로 사는 것은 뜨겁고 생생하게, 그리고 자유롭고 정열적으로 사는 겁니다.

조르바에게 중요한 것은 오늘, 이 순간에 일어나는 일이며, 딴 일일랑은 잊고 그 일을 잘 해보는 것 말고는 없습니다. 그가 말하는 활력 넘치는 삶이란 이처럼 머리가 만든 온갖 규칙이나 관념에서 벗어나, 이 순간을 열정적으로 몸으로 살아내는 겁니다. 메마른 생각은 뒤로 하고, 마음에서 일어나는 감정과 느낌, 욕망에 충실한 것입니다. 지금 의욕을 잃고 생기가 없다면, 조르바처럼 활력적으로 살아가는 삶을 떠올려보세요. 머리가 만든 온갖 속박이나 편견에서 벗어나 생명과 열정이 이끄는 삶을 따라가보세요.

활력이 필요할 땐, 조르바처럼

활력과 자유는 서로 맞물려 있습니다. 자유롭지 않으면, 활력을 얻기 어렵고, 활력이 없으며 자유를 잃기 쉽습니다. 끈에 묶인 속박된 삶이 활력을 쉽게 증발시킵니다. 그렇다면 어떻게 활력을 찾을 수 있을까요? 먼저 자신을 묶은 끈들을 하나씩 끊어내야 합니다. 여기서 자신이 가진 걸 다 걸 배짱이 필요합니다. 바로 조르바처럼 말이죠.

"검지 하나가 왜 없느냐고요? 질그릇을 만들자면 물레를 돌려

야 하잖아요? 그런데 왼손 검지가 자꾸 걸리적거리는 게 아니겠
어요? 그래서 도끼로 내리쳐 잘라 버렸어요."

자유를 위해서라면 조르바는 자기 손가락이라도 가차 없이 끊
어낼 정도입니다. 그가 한창 도공으로 지낼 때였습니다. 정열과
자유가 이끄는 대로 그릇 빚기에 푹 빠져서 여념이 없었던 그는
"질그릇을 만들자면 물레를 돌려야" 하는데 왼손 검지가 자꾸 거
치적거려 손가락을 "도끼로 내리쳐 잘라"내고 맙니다. 몸이 그토
록 중요하다고 해놓고, 제 손가락을 스스로 자르다니, 선뜻 이해
하기 어렵습니다. 그에게는 몸 자체보다 더 중요한 것이 있습니
다. 바로 정열적인 삶과 자기 몸을 하나로 연결하는 것이 진정 몸
을 사랑하는 방법입니다. 손가락이 자신을 존재하게 하는 것이 아
니라, **자유로운 삶이 자신을 존재하게 합니다.** 이는 조르바가 육
신보다 자유를 더 중시한다는 증거입니다.
　자신의 자유를 방해하는 것이 있다면, 설사 제 손가락이라도 주
저 없이 잘라내는 것이 조르바식 자유입니다. 자기가 사랑하고,
또 꼭 하고 싶은 일이 있다면, 그것이 제 손가락일지라도 잘라낼
수 있어야 합니다. 손가락을 다칠까, 혹은 잘릴까 싸움을 포기하
는 전사는 없습니다. 그것은 어디가 부러지고 다치는 부상 따위는
아랑곳하지 않고 자기 생과 대결하는 검투사의 마음입니다. 자유
를 향한 그의 갈망은 이토록 강했습니다. 이처럼 그를 지키고 움
직이는 힘은 어디에서 솟는 걸까요? 생의는 타고나지만 그것을
지켜내는 건, 언제나 자신의 의지와 행동입니다. 그가 그토록 용

기를 낼 수 있었던 것은 오직 자기 자신을 절대적으로 신뢰했기 때문입니다.

> "나는 아무도, 아무것도 믿지 않아요. 오직 조르바만 믿지. 조
> 르바가 딴 것들보다 나아서가 아니오. 나을 거라고는 눈곱만큼
> 도 없어요. 조르바 역시 딴 놈들과 마찬가지로 짐승이오! 그러나
> 내가 조르바를 믿는 건, 내가 아는 것 중에서 아직 내 마음대로
> 할 수 있는 게 조르바뿐이기 때문이오."

내 마음대로 나를 움직이는 것은 확실하고 충만하며 기쁜 일입니다. 자유와 열정, 기쁨이 가능한 일입니다. 다만 자기를 믿지 않는다면, 아주 작은 일에도 주저하기 마련입니다. 세상에서 믿을건, 오직 자기밖에 없다고 확신하는 것은 운명을 이기는 힘이 자기 신뢰에서 나오기 때문입니다. 자기 신뢰는 자신이 다른 사람보다 특별히 잘나서 생긴 것이 아닙니다. 자만심에 취한 나머지, "딴 것들보다 나아서"가 아닙니다. 존재는 어떤 증명도 필요치 않습니다. **나는 그저 나여서 믿어야 합니다.** 생각하고 생각해서 나의 존재를 신뢰하는 게 아닙니다. 지금 나의 몸과 마음이 존재하기에 나를 굳게 믿는 겁니다. 나를 믿지 않고서는 어떤 일도 불가능합니다.

우리 인생을 이루는 절반 이상은 운명에 의지합니다. 운명은 내가 어쩌지 못하는 영역입니다. 조르바도 "세상은 수수께끼"라고 말했습니다. 운명이 온다면 그것을 거부할 수 없다는 의미겠죠.

그는 이 말썽 부리는 세상을 향해 내 뜻대로 브레이크를 잡을 수도 없을뿐더러, 아예 브레이크 따위를 잡을 이유조차 느끼지 못한다고 했습니다. 오직 내 마음대로 움직이는 나 자신을 믿고, 간절히 바라는 것을 지금 해버리는 것이 바로 조르바가 생각한 운명입니다.

그에게 산다는 건, "허리띠를 풀고 말썽을 만드는" 일이자, "산다는 게 곧 말썽"입니다. 앞으로 생길 일을 누구도 장담하지 못하며, 그렇다고 뒷걸음만 칠 이유는 전혀 없습니다. 그저 운명과 맞서면 되기 때문입니다. 그래서 조르바 자신은 "브레이크를 버린지" 오래고, "쾅당 부딪치는 걸 두려워하지" 않는다고 말합니다. 운명의 법칙에 따라 무슨 일이 닥치든, 그 무엇이 달려와 자신을 들이박든, 자신은 지금, 이 순간을 자유로이 살 뿐이죠. 이는 조르바가 누누이 말하는 "바다, 여자(여성이라면 남자), 술, 그리고 힘든 노동! 일과 사랑에 자신을 던져 넣고, 하나님과 악마를 두려워하지" 말라는 삶의 원칙과도 맞닿습니다. 운명이 어떻게 무시무시한 운전을 벌이든 간에 자신을 믿고 자기 뜻대로 자유로이 사는 조르바의 '즐거운 비명'이 들리지 않나요?

그런데, 의문이 생길 수 있습니다. 과연 조르바처럼 사는 것은 무슨 이득이 있을까? 왜 나는 조르바처럼 살아야 할까? 이 질문에 답을 찾아야 조르바를 계속 따를 수 있습니다. 그 이유는 단순합니다. 조르바 같은 삶이 내가 그토록 바라는 행복에 가깝기 때문입니다. 이 순간을 몸으로 사는 것, 그 정체가 바로 행복이기 때문입니다. 사실 조르바는 '나'에게 진실한 행복을 가르치고 싶었습니다. 조르바와의 만남은 행복을 모르는 '나'가 행복을 배워가는 이야기입니다. 그는 '나'에게 말합니다. 행복이란 해변에서 "가만히 파도 소리를 듣는" 것이고, "밤이 깊도록 화덕 옆에 묵묵히 앉아" 서로 온기를 나누며, "포도주 한 잔, 군밤 한 알, 허름한 화덕, 바닷소리"를 느끼고, 그것을 함께 먹고 즐기는 것이라고. 행복은 단순하고 소박합니다. 조르바는 행복을 위해서라면 육체가 굶주리지 않도록 먹을 것을 계속 주는 것이 중요하다고 말합니다. "육체라는 이름의 짐승을 실컷 먹이"는 것이야말로 진짜 행복이라고 했습니다. 행복은 목표가 아니라, 멋진 삶을 만드는 기술입니다. 그 행복을 내 것으로 느끼기 위해서 조르바의 충고에 귀 기울이면 좋겠습니다.

　　"나는 나를 행복하게 하는 것에 맞추어 키를 늘이고 싶네. 그리스의 가장 먼 변경까지 말일세. 그러나 말이 쉽지……. 자네는 크레타 해안에 드러누워 바다 소리와 산투르 소리를 듣고 있으리. 자네에겐 시간이 있는데, 내게는 그것이 없네. 행동이 나를 삼키고 말았네만, 나는 이게 좋아. 친구여, 행동하기 싫어하는 내 스승이여. 행동, 행동…… 구원의 길은 그것뿐이네."

　행복은 지금, 이 순간 노래하고 춤추는 시간 속에 있습니다. 행동만이 행복으로 인도합니다. 행복할 때 생은 충만해집니다. 조르바의 말을 받아들인다면 내 삶은 어떻게 변할까요? 아마도 머리가 아니라 몸으로, 그리고 가슴으로 사는 삶에 좀 더 다가갈 겁니다. 조르바와 함께 지내며 '나'처럼 시간에서 '다른 맛'을 느끼게 될지 모릅니다. 그것은 머리로 사는 재미 없는 삶이 아니라, 몸과 마음이 살아 있는 삶이겠죠. 그 시간은 "결이 고운, 따뜻한 모래" 같으며, "손가락 사이로 부드럽게 빠져나가는 모래"와 같은 생생한 감촉으로 가득 채워질 겁니다. 조르바는 몸의 감각과 활력이 하나씩 되살아나는 경험, 그것이 바로 생의로 가득 찬 삶이라고 말합니다.

반대로 생의를 잃어버린 병을 우울증이라고 합니다. 소설 속에서 '나'가 앓고 있었던 병이죠. 생의를 잃으면 행복을 향한 계단은 전부 무너지고 맙니다. 생의의 상실이 심해지면 생각의 탑이 끝없이 내면에 채워지고, 결국에는 무기력과 절망의 늪을 헤매는 이른바, 철학적 우울로 확대될 수 있습니다. 이런 우울증의 특징은 현재의 상실입니다. 우울한 사람은 아픈 상처를 자꾸 떠올리는데, 이를 '반추rumination'라고 부릅니다. 우울증은 이런 반추를 먹고 자랍니다. 우울하고 불안한 사람은 끊임없이 일어나지도 않은 일을 걱정하고 두려워합니다. 그러는 사이 현재를 잃습니다. 즉, 과거와 미래에 마음을 빼앗겨 지금, 이 순간을 살지 못하는 것입니다.

우울에서 벗어나고, 다시 현재를 살기 위한 방법은 조르바처럼 지금, 이 순간에 하고 싶은 것을 하는 겁니다. 해보고 싶은 일을, 저울에 달아보며 이리 재고 저리 재는 게 아니라, "눈 꽉 감고 해버리는" 겁니다. 눈 꽉 감고 해버리면 모든 것이 달라집니다. 무엇보다 내가 달라집니다. 어제와 내일은 더는 생각하지 말고, 오직 오늘 하루, 이 순간만 살려고 노력해야 합니다. 산투르를 배운 뒤로 조르바가 살아온 삶이 바로 그런 삶이겠지요. 오늘, 지금, 이 순간에 일어나는 일에 거리낌 없이 헌신하면서 그 가운데서 기쁨과 의미를 찾는 삶이었습니다. 조르바는 그렇게 살아야 제대로 사는 것임을 몸으로, 행동으로, 그의 삶으로 보여줍니다.

고통이 덤비면 한껏 춤을 춰라

조르바가 고통을 이기는 최후의 방법은 '춤'이었습니다. 그는 춤으로 고통을 잊었습니다. 머릿속에 온갖 부정적 감정, 슬픔, 분노, 고통이 채워질 때, 몸을 움직여서 단숨에 머리를 제압했습니다. 오래전, 조르바는 사랑하는 아들을 잃은 큰 상실을 겪었습니다. 그때 그를 위로한 것 역시 춤이었습니다. 그는 "우리 꼬마 디미트라키가 죽었을 때" 밀려드는 슬픔에 춤을 추는 일밖에 할 수 있는 것이 없었다고 고백합니다.

"가슴 속에 응어리로 가득한데 뭘 할 수 있었겠소. 폭발! 내 아들 디미트리가 죽었을 때 나는 일어나 춤을 추었지. 사람들이 말했소. 조르바가 미쳤다. 춤을 춘다. 그 춤은 단지 내 고통을 멈추기 위한 춤이었소. 나는 행복할 때도 똑같이 해요."

아들의 죽음 앞에서 할 수 있는 일이 춤밖에 없었다는 말은 예사롭지 않습니다. 어떤 사람은 미친 짓이라고 할 테고, 어떤 사람은 조르바라서 그럴 수밖에 없었다고 할 겁니다. 이는 장자가 아내의 주검 앞에서 북을 친 것과는 조금 다른 의미입니다. 조르바의 춤은 우주적 통찰에서가 아니라, 생의에서 자동으로 춰진 것이기 때문입니다. 즉, 그는 살기 위해 춤을 춘 것입니다. 실제로 춤은 통증과 슬픔을 모두 경감시킵니다. 음악에 맞춰 춤을 추는 것은 가장 효과적인 우울증 치료법입니다. 조르바도 "내 속에는 소리치는 악마가 한 마리 있어서 나는 그놈이 시키는 대로" 한다며, 아프고 슬픈 "감정이 목구멍까지 올라올 때면 이놈이" "춤춰!"라고 소리치고, "그러면 나는 춤을" 춘다고 했습니다. 그러면 숨통이 좀 뚫리는 것을 느낄 수 있었습니다. 그래서 조르바는 '나'와 함께 했던 갈탄 사업이 망했을 때, '나'에게도 춤을 추자고 말합니다. 그는 '나'에게 "사람을 당신만큼 사랑해 본 적이" 없다고 고백하며, 춤으로 그 사랑을 증명하겠다고 덩실덩실 춤을 췄습니다.

"그는 공중으로 뛰어올랐다. 팔다리에 날개가 달린 것 같았다. 바다와 하늘을 등지고 날아오르자 그는 흡사 반란을 일으킨 대천사 같았다."

그의 춤은 마치 "중력을 극복하려는 인간의 처절한 노력"처럼 보였고, "모래 위에다 인간의 신들린 역사를" 기록하는 듯했습니다. 아플 때마다, 운명이 세게 짓밟을 때마다 사람들은 춤을 췄습니다. 그리스 신 디오니소스 역시 고통 가운데서 춤을 췄습니다. 죄책감이나 슬픔, 미움을 뒤로 한 채, 그저 지금, 이 순간 술 마시고, 춤추고, 노래하며, 인생을 축제처럼 즐기고자 했던 신이 디오니소스였습니다. 춤은 몸이 하는 활동 중 가장 활력적입니다. 슬픔과 고통스러운 운명으로 힘이 빠졌을 때, 춤으로 활력을 되살릴 수 있습니다.

조르바를 따라서 '나' 역시 춤을 췄습니다. 늘 인생의 방관자로 살던 '나'는 조르바의 권유대로 격렬한 춤을 추면서 다시 자신을 믿고 자기 삶을 살아보겠다고 다짐할 수 있었습니다. 그 춤에서 '나'는 다시 생기가 차오르는 걸 느꼈습니다. 춤이 '나'를 살렸던 겁니다. 다음 날 새벽, '나'는 식었던 심장이 다시 뛰는 것을 느꼈습니다.

"내 심장은 가슴속으로 뛰고 있었다. 내 생애 그 같은 기쁨을 누려 본 적이 없었다. 예사 기쁨이 아닌, 숭고하면서도 이상야릇한, 설명할 수 없는 즐거움 같은 것이었다. 설명할 수 없는 정도가 아니라, 설명할 수 있는 모든 것과 극을 이루는 그런 것이었다."

갈탄 사업이 쫄딱 망하며 돈, 사람, 수레를 모두 잃었지만, 인생을 제대로 사는 법을 깨닫고서 '나'는 주체할 수 없이 기쁨에 빠집니다. 우울증도 사라졌고, 무기력도 깨끗이 이겨냈으며, 다시 심장이 고동치는 것을 느꼈습니다. 조르바가 가르친 행복을 깨달았기에, 그대로 따랐기에 그렇게 될 수 있었습니다.

내 안의 생의란 멈출 수 없는 춤과 같습니다. 생의를 꺾으려는 것이 내 문 앞에 매섭게 당도할 때, 문고리를 단단히 붙잡고 절대

　　　　　　　　[열여섯 번째 세션]

그 문을 열어주어서는 안 됩니다. 그래서 조르바는 세찬 강풍에도 자신의 문을 꼭 붙들고 있을 수 있는 힘을 잃어서는 안 된다고 했습니다. 그는 마케도니아 산에서 오두막 문을 세차게 때리는 강풍을 향해 "이것 보게, 아무리 그래 봐야 우리 오두막에는 들어올 수 없어. 내가 문을 열어주지 않을 테니까. (넌) 내 불을 끌 수도 없을 거야"라고 소리쳤던 기억을 자랑스레 들려주었습니다. '생의의 불'을 지키려면 어떤 강풍도 문을 열지 못할 억센 힘이 필요합니다. 그 강풍이 내 얼굴을 때리고, 가슴팍을 짓누를 때, 우리는 그것을 이기고 춤을 출 수 있어야 합니다.

조르바가 청춘을 사랑한 것도 이와 관련이 있습니다. 그는 나이 먹는 것을 두려워했습니다. 그 이유는 죽음이 아니라, 젊음의 상실 때문이었습니다. "죽는다는 건 아무것도" 아니지만, 죽음이란 그저 "끽하고 죽고 촛불이 꺼지"는 것에 불과하지만, 늙으면 수시로 등이 아플 테고, 젊을 때는 잘 걸리지 않던 감기도 자주 걸려 기침을 콜록거릴 테니, 창피해서 싫다고 했습니다. 게다가 더 이상 춤 출 수 없게 될 것이기에, 더 술 마시고 노래할 수 없을 것이기에, 더 사랑(섹스)할 수 없을 것이기에 늙는 것이 싫었습니다. 그에게 '젊음'은 지고의 가치였고, 젊은 한때를 최대한 누리는 것이 최고의 삶이었습니다. 나이 들어 젊음을 잃는 것이 강풍에 문이 흔들리듯 자연스러운 이치였지만, 그럴 때라도 힘차게 살아가고자 하는 마음을 잊지 않았습니다.

나의 운명을 사랑하는 삶

니체는 자신의 운명을 사랑할 때 위대해질 수 있다고 했죠. 운명애는 자기 자신이 되는 것, "오로지 자기 자신으로 사는 것"입니다. 하지만 운명을 사랑한다는 것은 그저 운명에 순응하고 고개숙이는 것은 아닙니다. 그 말은 지혜로운 동창 카라얀네스가 내게 보낸 편지에 적힌 "나는 내 운명을 데려왔네. 운명이 나를 데려온 것은 아니네"라는 말을 통해 분명해집니다. 운명을 그저 견뎌내거나 피하는 것이 아니라, 내게 주어진 모든 것을 진심으로 사랑하는 겁니다. 운명에 의해 살려지는 것이 아니라, 운명 가운데서 힘차게 살아가보는 겁니다. 자신을 살아 있게 하는 것만큼 중요한 일은 없습니다. 조르바가 사랑한 청춘은 바로 생의로 가득 찬 시절이었습니다.

조르바처럼 활력 넘치는 삶을 살고 싶어도, 현실에서는 그렇지 못할 때가 많습니다. 누구나 지금을 살지만, 마음은 후회나 걱정에 빠져 있을 때가 많습니다. 활력이 꺼진 내담자와 자주 보는 동영상이 있습니다. 스티브 커츠의 단편 애니메이션 〈행복Happiness〉입니다. 이 애니메이션은 활력을 잃고 순간의 쾌락을 좇는 이들을 쫓기는 쥐로 비유합니다. 그 쥐는 요즘 사람들을 똑 닮았습니다. 그들이 좇는 행복은 자신의 생의를 꺾고 어딘가에 예속되는 겁니다. 마치 머리에 가득 찬 도파민 신호에 사로잡힌, 끈에 묶여 있는 마리오네트 인형이 떠오릅니다. 마지막 장면에서 쥐덫에 목이 눌린 쥐의 모습은 어쩌면 우리의 자화상인지도 모르겠습니다.

생의의 화신 조르바 앞에서 그가 전하는 진실의 노크 소리에 귀 기울이면 좋겠습니다. 그리고 '나는 무엇을 느끼며 어떻게 살아가야 할까?'라는 질문에 답하기를 주저하지 않기 바랍니다. 조르바는 인생은 저기가 아닌 여기, 지금 이 순간만이 의미가 있다고 외쳤습니다. 거센 바람이 가슴에 타오르는 불을 끄려고 할 때, 온 힘을 다해 막아야 한다는 사실도 알려주었습니다. 꼭 거친 삶을 살아야 생의를 만날 수 있는 건 아닙니다. 집안에 작은 꽃을 가꾸면서, 바깥길에 늘어선 나무의 풍부한 변화를 살뜰히 살피면서도 우리는 생의를 느끼고 품을 수 있습니다. 당신이 절대 포기하지 않고 생의를 온몸으로 만끽하는 삶을 누리기를 응원합니다. 나의 삶을, 나의 운명을 사랑해야겠습니다.

외모 콤플렉스에 시달릴 때

외모 콤플렉스에 시달릴 때, 무엇보다 중요한 것은 있는 그대로 자신을 사랑하는 연습입니다. 외모 때문에 자존감이 꺾이지 않는 소설 속 주인공들에게 주목해보세요. 삐삐와 함께라면 세상의 기준에서 벗어나 자신을 있는 그대로 즐기는 법을 배울 수 있습니다. 또,《빨간 머리 앤》을 통해선 외모보다 더 빛나는 내면의 힘을 발견하게 될 거예요. 마지막으로《프랑켄슈타인》을 읽으며, 사회가 만든 편견과 진정한 인간다움에 대해 깊이 성찰해보세요. 당신은 항상 충분히 아름답고 소중한 존재입니다.

▶아스트리드 린드그렌,《말괄량이 삐삐 시리즈》
▶루시 모드 몽고메리,《빨간 머리 앤》
▶메리 셸리,《프랑켄슈타인》

건강에 지나치게 의존할 때

건강에 대한 지나친 집착은 불안에서 비롯됩니다.《보바리 부인》에서는 건강 염려를 포함한 과도한 집착이 어떻게 삶을 흔드는지 생생하게 느낄 수 있습니다. 그리고《비밀의 화원》을 읽으며 자연 속에서 몸과 마음이 치유되는 경험을 해보세요. 건강은 삶을 위한 것이지, 삶의 전부가 아닙니다. 당신은 이미 충분히 잘 살아가고 있습니다.

▶구스타브 플로베르,《보바리 부인》
▶프랜시스 호지슨 버넷,《비밀의 화원》

운동을 꾸준히 하고 싶을 때

운동을 꾸준히 하고 싶다면, 작은 실천이 모여 큰 변화를 만든다는 걸 기억하세요. 《나무를 심은 사람》을 읽으며 한 사람의 끈기가 어떻게 황무지를 숲으로 바꾸는지 음미해보세요. 꾸준함이 가져오는 기적을 느낄 수 있을 거예요. 또, 《달고나, 예리!》 같은 스포츠 소설에서 운동의 짜릿한 희열과 성장의 기쁨을 경험해 보기 바랍니다. 몸을 움직이는 즐거움을 발견하면 운동은 더 이상 의무가 아닌, 삶의 활력이 될 거예요!

▶장 지오노, 《나무를 심은 사람》
▶탁경은, 주원규, 임지형, 마윤제, 《달고나, 예리!》

스트레스가 심해서 일상이 흔들릴 때

스트레스로 인해 내적 균형이 무너질 때, 먼저 감정을 진정시키고 나를 다독이는 시간이 필요합니다. 《샬롯의 거미줄》은 작은 거미 샬롯과 돼지 윌버의 따뜻한 유대감을 통해 당신의 지친 마음을 위로해줄 거예요. 이어서 《제인 에어》에서 역경에도 꺾이지 않는 주인공의 강인한 내면을 통해 삶의 주체성을 회복하는 영감을 얻을 수 있습니다. 하루 한 페이지라도 괜찮습니다. 책을 읽으며 나를 위한 시간을 가져보세요.

▶엘윈 브룩스 화이트, 《샬롯의 거미줄》
▶샬럿 브론테, 《제인 에어》

스마트폰에 많은 시간을 뺏길 때

하루에 몇 시간이나 스마트폰을 보고 있나요? 스마트폰에 너무 많은 시간을 빼앗기고 있다면, 한 번 멈춰서 그 영향을 찬찬히 돌아볼 필요가 있습니다. 《스마트폰을 떨어뜨렸을 뿐인데》는 우리가 무심코 쓰는 이 기계가 어떻게 삶을 통제하는지를 충격적으로 알려줍니다. 이어서《휴대폰 전쟁》을 읽으며 스마트폰이 인간관계와 심리에 미치는 영향을 살펴보세요. 기술은 편리를 주지만, 항상 우리가 주인이어야 합니다. 책을 읽는 동안 잠시 스마트폰을 내려놓고, 온전히 내 삶과 마주하는 시간을 가져보세요. 책 읽기 자체가 스마트폰 의존을 줄여 줄 것입니다. 작은 변화가 당신을 자유롭게 만들 것입니다.

▶시가 아키라, 《스마트폰을 떨어뜨렸을 뿐인데》
▶로이스 페터슨, 《휴대폰 전쟁》

카페인 중독에서 벗어나고 싶을 때 ─────────────

카페인 의존에서 벗어나고 싶다면, 먼저 커피에 대한 인식을 새롭게 해보세요.《커피 향기》는 커피의 역사와 매력을 탐구하면서도, 그것이 삶에 미치는 영향을 깊이 고민하게 만드는 소설입니다. 이 책을 통해 커피를 의존적 습관으로만 대하는 것이 아닌, 넓은 시각에서 바라보는 계기를 마련해보세요. 대문호 발자크는 심각한 카페인 중독자였습니다.《발자크 평전》에서 그의 문학과 커피의 관계를 느끼는 시간을 가져보세요. 커피와 같은 의존물 없이 투명한 의식을 갖고 싶다면, 천천히 음미하며《아처》를 읽어보는 것도 방법입니다. 이 소설은 한 궁사가 활쏘기에 오롯이 정신을 집중하는 마음챙김의 여정을 다루고 있습니다. 카페인이 주는 즉각적인 각성보다 알아차림이 주는 명료한 깨어 있음이 더 값집니다.

▶게르하르트 J. 레켈, 《커피향기》
▶슈테판 츠바이크, 《발자크 평전》
▶파울로 코엘료, 《아처》

중독에서 벗어나고 싶을 때 ─────────────

《화산 아래서》는 중독자 주인공이 등장하는 소설 가운데 가장 돋보이는 소설입니다. 하지만 이 소설을 읽고 계속 술을 마시고 싶다는 생각은 들지 않을 겁니다. 중독은 끝내 삶을 파괴합니다. 중독에서 벗어나기 위해서는 자기 삶에서 중독으로 기운 저울추를 되돌릴, 의미 있고 즐겁고 열정적인 일을 하나씩 찾아나가야 합니다.

▶ 맬컴 라우리, 《화산 아래서》

식습관이 엉망이 되었을 때

식습관이 엉망이 되었다면, 음식과 나의 관계를 다시 돌아보는 시간이 필요합니다. 음식을 주제로 한 소설은 아니나 《남한산성》에서는 위기나 역경 가운데서 건강한 음식만큼 중요한 조건이 없음을 느낄 수 있습니다. 삶을 지탱하기 위해서는 음식이 건강해야 합니다. 이어서 톨스토이의 《첫걸음》을 통해 음식이 단순한 영양 공급을 넘어 어떻게 도덕적, 정신적 성찰로 연결되는지를 탐색해보세요. 책을 읽는 동안 나를 위한 식사를 다시 치유하고, 몸과 마음을 돌보는 첫걸음을 내디뎌 보길 바랍니다.

▶ 김훈, 《남한산성》
▶ 레프 톨스토이, 《첫걸음》

정신적으로 성장하고 싶지만 정체된 느낌이 들 때

정신적으로 성장하고 싶지만 정체된 느낌이 들 때, 자신을 객관적으로 바라보는 시간이 필요합니다. 《침대》는 침대에 갇혀버린 한 남자의 삶을 통해, 변화 없이 머물러 있는 것이 어떻게 삶을 파괴하는지를 보여줍니다. 이 책을 읽으며 내 안의 두려움과 정체된 감정을 마주해보세요. 이어서 파울로 코엘료의 《연금술사》를 읽어보세요. 길을 떠난 소년이 성장과 깨달음을 얻는 모습을 보며 정체된 시간을 돌파할 용기와 인생의 방향을 다시 찾을 수 있을 것입니다. 변화는 이미 당신 안에서 있습니다.

▶데이비드 화이트하우스, 《침대》

▶파울로 코엘료, 《연금술사》

사랑의 상처에서 벗어나기 힘들 때 ──────────

사랑의 상처에서 벗어나기 힘들다면, 먼저 그 감정을 깊이 들여다보는 시간이 필요합니다. 《파리의 노트르담》에서는 이루어질 수 없는 사랑이 어떻게 한 사람을 변화시키고, 또 상처를 남기는지를 보여줍니다. 이어서 《사랑의 종말》을 통해 사랑과 집착, 상실의 감정을 날카롭게 탐구해보고, 그 끝에서 배울 수 있는 것은 무엇인지를 고민해보세요. 마지막으로 《미 비포 유》를 읽으며, 사랑이 끝난 후에도 삶은 계속된다는 사실을 받아들일 용기를 얻어보세요. 당신의 사랑이 아팠던 만큼, 앞으로의 삶은 더 깊고 성숙해질 수 있습니다.

▶빅토르 위고, 《파리의 노트르담》

▶그레이엄 그린, 《사랑의 종말》

▶조조 모예스, 《미 비포 유》

아무것도 먹고 싶지 않을 때 ──────────

아무것도 먹고 싶지 않을 때, 음식이 단순한 영양 섭취를 넘어 감정과 기억을 담고 있음을 떠올려보세요. 라우라 에스키벨의 《달콤 쌉싸름한 초콜릿》은 음식과 사랑을 따뜻하게 풀어낸 소설입니다. 이 소설은 사랑과 상실, 그리고 요리가 어떻게 감정을 표현하고 치유하는지를 보여줍니다. 소설 속에서 요리는 단순한 식사가 아니라 마음을 담는 행위입니다. 이어서 《표범》을 읽어보세요. 이탈리아 귀족 가문의 흥망 속에서도 화려한 연회와 음식이 생생하게 묘사되며, 삶의 풍요로움을 다시금 깨닫게 합니다. 책을 통해 천천히, 한 입씩, 입맛과 함께 삶의 맛을 되찾아보세요.

▶라우라 에스키벨, 《달콤 쌉싸름한 초콜릿》

▶주세페 토마시 디 람페두사, 《표범》

중년에 접어들며 진짜 나를 찾고 싶을 때

중년에 접어들며 진짜 나를 찾고 싶다면, 깊이 있는 사유와 내면의 목소리에 귀 기울이는 시간이 필요합니다. 삶에 명확하고 분명한 길이 있을까요? 《브람스를 좋아하세요》에서는 중년 여성의 사랑과 혼란, 방황을 선명하지 않은 수채화처럼 그리고 있습니다. 우선 삶의 불확실성을 받아들이는 시간을 가져보기를 바랍니다. 이어서 《차라투스트라는 이렇게 말했다》에서는 혼돈과 방황의 시기, 기존의 사고에서 벗어나, 나만의 길을 찾는 방법을 확인할 수 있습니다. 이 책은 내 인생에 파문을 일으킬 수도 있습니다. 책을 천천히 정독하며, 마음에 와닿는 문장을 필사해보세요.

▶프랑수아즈 사강, 《브람스를 좋아하세요》
▶프리드리히 니체, 《차라투스트라는 이렇게 말했다》
▶가즈오 이시구로, 《남아 있는 나날》

예고 없이 불안감이 밀려올 때

예고 없이 불안감이 밀려올 때, 그 감정을 억누르려 하기보다 부드럽게 들여다보는 것이 중요합니다. 《뻐꾸기 둥지 위로 날아간 새》는 불안과 억압 속에서도 자유를 향해 나아가는 주인공들의 모습을 통해, 내면의 힘을 일깨워 줍니다. 이 책을 읽으며 불안의 근원을 천천히 탐색해보세요. 《검은 고양이》같은 '짧은(장편 대신)' 공포 소설은 소산 작용을 통해 불안을 서서히 줄여줄 것입니다. 다만, 과하게 읽지는 마세요. 이어서 《여인의 초상》을 추천합니다. 깊은 내면의 성찰과 따뜻한 문장들이 마음을 차분하게 만들어 줄 거예요. 대부분 불안은 실체가 아닙니다. 내 안에서 만들어지는 환영일 때가 대부분입니다. 결국 당신에게 불안의 열쇠가 존재하는 것입니다.

▶켄 키지, 《뻐꾸기 둥지 위로 날아간 새》
▶에드가 앨런 포, 《검은 고양이》
▶헨리 제임스, 《여인의 초상》

행복이란 무엇인지 알고 싶을 때

행복이란 무엇일까요? 《파랑새》는 우리가 멀리서 찾던 행복이 기실 바로 옆에 있음을 깨닫게 합니다. 원작 희곡으로 읽으면 더 깊은 감동을 느낄 수 있어요. 이어서 《꾸뻬 씨의 행복 여행》을 읽으며, 행복에 관한 다양한 관점들을 성찰해보세요. 행복은 단 하나의 정답이나 목표가 아니라, 우리 삶 곳곳에 숨겨진 작은 발견과 습관일지 모릅니다. 마지막으로, 《행복한 왕자》를 천천히 낭독하며, 나누고 베푸는 마음이 가져오는 커다란 행복을 느껴보세요. 당신의 행복은 이미 당신 안에 있습니다.

▶모리스 마테를링크, 《파랑새》
▶프랑수아 를로르 《꾸뻬 씨의 행복 여행》
▶오스카 와일드, 《행복한 왕자》

좋은 부모가 되고 싶지만 방법을 모르겠을 때

좋은 부모가 되고 싶지만 방법을 모르겠다면, 먼저 따뜻한 시선으로 아이를 바라보는 법을 배워보세요. 《앵무새 죽이기》 속 주인공 핀치의 아버지 애티커스 핀치는 아이에게 존중과 공감을 가르치는 모범적인 부모입니다. 그의 언행을 따라가며, 부모로서의 태도를 돌아보는 시간을 가져보세요. 이어서 《마법의 설탕 두 조각》을 자녀와 함께 읽어보세요. 교독하며 나누는 시간이 아이와의 관계를 더욱 단단하게 만들어 줄 것입니다. 좋은 부모가 되는 길은 어렵지만, 가장 의미 있고 행복한 여정입니다. 매일 사랑으로 자녀를 대하는 작은 실천에 부모의 길이 있습니다.

—하퍼 리, 《앵무새 죽이기》
—미하엘 엔데, 《마법의 설탕 두 조각》

부부 갈등으로 마음이 지칠 때

부부 갈등으로 마음이 지칠 때, 사랑과 부부의 본질을 다시 돌아보는 시간을 가져보기 바랍니다. 《낭만적 연애와 그 후의 일상》은 연애의 설렘이 지나간 후, 현실 속에서 부딪히는 감정과 갈등을 솔직하게 그려냅니다. 이 소설을 읽으며 사랑이 어떻게 변하는지, 또 어떻게 지켜나갈 수 있는지를 고민해보세요. 이어서 톨스토이의 《안나 카레니나》로 사랑의 모든 것을 느껴보세요. 사랑과 결혼, 욕망과 책임 사이에서 갈등하는 인물들을 통해, 부부 관계에서 겪게 되는 복잡한 감정들을 깊이 들여다볼 수 있습니다. 책을 읽으며 나의 감정을 차분히 정리하고, 더 나은 관계를 위한 실마리를 찾아보세요.

▶ 알랭 드 보통, 《낭만적 연애와 그 후의 일상》
▶ 레프 톨스토이, 《안나 카레니나》

사람들과의 관계에서 자주 상처받을 때

관계란 언제나 복잡하고, 때로는 오해와 갈등을 동반합니다. 《오만과 편견》은 오해와 편견 속에서도 진정한 관계를 찾아가는 과정을 보여줍니다. 이 책을 읽으며 타인의 시선에 흔들리지 않고, 나만의 가치관을 지키는 법을 배워보세요. 이어서 《작은 아씨들》을 추천합니다. 가족과 사회 속에서 성장하며 서로 다른 성격과 가치관을 가진 이들이 어떻게 사랑과 이해를 쌓아가는지를 섬세하게 느낄 수 있습니다. 마지막으로, 《등대로》를 통해 시간 속에서 관계가 변화하는 모습을 차분히 들여다보며, 상처를 지나 더 깊은 관계로 나아갈 힘을 얻어보세요.

▶ 제인 오스틴, 《오만과 편견》

▶루이자 메이 올컷, 《작은 아씨들》
▶버지니아 울프, 《등대로》

자존감이 낮아 나 자신을 사랑하기 어려울 때

완벽하지 않아도 괜찮고, 지금의 나도 충분히 소중한 존재라는 걸 깨닫는 것이 첫걸음입니다.《샬롯의 거미줄》은 작고 평범한 돼지 윌버가 친구 샬롯의 따뜻한 지지 속에서 자신의 가치를 발견하는 이야기입니다. 이 책을 읽으며, 나 역시 소중한 존재임을 느껴보세요. 이어서 《호밀밭의 파수꾼》을 추천합니다. 세상과 어긋나는 것만 같던 홀든의 방황과 사색을 따라가며, 있는 그대로의 나를 받아들이는 용기를 얻기를 바랍니다. 당신은 이미 충분히 가치 있고 중요한 사람입니다.

▶엘윈 브룩스 화이트, 《샬롯의 거미줄》
▶제롬 데이비드 샐린저, 《호밀밭의 파수꾼》

버림받은 듯한 상처에서 벗어나기 힘들 때

상처는 깊지만, 그것을 회복하는 힘도 우리 안에 존재합니다.《플레인송》은 고립된 삶을 살아가던 이들이 서로 기대며 따뜻한 유대감을 형성하는 과정을 그리고 있습니다. 이 책을 읽으며, 관계 속에서 다시 치유될 수 있다는 희망을 발견해보세요.

▶켄트 하루프, 《플레인송》

내 감정을 솔직하게 표현하기 어려울 때

감정을 숨기는 것은 때때로 우리를 보호하지만, 스스로를 이해하고 받아들이는 과정 없이는 진정한 소통도 어려워집니다. 그럴 때《지킬 박사와 하이드》를 추천합니다. 사회적 기대에 맞춰 살아가려다 내면의 감정을 억누른 결과, 또 다른 자아가 탄생하고 만다는 이 이야기는 우리가 감정을 숨길 때 어떤 일이 벌어지는지를 극적으로 보여줍니다. 이어서 체호프의《귀여운 여인》을 읽으며, 타인의 감정에 맞춰 살아가는 것이 아니라, 내 감정을 존중하고 표현하는 것이 얼마나 중요한지를 고민해보세요. 감정을 표현하는 것은 곧 나를 이해하고 자유롭게 하는 과정입니다.

▶로버트 루이스 스티븐슨,《지킬 박사와 하이드》
▶안톤 파블로비치 체호프,《귀여운 여인》

우울한 기분에서 쉽게 벗어나기 힘들 때

우선 무거운 감정을 억누르려 하기보다 부드럽게 받아들이는 것이 중요합니다.《참을 수 없는 존재의 가벼움》은 인간의 감정과 존재의 무게를 탐구하며, 삶이 때때로 가볍고 덧없게 느껴지는 이유를 철학적으로 풀어냅니다. 이 책을 통해 내 감정의 본질을 차분히 성찰해보세요. 이어서《노르웨이의 숲: 상실의 시대》를 읽으며 상실과 성장의 과정을 따라가 보세요. 두 소설 속 인물들의 방황과 내면의 고민은 우리가 느끼는 우울을 깊이 이해하는 길을 열어줄 것입니다.

▶밀란 쿤데라,《참을 수 없는 존재의 가벼움》
▶무라카미 하루키,《노르웨이의 숲: 상실의 시대》

글쓰기로 마음을 치유하고 싶을 때

글을 쓰는 과정은 나를 깊이 들여다보는 시간이자, 내면의 혼란을 다독이는 과정이기도 합니다.《몸의 일기》는 몸과 감정을 기록하며 자아를 탐구하고 치유하는 여정을 담고 있습니다. 이 책을 통해 글이 어떻게 스스로를 이해하는 길이 될 수 있는지 경험해보세요. 이어서 《말테의 수기》를 추천합니다. 삶의 고독과 불안을 글로 풀어내며, 기록이 자기 성찰과 회복의 과정이 될 수 있음을 보여줍니다. 글을 쓰는 순간, 당신은 스스로를 위로하고 성장하는 길 위에 서 있을 것입니다.

▶다니엘 페나크, 《몸의 일기》
▶라이너 마리아 릴케, 《말테의 수기》

문학치료에 대해 깊이 알고 싶을 때

문학이 단순한 이야기가 아니라 마음을 치유하는 힘을 가질 수 있다는 사실이 궁금하다면, 《이 책 두 챕터 읽고 내일 다시 오세요》를 추천합니다. 책과 이야기가 어떻게 사람을 위로하고 변화시킬 수 있는지를 보여주는 이 소설은, 문학치료가 삶에 스며드는 과정을 따뜻하게 그려냅니다. 이어서 《미드나잇 라이브러리》를 읽어보세요. 삶의 선택과 후회를 돌아보는 이 이야기 속에서, 책이 우리에게 또 다른 가능성을 열어주고 새로운 길을 보여준다는 것을 깨닫게 될 것입니다. 문학은 단순한 위로를 넘어, 우리가 더 나은 방향으로 나아갈 수 있도록 도와주는 든든한 동반자입니다.

▶미카엘 위라스, 《이 책 두 챕터 읽고 내일 다시 오세요》
▶매트 헤이그, 《미드나잇 라이브러리》

완벽주의 성향 때문에 스스로를 지치게 할 때

먼저 삶은 계획대로만 흘러가지 않는다는 사실을 받아들이는 것이 중요합니다. 《트리스트램 샌디의 일생과 의견》은 질서와 논리를 벗어나 자유롭게 흘러가는 이야기 속에서, 삶이 얼마나 예측 불가능한지 유쾌하게 보여줍니다. 이 책을 읽으며 완벽하지 않아도 괜찮다는 깨달음을 얻어보세요. 이어서 《수레바퀴 아래서》를 추천합니다. 주어진 기대를 충족하려 애쓰다 지쳐버린 주인공의 이야기를 통해, 완벽함보다 나 자신을 지키는 것이 더 중요하다는 사실을 배울 수 있을 것입니다. 너무 애쓰지 않아도 괜찮습니다. 당신은 이미 충분히 잘하고 있습니다.

▶ 로런스 스턴, 《트리스트램 샌디의 일생과 의견》
▶ 헤르마 헤세, 《수레바퀴 아래서》

분노를 조절하지 못해 관계에서 갈등이 생길 때 ─────────

분노는 자연스러운 감정이지만, 어떻게 다루느냐에 따라 파괴적인 힘이 될 수도, 변화와 성찰의 계기가 될 수도 있습니다. 《분노의 포도》는 사회적 억압 속에서 분노를 경험할 수밖에 없었던 톰 조드의 여정을 통해, 분노가 어떻게 희망과 연대로 변화할 수 있는지를 보여줍니다. 이 책을 읽으며 감정이 파괴가 아닌 변화의 원동력이 될 수 있음을 생각해보세요. 이어서 《음향과 분노》를 추천합니다. 왜곡된 기억과 감정이 쌓여 분노로 폭발하는 인물들의 모습을 통해, 분노를 제대로 마주하고 다루는 것이 얼마나 중요한지를 깨닫게 될 것입니다. 감정은 우리를 지배하는 것이 아니라, 우리가 이해하고 조절할 수 있는 것입니다.

▶ 존 스타인 벡, 《분노의 포도》
▶ 윌리엄 포크너, 《음향과 분노》

망설이다가 중요한 일을 자꾸 미룰 때 ─────────

완벽한 순간을 기다리기보다 지금 이 순간이 가장 좋은 출발점임을 기억하세요. 머릿속에서만 반복되는 고민은 결국 후회로 남을 수 있습니다. 가즈오 이시구로의 《남아 있는 나날》을 천천히 음미해보세요. 한평생 타인의 기대에 맞춰 살아온 주인공이 지나온 삶을 돌아보며 진정한 '나'는 무엇인지 깨닫는 과정이 깊은 울림을 줍니다. 남을 위해 사는 시간은 무의미의 늪에 빠질 때가 있습니다. 이 책은 지나간 시간 속에서 뒤늦게 선택의 의미를 깨닫는 주인공의 모습을 통해, 주저하는 동안 소중한 것들을 놓칠 수도 있음을 느낄 수 있습니다. 이어서 《갈매기의 꿈》을 읽어보세요. 자신의 한계를 넘어 도전하는 조나단의 여정을 따라가다 보면, 망설임을 내려놓고 한 걸음 내딛을 용기를 얻게 될 것입니다. 중요한 것은 지금 행동하는 것입니다.

▶ 가즈오 이시구로, 《남아 있는 나날》
▶ 리처드 바크, 《갈매기의 꿈》

더 큰 꿈을 꾸고 싶지만 막막할 때 ──────────────

꿈은 단순한 목표가 아니라, 그것을 향해 나아가는 과정에서 의미를 찾는 여정입니다. 《모비딕》은 광활한 바다를 배경으로 집요하게 꿈을 좇는 선장 에이허브의 이야기입니다. 그의 여정을 따라가다 보면, 목표를 향한 집념과 그것이 가져오는 도전과 대가에 대해 고민해볼 수 있습니다. 이어서 《위대한 개츠비》를 추천합니다. 개츠비가 이루고자 했던 꿈과 그 과정에서 겪은 희망과 좌절을 통해, 진실한 꿈에 관한 많은 영감을 얻을 수 있습니다. 이 소설에 등장하는 명문장들을 하나씩 필사해보는 방법을 추천합니다. 인간은 선택을 통해 의미를 창조합니다. 꿈은 방향을 잡는 순간부터 시작됩니다.

▶ 허먼 멜빌, 《모비딕》
▶ F. 스콧 피츠제럴드, 《위대한 개츠비》

시간이 의미 없이 흘러간다고 느낄 때 ──────────────

시간이란 우리가 어떻게 살아가느냐에 따라 전혀 다른 의미를 가질 수 있음을 기억하세요. 《크리스마스 캐럴》의 스크루지는 과거, 현재, 미래를 오가며 자신의 삶을 돌아보는 기회를 얻게 됩니다. 이 여정을 통해 지금 이 순간을 갖는 의미를 생각해보세요. 이어서 《벤저민 버튼의 기이한 사건》을 읽어보세요. 시간을 거슬러 살아가는 벤저민 버튼의 이야기를 통해, 시간이란 흐르는 것이 아니라 우리가 어떻게 쓰느냐에 따라 달라진다는 사실을 깨달을 수 있습니다. 지금 이 순간이 바로 삶의 가장 소중한 시간입니다.

▶찰스 디킨스, 《크리스마스 캐럴》
▶F. 스콧 피츠제럴드, 《벤저민 버튼의 기이한 사건》

스스로 내 인생의 방향을 결정하고 싶을 때

삶은 타인의 기대가 아니라, 나만의 선택으로 채워질 때 비로소 의미를 가집니다. 《리스본행 야간열차》는 평범한 일상을 살던 한 남자가 우연한 계기로 떠난 여행을 통해 자신의 삶을 발견하는 이야기입니다. 이 책을 읽으며 익숙한 틀을 벗어나 나만의 길을 찾을 용기를 가져보세요. 이어서 《모모》를 추천합니다. 시간도, 삶의 방향도 남이 정해주는 것이 아니라 스스로 선택하는 것임을 깨닫게 해주는 이 작품을 통해, 진정 나다운 삶을 찾는 여정을 시작해보세요. 당신의 삶은 당신만이 만들 수 있습니다.

▶파스칼 메르시어, 《리스본행 야간열차》
▶미하엘 엔데, 《모모》

갑자기 인생이 허무하고, 회의감이 밀려올 때

때로는 삶이 무의미해 보이고, 인간관계가 실망스럽게 느껴질 수 있지만, 그 안에서도 소중한 가치와 따뜻한 순간들이 존재합니다. 《어린 왕자》는 어른들의 세계가 공허하고 모순적일지라도, 진정 중요한 것은 눈에 보이지 않는다는 메시지를 전합니다. 이 책을 읽으며, 삶의 의미를 찾는 작은 질문들을 스스로 던져보세요. 이어서 《페스트》를 추천합니다. 인간의 고통과 부조리를 그리면서도, 절망 속에서도 희망과 연대의 가치를 잊지 않는 주인공들을 통해 삶의 본질을 깊이 성찰할 수 있습니다. 세상은 때로 허무하지만, 우리가 부여하는 의미에 따라 다시 빛날 수 있습니다.

삶의 목표를 찾지 못하고 방황할 때 ────────

방향이 보이지 않는 순간조차도 우리는 삶을 경험하며 스스로를 더 깊이 이해하는 법을 배웁니다. 《빌헬름 마이스터의 수업 시대》는 꿈과 현실 사이에서 갈등하는 주인공이 다양한 시행착오를 겪으며 점차 자신의 길을 찾아가는 이야기입니다. 이 책을 읽으며 목표란 한순간에 정해지는 것이 아니라, 삶의 경험과 선택 속에서 서서히 형성된다는 것을 깨닫게 될 것입니다. 《면도날》은 《인간의 굴레에서》, 《달과 6펜스》와 함께 대문호 서머싯 몸이 삶의 구원을 다룬 소설입니다. 이 세 소설을 함께 읽는다면 더 울림을 얻을 수 있습니다. 소설의 주인공 래리는 제1차 세계대전에 참전하며 동료의 죽음으로 트라우마를 겪습니다. 그의 방황과 성찰은 진정한 삶의 의미와 구원을 생각하게 합니다. 지금의 방황은 당신이 더 나다운 길을 찾기 위한 여정입니다. 흔들려도 괜찮습니다. 당신의 길은 지금 이 순간에도 만들어지고 있습니다.

▶ 요한 볼프강 폰 괴테, 《빌헬름 마이스터의 수업 시대》
▶ 윌리엄 서머싯 몸, 《면도날》

인생의 전환점에서 어떤 선택을 해야 할지 막막할 때 ────────

완벽한 답을 찾으려 하기보다 선택 그 자체가 삶을 만들어간다는 사실을 받아들이는 것이 중요합니다. 《소피의 선택》은 극단적인 상황 속에서 내려야 하는 고통스러운 선택이 인생에 어떤 흔적을 남기는지를 보여줍니다. 이 책을 통해, 때때로 정답이 없는 선택 속에서도 나만의 의미를 찾아야 함을 깨닫게 됩니다. 이어서 《구토》를 읽어보세요. 주인공의 실존적 혼란과 불안을 따라가다 보면, 결국 우리의 선택이 삶을 정의한다는 진실과 마주하게 될 것입니다. 어떤 길을 선택하든, 그것이 곧 당신의 삶입니다.

▶윌리엄 스타이런, 《소피의 선택》
▶장 폴 사르트르, 《구토》

나이 드는 것이 두려울 때

우리는 시간이 흐를수록 잃어가는 것이 아니라, 더 깊이 이해하고 더 넓게 공감하며 삶을 바라보는 시야를 넓혀갑니다. 익숙했던 것들이 변하고, 몸이 예전 같지 않더라도 삶의 가치는 여전히 유효합니다. 《83과 4분의 1세 헨드릭 흐룬의 비밀일기》는 유머와 따뜻한 시선으로 노년을 살아가는 주인공을 통해, 나이가 들어도 삶은 여전히 즐길 가치가 있으며 새로운 관계와 경험이 우리를 기다리고 있음을 보여줍니다. 이어서 《창문 넘어 도망친 100세 노인》을 추천합니다. 세상이 정해준 틀을 깨고, 새로운 모험을 떠나는 주인공의 이야기는 나이와 상관없이 삶은 여전히 예측 불가능한 즐거움과 변화로 가득 차 있음을 깨닫게 해줍니다. 나이는 숫자일 뿐, 삶을 어떻게 채우느냐는 온전히 우리의 선택에 달려 있습니다.

▶헨드릭 흐룬, 《83과 4분의 1세 헨드릭 흐룬의 비밀일기》
▶요나스 요나손, 《창문 넘어 도망친 100세 노인》

가족과의 갈등으로 마음이 지칠 때

세대 간의 차이, 가치관의 충돌, 상처받은 감정들이 쌓이면서 가족은 가장 가까우면서도 가장 어려운 관계가 되기도 합니다. 하지만 갈등 속에서도 이해와 화해의 가능성을 찾을 수 있습니다. 《삼대》는 시대와 가치관이 충돌하는 가족의 모습을 사실적으로 그려내며, 갈등이 필연적인 동시에 서로를 이해하는 과정이 될 수 있음을 보여줍니다. 가족과 사회에 관한 한국인의 원형적 무의식을 마주할 수 있습니다. 이어서 《카라마조프 가의 형제들》을 읽어보세요. 가족 내 갈등과 인간 본성에 대한 깊은 통찰을 담고 있는 이 작품은, 관계 속에서 상처받고 방황하는 이들에게 용서와 화해의 가능성을 고민하게 합니다. 가족이기에 더 힘들지만, 가족이기에 결국 다시 이어질 수 있는 관계임을 믿어보세요.

▶염상섭, 《삼대》
▶표도르 도스토예프스키, 《카라마조프 가의 형제들》

따돌림으로 인해 외롭고 힘들 때 ───────────

세상이 차갑게 느껴질 때도, 당신을 있는 그대로 이해하고 받아들일 사람들은 분명히 존재합니다. 《우아한 거짓말》은 따돌림과 상처 속에서 남겨진 이들이 겪는 감정을 깊이 있게 그려내며, 우리가 쉽게 알아채지 못하는 아픔을 조명하는 작품입니다. 이 책을 읽으며, 자신의 아픔을 숨기기보다 이야기하고 나누는 것이 치유의 시작임을 깨닫게 될 것입니다. 이어서 《원더》를 추천합니다. 선천적인 안면 기형을 가진 주인공이 따돌림을 겪으면서도 자신의 가치를 찾아가는 이야기를 통해, 세상은 때때로 차갑지만, 진정한 이해와 따뜻한 연대가 가능하다는 희망을 전합니다.

▶김려령, 《우아한 거짓말》
▶R.J. 팔라시오, 《원더》

일과 삶의 균형을 어긋날 때 ───────────

우리는 때로 왜 이렇게까지 애쓰는지, 무엇을 위해 달려가는지 스스로 묻는 시간이 필요합니다. 《내 누워 죽어갈 때》는 가족을 위해 헌신하면서도 각자의 욕망과 고통을 지닌 인물들을 통해, 삶이 노동과 의무만으로 이루어진 것이 아니라는 메시지를 전합니다. 이어서 《가난한 사람들》을 읽어보세요. 가난과 삶의 무게 속에서도 인간 존엄을 지키려는 주인공들의 모습은, 우리가 일 속에서 잃어가는 소중한 가치들을 돌아보게 합니다. 마지막으로 《외투》는 단조롭고 소외된 삶을 살아가는 이들의 모습을 통해, 일이 삶의 전부가 될 때 우리가 어떤 것을 놓치게 되는지를 보여줍니다. 진정한 균형은 단순한 시간 관리가 아니라, 내 삶에서 무엇이 가장 소중한지를 아는 데서 시작됩니다.

▶윌리엄 포크너, 《내 누워 죽어갈 때》
▶표도르 도스토예프스키, 《가난한 사람들》,
▶니콜라이 고골, 《외투》

삶의 의미를 찾고 싶을 때 ────────────────

삶의 의미는 멀리 있는 것이 아니라, 우리가 경험하고 느끼는 작은 순간들 속에 숨겨져 있습니다. 《그리스인 조르바》는 틀에 얽매이지 않고 자유롭게 삶을 즐기는 조르바의 모습을 통해, 삶이란 분석하거나 이해하는 것이 아니라 온몸으로 부딪히며 경험하는 것임을 일깨워 줍니다. 이어서 O. 헨리의 《마지막 잎새》를 읽어보세요. 절망 속에서도 희망을 발견하는 이야기는, 삶의 의미가 때로는 누군가의 따뜻한 손길 속에서 피어날 수 있음을 보여줍니다. 마지막으로 《아가트》는 삶의 끝자락에서조차 관계와 감정이 얼마나 중요한지를 조명하며, 삶의 의미가 거대한 목표가 아니라 사람들과의 연결 속에서 발견된다는 메시지를 전합니다.

▶니코스 카잔차키스, 《그리스인 조르바》
▶O. 헨리, 《마지막 잎새》
▶아네 카트리네 보만, 《아가트》

죽음에 대한 두려움이 밀려올 때 ────────────────

우리는 죽음을 생각할 때 상실과 끝을 떠올리지만, 오히려 그것은 삶을 더 소중하게 바라보게 만드는 시작점일지 모릅니다. 죽음을 두려워하는 것은 곧 '어떻게 살아야 할까?'라는 질문과 맞닿아 있습니다. 《내가 함께 있을게》는 죽음을 부드럽고 따뜻한 시선으로 바라보게 해주며, 삶의 끝이 슬픔만이 아닌 자연의 하나임을 깨닫게 합니다. 이어서 《이반 일리치의 죽음》을 읽어보세요. 주인공이 마지막 순간에서야 진정한 삶의 의미를 깨닫는 과정을 통해, 남아 있는 시간을 어떻게 살아가야 하는지를 고민해볼 수 있습니다. 죽음을 치열하게 성찰할 때 삶은 더 빛나고 풍부해질 수 있습니다. 지금 죽음을 사색할 때입니다.

▶ 볼프 에를브루흐, 《내가 함께 있을게》
▶ 레프 톨스토이, 《이반 일리치의 죽음》

세상에 혼자인 것처럼 느껴질 때 ——————

이 책의 《홍당무》나 《변신》, 《로빈슨 크루소》는 모두 세상에 혼자 남겨진 것처럼 느껴질 때 어떻게 살아가야 할지 알려주는 소설들입니다. 이와 관련해 마를렌 하우스호퍼의 《벽》은 가장 적절한 선택일 것입니다. 《벽》의 여주인공은 홀로 외딴곳에 고립된 채 동물들과 공동체를 이루며 어떻게 혼자서 살아가야 하는지를 알려줍니다. 《방랑자들》의 주인공들 상당수는 고립과 고독을 경험하고 있습니다. 하지만, 인생은 고립인 동시에 이주와 만남, 관계의 연속임을 떠올리게 하는 작품입니다. 인생과 인간에 대한 깊은 성찰을 제공하는 소설입니다.

▶ 대니얼 디포, 《로빈슨 크루소》
▶ 마를렌 하우스호퍼, 《벽》
▶ 올가 토카르추크, 《방랑자들》

미래에 대한 불안함이 커질 때 ——————

미래에 대한 불안함이 커질 때, 완벽한 답을 찾으려 하기보다 그 불확실성 속에서 스스로의 길을 만들어가는 것이 중요합니다. 《인간의 굴레에서》는 삶의 방향을 찾지 못하고 방황하는 주인공이 다양한 경험을 거치며 자신만의 의미를 찾아가는 이야기입니다. 그의 여정을 따라가다 보면, 미래는 정해진 것이 아니라 우리가 만들어가는 과정임을 깨닫게 됩니다. 이어서 《올리버 트위스트》를 읽어보세요. 고난과 역경 속에서도 희망을 잃지 않는 올리버의 삶은, 불확실한 미래 속에서도 따뜻한 인연과 기회가 존재한다는 메시지를 전해줍니다. 불안한 시간도 결국 나를 성장시키는 과정임을 믿어보세요.

▶월리엄 서머싯 몸, 《인간의 굴레에서》
▶찰스 디킨스, 《올리버 트위스트》

독서의 즐거움을 찾고 싶을 때

책을 읽는다는 것은 단순히 활자를 따라가는 것이 아니라, 새로운 세계를 만나고, 다양한 인물의 삶을 경험하며, 때로는 나 자신을 더 깊이 이해하는 과정이기도 합니다. 《책 읽어주는 남자》는 한 소년과 한 여인의 특별한 관계 속에서, 책이 단순한 지적 활동을 넘어 감정을 나누고 삶을 이해하는 매개체가 될 수 있음을 보여줍니다. 이어서 《리리딩》을 읽어보세요. 같은 책을 다시 읽을 때 우리가 성장한 만큼 다르게 다가올 수 있다는 점을 통해, 독서가 단순한 행위가 아니라 끊임없이 변화하는 경험임을 깨닫게 됩니다.

▶베른하르트 슐링크, 《책 읽어주는 남자》
▶퍼트리샤 마이어 스팩스, 《리리딩》

예스24 펀딩을 통해 후원해주신 분들

강명지, 강희성, 김경남, 김경임, 김동원, 김민주, 김보라, 김용주, 김은옥, 김지용, 김희동, 노경규, 박민건, 박민수, 박양규, 박예나, 박은아, 박정하, 박혜연, 서보영, 서정환, 송혜연, 심민섭, 안소희, 양은하, 오연미, 윤지영, 이상미, 이진형, 이한을, 이혜원, 장희선, 조수진, 조형래, 최원희, 최유라, 최희아, 홍동지, 홍혜경, 황승희, 황정애, 황정환, 황혜성

소중한 후원으로 〈안녕하세요, 소설상담소입니다〉가 더욱 깊이 있는 이야기로 독자들에게 다가갈 수 있게 되었습니다. 앞으로도 변함없는 사랑과 관심 부탁드립니다. 감사합니다.